Markov Perfect Equilibrium of
Dynamic Strategic Interaction among Firms

广州大学·青年博士学术文库

基于马尔科夫精炼均衡的企业动态策略竞争研究

马 键 ◎著

社会科学文献出版社
SOCIAL SCIENCES ACADEMIC PRESS (CHINA)

本书的写作受国家自然科学基金项目"网络外部性产业的兼容性演化路径与政府引导策略研究"(71503056)与广州大学学术专著出版基金资助,特此致谢。

摘 要

近年来,关于不完全竞争市场动态竞争的研究发展非常迅速。与传统产业组织研究方法不同,这类研究扬弃了传统的比较静态模型或动态简化模型(Reduced Form Model),采用完全动态的模型研究企业间的策略性竞争。这类研究以 Tirole 等提出的马尔科夫精炼均衡为基础,以 Ericson-Pakes 框架(EP 框架)为核心,结合博弈理论、计量方法与数值方法,为产业组织研究开创了一片新天地。与传统研究方法相比,新研究范式有三个特点。首先,企业间的竞争过程采用完全动态的建模方式;其次,新范式强调企业竞争的策略性,企业的市场进入或退出、投资、研发等行为都是在分析竞争对手行动、研究市场演化趋势后做出的理性决策,由模型内生决定;最后,由于模型设定完全动态且更贴近现实市场,新范式放弃了解析求解,转向计算密集的数值方法。这减少了模型构建的限制,为 IO 研究开辟了更广阔的空间。

本书应用这一新研究范式,探究动态市场分析的三个方面——模型构建、MPE 计算、结构估计,并利用这一范式研究网络产业[①]

[①] 本书所述网络产业(Network Industry)指存在网络效应的产业,并非互联网产业(Internet Industry)。

中的两个问题，一是非对称规制政策的影响，二是转移成本与网络效应的协同影响。利用理论分析的结论，本书进一步探讨了中国移动通信市场的非对称管制与号码携带政策。

本书包含四部分内容。

第一，动态模型构建与计算。目前动态 IO 研究前沿以 EP 框架为核心，不同文献的建模思想相近，实现细节则各有特点。在第二章中，本书从模型构建、均衡定义与计算方法三个方面对动态 EP 框架进行详细的介绍，为第三、第四章的应用研究奠定方法论的基础。本书首先以标准 EP 模型为基础，对动态 IO 文献进行梳理，探究其模型的构建方式，比较不同文献模型设定的差异。之后讨论 MPE 的概念与定义，介绍 Pakes-McGuire、Backward Recursion、随机迭代、同伦延拓等均衡计算方法。目前 MPE 的计算方法仍不完善，面临收敛性、计算负担、多重均衡等问题，现有的几种算法各有其优势与不足之处，对其加以总结、比较，有利于在应用研究中选择合适的计算方法。虽然这些方法已散见于文献中，但因其数学工具较为复杂，对编程技巧的要求也比较高，国内还鲜有人使用。本书系统地梳理了这些方法，对促进国内此领域的研究具有一定的意义。

第二，非对称规制对网络产业的影响。在第三章中，本书研究了网络产业中的市场倾翻（Market Tipping）趋势与非对称规制对网络产业的动态影响。研究发现规制有助于阻止市场倾翻，但是会削弱市场竞争，导致企业的短期机会主义行为，提高市场平均价格。由于网络效应导致需求缺乏弹性，大部分规制成本被转嫁于消费者。因此，政策制定者有必要对规制采取更为审慎的态度。

与传统研究范式相比，本研究有几点贡献：（1）本书的马尔科夫动态模型避免了两期静态模型的终端效应；（2）与目前应用较广的单状态变量动态模型相比,本书的方法可以处理多于两家企业的情形,并且避免了单状态变量模型的"零和博弈"缺陷;(3)在计算方法方面,本书同时采用 Pakes-McGuire 算法与 Backward Recursion 方法,计算的均衡更为稳健,减轻了多重均衡的影响,使本书的分析基础更为稳固。

第三,转移成本与网络效应的协同影响。在第四章中,本书研究了转移成本与网络效应的协同作用,以及促兼容政策的影响。文中构建了一个包含网络效应与转移成本的动态寡头价格竞争模型,并计算其马尔科夫精炼均衡。通过数值模拟,本书发现存在网络效应时,转移成本对市场支配(Market Dominance)的影响是非单调的:高额转移成本会导致用户锁定,抑制市场倾翻;适中的转移成本会刺激企业争夺市场支配地位,加剧市场倾翻。此外,结合实施促兼容政策与降低转移成本的政策能够减弱市场倾翻倾向,并能增大企业竞争力度,增加消费者福利。

从这一角度出发,本书研究了中国移动通信市场的号码携带政策。研究发现,2005 年之前的市场存在较高的互联互通障碍与网间价格歧视,网络效应强烈且不同运营商间网络兼容不佳,此时实施号码携带政策会恶化中国移动一家独大的局面,实施时机不成熟。在 2006 年之后,这两个问题已得到较好的解决,应尽快推行号码携带政策。

第四,动态博弈模型的结构计量估计(Structural Estimation)。动态模型的结构估计需要结合计量经济学方法与博弈论,一直是 IO 研究的一个难题,长期发展缓慢。其中有两个重要的问题,一是计算均衡的负担较为沉重,二是多重均衡问题。而最近兴起的两阶段估计策略,巧妙地避免了估计过程中的均衡计算问题,为结构估计提供了一个新的视角。针对现有文献较少考虑的连续策略与私有信息,本书提出一种连续博弈两阶段估计方法。其中第一阶段估计采用非参数分位数回归，以此处理企业私有信息。利用蒙特卡洛模拟，本书验证了这一方法的正确性与有效性。

关键词：应用动态 IO 研究　Ericson-Pakes 框架　马尔科夫精炼均衡　网络效应　两阶段估计策略

Abstract

In recent years, the dynamic analysis of imperfect competition market grows rapidly. Unlike traditional research in IO study which based on comparative static models or reduced form models, these studies exploit fully dynamic models of strategic competition between enterprises. These studies based on the Markov Perfect Equilibrium (MPE) concept which was proposed by Tirole et al., and the Ericson-Pakes Framework. They combined game theories, econometric methods and numerical methods in dynamic IO research. Compared with traditional research methods, there are three characteristics in the new analysis paradigm. Firstly, the process of competition between enterprises are fully dynamic. Secondly, the new paradigm emphasizes the importance of strategic competition. Firms' decision are based on their rational expectation of competitors' action. Thirdly, as a fully dynamic and more realistic model, the new paradigm does not use analytical methods in the computation of equilibrium, but turn to compute-intensive numerical method. Thus it relaxes the constrain on dynamic model setting.

This thesis based on the new dynamic IO Research paradigm,

explores three aspects of dynamic market analysis: dynamic modeling, calculation of Markov Perfect Equilibrium (MPE), and the structural econometric estimation. Taking advantage of the new paradigm and numerical algorithms, this thesis explores two problems in network industries and Chinese mobile communication market. One problem is the influence of asymmetric regulation policy, another problem is number portability policy.

This thesis contains four sections.

Firstly, we study dynamic modeling and equilibrium calculations in chapter 2. The Ericson-Pakes Framework is at the core of dynamic IO study, modeling ideas of different literatures are similar, but implementation details are different. Therefore, we summarize the development of computational algorithms of MPE, discuss different algorithms and its variations, as well as the links between different algorithms. This summary is the methodological basis for applied research in chapter 3 & 4. We sort out the literatures on dynamic IO model construction, compare the differences between different literatures. Then we discuss the definition and computation of MPE. There are several computation algorithm of MPE, e.g., the Pakes-McGuire Algorithm, the Backward Recursion Method, the Stochastic Iteration Algorithm, the Homotopy Continuation Methods, etc. Each algorithm has its advantages and drawbacks. The computation of the MPE is still in its infancy, facing the convergence failure, heavy computational burden, and multiple equilibria problem. Thus this summary is useful to select the appropriate method in the following applied research. Because computing MPE needs complicated mathematical tools, requiring high programming skills, it is rarely used in domestic IO research. Sorting out these methods will be helpful to promote dynamic IO research in China.

Secondly, we analysis the influence of asymmetric regulation in network industry in chapter 3. We analysis the tipping trends in network industry, and the influence of asymmetric regulation. Dynamic simulation shows that asymmetric regulation could prevent market tipping, but it also softens competition. We find that asymmetric regulation will raise the long-term average price. Due to network effects, consumers' demand are inelastic, thus the costs of regulation shift to consumers. Therefore, policy maker should carefully evaluate asymmetric regulation policy in order to make informed decisions.

Compared with the traditional research paradigm, this thesis has several contributions. First, we could avoid the end-of-the-world effects in the two-period static model. Second, compared with single state variable markov model, our multi states model can handle more than two companies, and avoid the "zero-sum game" defect. Third, we use both Pakes-McGuire Algorithm and Backward Recursion Method to calculate the equilibrium, which make our study more stable.

Thirdly, we study the coexist of switching cost and network effect in chapter 4. By numerical simulation, we find that when network effect exists, the switching cost has non-monotonic influence on market dominance. Strong switching cost will lead user lock-in, dampen market tipping, while moderate switching cost makes large firm more aggressive, leads to market dominance. In addition, combination of lower switching cost policy and pro-compatibility policy will reduce market tipping, and increase competition, thus they are preferred. From this perspective, we propose a explanation of delay of mobile number portability (MNP) policy in China.

Fourthly, in chapter 5, we turn to structure estimation of dynamic interaction model, which used to be a difficult problem. Recently, the development of two-step estimation subtly bypasses the difficulty of computing burden in computing equilibrium. We propose an estimator for incomplete game with continuous actions, which introduce nonparametric estimation in the first stage. Numerical simulations are used to demonstrate the finite sample properties of the two-step estimator.

Keywords: Applied Dynamic IO Analysis, Ericson-Pakes Framework, Markov Perfect Equilibrium, Network Effect, Two-step Estimation

目录

第一章　绪论 / 001

　　第一节　研究依据与意义 / 001

　　第二节　名词界定 / 002

　　第三节　动态 IO 研究脉络 / 003

　　第四节　研究内容 / 012

　　第五节　章节安排 / 014

　　第六节　研究创新 / 015

第二章　动态企业策略竞争模型的构建与计算 / 017

　　第一节　引言 / 017

　　第二节　Ericson-Pakes 框架概述 / 018

　　第三节　模型构建 / 021

　　第四节　马尔科夫精炼均衡 / 030

　　第五节　MPE 的计算：双寡头竞争 / 033

　　第六节　MPE 的计算：一般情形 / 041

　　第七节　进一步的讨论 / 053

　　第八节　同伦延拓方法 / 055

　　第九节　小结 / 058

第三章 网络效应、市场倾翻与非对称规制 / 060

- 第一节 引言 / 060
- 第二节 研究背景 / 062
- 第三节 模型设定与均衡计算 / 066
- 第四节 静态均衡 / 080
- 第五节 动态均衡 / 083
- 第六节 非对称规制政策 / 095
- 第七节 小结 / 104

第四章 网络产业中的转移成本与兼容政策
——以号码携带政策为例 / 106

- 第一节 引言 / 106
- 第二节 研究背景 / 108
- 第三节 模型设定与均衡计算 / 111
- 第四节 均衡的类型 / 121
- 第五节 影响机制 / 133
- 第六节 转移成本与号码携带政策 / 138
- 第七节 小结 / 144

第五章 一种估计连续策略博弈的两阶段方法 / 146

- 第一节 引言 / 146
- 第二节 理论模型 / 149
- 第三节 两阶段估计 / 152
- 第四节 蒙特卡洛实验 / 159
- 第五节 小结 / 162

第六章　结论与展望 / 163
　　第一节　主要结论 / 163
　　第二节　未来的研究方向 / 164

附录一　长期平均 HHI 与消费者剩余的计算 / 166

附录二　第五章古诺模型的计算 / 168

附录三　第三章的源代码 / 171

附录四　第四章的源代码 / 221

附录五　第五章的源代码 / 247

参考文献 / 258

Contents

目录

Chapter 1 Introduction / 001

    Section 1   Research Background and Significance / 001

    Section 2   Defination of Frequently used Terms / 002

    Section 3   Recent Developement of Dynamic Industrial Organization Researches / 003

    Section 4   Main Contents of This Book / 012

    Section 5   Arrangement of This Book / 014

    Section 6   Marginal Contribution / 015

Chapter 2 Construction and Computation of Dynamic Game Models / 017

    Section 1   Introduction / 017

    Section 2   A Brief Review of the Ericson-Pakes Framework / 018

    Section 3   Model Setting / 021

    Section 4   Markov Perfect Equilibrium / 030

    Section 5   Computation of MPE：Duopoly / 033

    Section 6   Computation of MPE：Generalization / 041

    Section 7   Discussion / 053

    Section 8   Homotopy Continuation Method / 055

    Section 9   Conclusion / 058

Chapter 3 Network Externality, Market Tipping and Non-symmetrical Regulation Policy / 060

Section 1 Introduction / 060
Section 2 Literature Review / 062
Section 3 Model Setting and Equilibrium Computation / 066
Section 4 Static Equilibrium / 080
Section 5 Dynamic Equilibrium / 083
Section 6 Non-symmetrical Regulation Policy / 095
Section 7 Conclusion / 104

Chapter 4 Switching Cost and Compatibility in Network Industry: A Case Study of Number Portability Policy / 106

Section 1 Introduction / 106
Section 2 Literature Review / 108
Section 3 Model Setting and Equilibrium Computation / 111
Section 4 Types of Equilibrium / 121
Section 5 Interaction Mechanism / 133
Section 6 Case Study: Switching Cost and Number Portability Policy In China / 138
Section 7 Conclusion / 144

Chapter 5 Two-step Estimator for Incomplete Game with Continuous Actions / 146

Section 1 Introduction / 146
Section 2 Model Setting / 149
Section 3 Two-step Estimation / 152

Section 4　Monte Carlo Simulation / 159

Section 5　Conclusion / 162

Chapter 6　Concluding Remarks / 163

Section 1　Summarization of This Book / 163

Section 2　Further Discussion / 164

Appendix 1　Computation of Long-term Mean HHI and Consumer Surplus / 166

Appendix 2　Computation of Cournot Model in Chapter 5 / 168

Appendix 3　Source Codes for Chapter 3 / 171

Appendix 4　Source Codes for Chapter 4 / 221

Appendix 5　Source Codes for Chapter 5 / 247

References / 258

Figure Contents

图目录

图 1-1　研究框架 / 014

图 2-1　市场行动时序 / 020

图 2-2　同伦延拓方法 / 057

图 3-1　静态均衡 / 081

图 3-2　分享均衡 / 085

图 3-3　倾翻均衡 / 088

图 3-4　温和倾翻均衡 / 090

图 3-5　动态均衡与静态均衡的定价差异 / 091

图 3-6　分享均衡的市场动态路径 / 093

图 3-7　倾翻均衡的市场动态路径 / 094

图 3-8　非对称规制与无非对称规制下倾翻均衡的市场动态路径 / 097

图 3-9　非对称规制对倾翻均衡的影响 / 099

图 3-10　长期平均 HHI / 100

图 3-11　非对称规制税略增的影响 / 101

图 4-1　渐升均衡与倾翻均衡 / 123

图 4-2　峰形均衡 / 124

图 4-3　混合均衡 / 127

图 4-4　长期平均 HHI / 136

图 4-5　长期 HHI 的等高线 / 137

Chart Contents

表目录

表1-1　EP框架的应用研究文献／005

表3-1　非对称规制税略增的影响／103

表4-1　均衡的类型／130

表4-2　各国家或地区MNP的实施情况／139

表4-3　2000年以来中国移动通信市场的部分监管政策／143

表5-1　实验结果（均匀分布）／161

表5-2　实验结果（正态分布）／162

第一章 绪 论

第一节 研究依据与意义

不完全竞争市场的动态分析是当前微观经济学与产业组织理论研究的一个前沿领域。在不完全竞争市场中,寡头企业具有一定的市场势力,相互之间的竞争行为非常复杂并呈现明显的策略互动特性。另外,由于企业具有前瞻性(Forward Looking),诸如市场进入或退出、R&D、投资、广告等决策在本质上都属于动态问题。囿于研究手段,传统的产业组织研究通常采用简单的比较静态模型或动态简化模型研究这些动态问题,这既限制了研究的范围,也会影响研究结论的可靠性。为了弥补传统分析方法的缺陷,需要保证研究方法的动态性、企业竞争的策略性、模型构建的现实性。为此,本书借鉴Maskin和Tirole提出的,并经Pakes等人发展的马尔科夫精炼均衡思想,基于完全动态的研究范式,研究企业之间的策略性竞争。本选题在理论与应用研究中都有重要的意义。

在理论上,本书与传统的研究方法相比,有三点优势。

第一,对企业间的竞争过程的研究不再使用诸如两期静态模型或简化模型等方式进行建模,而是研究一个完全动态的过程。与传统建模方式相比，失真较小。

第二，本研究将博弈思想融入动态竞争，强调企业竞争的策略性、企业决策的理性与前瞻性。

第三，由于采用完全动态及更贴近现实市场的模型构建方式，本书放弃解析求解模型，转向计算密集的数值方法。这使得本书在模型建构方面具有广阔的空间与自由度。

从应用研究的角度来看，本书选择网络产业作为研究对象，具有重要的现实意义。随着信息技术的迅速发展，网络效应对市场竞争的影响日益显著。在电信、互联网、软件等行业，市场竞争模式与传统的完全竞争市场或寡头市场大不相同。这种竞争不只是传统的产品竞争，更是产业标准之争；不只是市场中的竞争（Competition in the Market），更是争夺市场的竞争（Competition for the Market）[1]。网络效应的存在使得市场易于倾翻，自由放任政策并不适用于网络产业，需要政府加以引导、规制。

为了促进网络产业的竞争，政府需要实施适当、有效的规制政策。这首先需要对各项政策的影响进行分析、预测，准确评估政策的执行效果。与传统的政策分析方法相比，本书将企业对政策的反馈内生化，这样可以减少政策分析的偏差。本书的研究范式更贴近现实，为政府进行反事实实验、模拟政策的动态效应、准确评估政策效果提供了有力的工具。

第二节 名词界定

在此对本书经常出现的术语、缩写进行集中说明。

---

[1] 引自 Farrell，Klemperer，2007。

马尔科夫精炼均衡（Markov Perfect Equilibrium，MPE）：亦称马尔科夫—纳什精炼均衡（Markov-Perfect Nash Equilibrium，MPNE）。MPE 指在满足马尔科夫性质的动态博弈中，企业理性地预测对手的竞争策略，并据此采取最优策略，而自身的最优策略又符合对手预期的市场均衡状态。MPE 由 Maskin 与 Tirole 提出并不断完善（Maskin and Tirole，1987；1988a；1988b；2001）。

EP 框架：指由 Ericson 与 Pakes（1995）提出的应用动态 IO 研究框架，亦称 Ericson – Pakes 框架。EP 框架是一个基于 MPE 思想、分析企业动态策略竞争的研究框架。因其设定非常一般化，在 IO 研究中得到广泛应用，并不断扩展。

Pakes – McGuire 算法：指 Pakes 等提出的一种计算 EP 框架的 MPE 算法，有多种扩展形式，是目前应用最为广泛的 MPE 算法（Pakes 等，1993；1994；1995）。

IO，NIO，NEIO：分别指产业组织理论（Industrial Organization）、新产业组织理论（New Industrial Organization）与新实证产业组织理论（New Empirical Industrial Organization）。IO 的研究对象是不完全竞争下的企业行为和市场结构。NIO 与 NEIO 在 IO 研究中广泛运用博弈论的方法，其中 NIO 侧重于理论研究，NEIO 则注重实证研究。

第三节　动态 IO 研究脉络

本研究涉及三个领域：动态博弈模型的构建方法与计算技术、结构计量估计技术、网络产业的应用研究。因此，本书对参考文献的梳理也采取分而治之的策略：本节将对动态 IO 研究范式的发展进行简单的回顾；第二章将对动态 IO 的均衡计算方法进行更为详尽的介绍；针对网络产业的具体问题，第三、第四章将分别回顾关于网络效应、转移成本的研究文献；第五章将回顾结构估计方面的文献。

一 研究范式

新产业组织理论（NIO）于 20 世纪七八十年代开始在国外兴起，新实证产业组织理论（NEIO）的出现则稍晚。它们的迅速发展颠覆了传统产业组织研究的结构—行为—绩效范式。NIO 与 NEIO 在产业组织研究中大量运用博弈论——NIO 侧重理论研究，NEIO 注重实证研究——为产业组织研究提供新的视角[①]。

在产业组织研究中，寡头企业间的动态战略互动，例如长期投资、市场进入或退出、广告、研发等，一直是一个重要的领域。对此，较早的一些研究或采用两期静态模型等比较静态模型，或采用函数形式等较特殊的简化模型，其模型设定存在一些缺憾。例如，Ackerberg，Benkard，Berry 与 Pakes（2007）这样评价两期静态模型："……除非不存在沉没成本……采用两期静态模型分析市场进入……意义非常有限。"

1987~1988 年，Maskin 和 Tirole 发表数篇论文[②]，将马尔科夫精炼均衡（MPE）的概念引入动态企业竞争研究。由于 MPE 的概念易于处理，因此逐渐成为众多动态 IO 研究的基石。此外，金融学界亦将其与实物期权理论结合，用以研究投资、研发等问题[③]。

[①] 亦有产业组织经济学家对于博弈论的引入持反对态度。例如 W. G. 谢泼德与 J. M. 谢泼德（2007）认为这些研究与现实的产业问题相去甚远。
[②] Maskin，Tirole，1987；Maskin，Tirole，1988a；Maskin，Tirole，1988b。
[③] 代表性的文献有 Grenadier，2002；Weeds，2002；Murto，2004；Novy-Marx，2007。

但是，Maskin 和 Tirole 的分析框架过于理论化，难以用于应用研究。Doraszelski 与 Pakes（2007）认为这些研究过于程式化（Stylized），难以用其模拟市场竞争行为。

之后，Ericson 与 Pakes（1995）发展了 Maskin 和 Tirole 的思想，提出了一个易用于应用研究的动态马尔科夫研究框架，后常被称作 EP 框架。EP 框架的设定非常一般，在应用 IO 研究中被广泛采用。与动态简化模型相比，它不依赖于特殊的函数设定，其结论更加稳健，适用范围更广。它放弃解析求解动态模型，转而采用数值方法求解。EP 框架提出后，有众多文献利用这一范式，并从不同的角度对其进行扩展。

在实证 IO 研究中，基于 EP 框架的文献有很多，其应用范围也非常广泛，涉及广告、研发、投资等众多领域，甚至扩展到金融市场与经济增长理论领域。Doraszelski 与 Pakes（2007）将其归纳如表 1-1 所示。

表 1-1 EP 框架的应用研究文献

应用领域	相关论文
广告	Doraszelski, Markovich, 2007; Dube et al., 2005
产能积累	Besanko, Doraszelski, 2004; Ryan, 2006; Beresteanu, Ellickson, 2005
合谋	Fershtman, Pakes, 2000; Fershtman, Pakes, 2009; De Roos, 2004
竞争收敛	Langohr, 2003
消费者学习	Ching, Coate, 2003
企业规模、增长	Laincz, Rodrigues, 2005
干中学	Benkard, 2004; Besanko, Doraszelski, Kryukov, Satterthwaite, Center, 2008
兼并	Berry, Pakes, 1993; Gowrisankaran, 1999; Chen, 2004

续表

应用领域	相关论文
网络效应	Jenkins, Liu, Matzkin, McFadden, 2004; Markovich, 2008; Markovich, Moenius, 2009; Chen, Doraszelski, Harrington Jr, 2009
生产率增长	Laincz, 2005; Laincz, 2009
研发	Gowrisankaran, Town, 1997; Auerswald, 2001; Song, 2002; Judd, Schmedders, Yeltekin, 2002; Fershtman, Markovich, 2010
技术采纳	Schivardi, Schneider, 2007
国际贸易	Erdem, Tybout, 2003
金融	Goettler, Parlour, Rajan, 2005; Kadyrzhanova, 2006

利用 EP 框架进行应用 IO 研究，包含两方面的内容。第一，研究者需要通过数值方法计算 MPE。第二，实证研究需要利用微观企业数据估计模型的结构参数。下面分别回顾这两方面的文献。

二 MPE 的计算

EP 框架提出后，面临的一个重要问题是计算 MPE。当时学界有两种不同的视角看待 MPE 的计算：如果从方程组求解的角度考虑，计算 MPE 需要求解一个巨大的非线性方程系统（Doraszelski and Pakes, 2007），其未知数少则数百、多则数万；如果从动态规划的角度考虑，这实际上是求解动态 Bellman 方程组，其中方程个数等于企业数。MPE 的计算有两个难点，一是计算负担较重，存在维数诅咒；二是无法保证均衡的唯一性，可能存在多重均衡。为了克服这两个问题，研究者进行了大量的研究。

Pakes 与 McGuire（1994）首先提出一种计算 MPE 的迭代算法，称为 Pakes-McGuire 算法。该方法的实现过程类似于动态规划中的策略函数迭代，但是避开了每次迭代需要重新计算 Bellman

方程的负担。Pakes，Gowrisankaran 等（1993）探讨了这一算法的实现过程，以及一些计算技巧。

Pakes‑McGuire 算法需要对所有市场结构下的策略函数逐点迭代，计算负担较重。Pakes 与 McGuire（2001）提出基于 Q‑Learning 的随机算法，其特点是每次迭代仅更新一个市场结构点的策略函数，在更新策略的同时更新所处的市场结构点。随机算法单次迭代的时间非常短，但迭代次数很多，通常有数百万次。市场中的企业较多，但遍历递归类（Ergodic Recurrent Class）较小时，采用随机算法可以显著降低计算量。

为了减轻计算负担，Pakes 与 McGuire（1994）提出可以通过古典多项式近似减少需要计算的格点数，以此降低计算量。Jenkins，Liu 等（2004）利用 Chebyshev 多项式近似实现了这一想法，并将其扩展至连续状态空间的计算。

Doraszelski 与 Judd（2008）发现在连续时间模型中，可以比较容易地解决维数诅咒的问题。他们将 EP 框架推广至连续时间，提出一种计算连续时间模型 MPE 的方法。

除了上述方法，Jenkins，Liu 等（2004），Chen，Doraszelski 等（2009）与 Chen（2010）等采用的 Backward Recursion 方法也可用于求解动态 EP 模型。这种方法的思想是计算有限期博弈当时间趋于无穷时的极限，其均衡选取准则比较合理。但是它的迭代过程需要计算非线性方程组，计算负担繁重，在企业较多或模型较复杂时难以实现。

Besanko，Doraszelski 等（2008）提出通过同伦延拓方法（Homotopy Continuation Method）计算动态多重均衡模型。Bajari，Hong，Krainer 与 Nekipelov（2009）和 Bajari，Hong 与 Ryan（2008）则采用这一方法计算静态模型的均衡。由于同伦延拓方法的计算负担较重，用其计算较简单的模型尚可，计算 EP 模型还存在一些困难有待解决。

迄今为止,计算负担与多重均衡这两个问题只得到部分解决。在现有的几种计算方法中,Pakes – McGuire 算法最为成熟,其扩展形式最多,应用也最为广泛。

三 结构参数的估计与实证研究

借助于动态模拟,研究者可以揭示市场动态演化过程的不同可能性,但离开对模型参数的计量估计,单纯的模拟是难以提出有效的政策建议的。因此,估计模型的结构参数是动态 IO 研究的另一个重要方面。与计算 MPE 的问题相同,动态估计也受到计算负担和多重均衡的困扰。动态博弈的估计技术是由单体动态规划的估计技术演化而来的,发展一直比较缓慢。直到 2000 年以后两阶段估计策略的发展,这一情况才有所改观。

Rust(1987)最早提出用嵌套固定点方法(Nested Fixed Point Method)估计单体动态规划问题。由于单体动态规划不存在博弈,模型相对简单,因此其实现较为容易。但将其推广至多体动态博弈则存在许多困难,因此采用嵌套固定点方法的文献不多,只有 Gowrisankaran 与 Town(1997)关于美国医院产业的研究,以及 Benkard(2004)关于美国航空制造业的研究。它们能够成功应用嵌套固定点方法的原因有二:一是模型相对较简单,在 Gowrisankaran 与 Town(1997)的研究中,一个地区的医院数量极少超过三家,使得计算均衡的负担较轻;二是它们拥有丰富的企业沉没成本数据,可以对多数参数进行离线估计(Off Line Estimation)。Ackerberg,Benkard 等(2007)认为企业的成本数据通常难以获得,Benkard(2004)的方法不易效仿。

Aguirregabiria 与 Mira(2007),Benkard,Bajari 与 Levin

(2007)，Berry 与 Pakes（2002），Jofre-Bonet 与 Pesendorfer（2003），Pakes，Ostrovsky 与 Berry（2007），Pesendorfer 与 Schmidt–Dengler（2008）等采用的两阶段估计策略巧妙地回避了计算均衡的过程，其计算负担比嵌套固定点方法轻，大幅降低了估计动态博弈模型的困难。这种方法不仅可用于动态博弈，一些研究者亦将其扩展到静态博弈和其他领域的研究中。

Hotz 与 Miller（1993）最早提出条件选择概率估计方法（Conditional Choice Probability，CCP）。与 Rust（1987）相同，Hotz 与 Miller（1993）的研究对象也是单体动态规划问题，并非多体动态博弈。该书把动态规划中的离散策略选择转化为离散选择问题，推导了选择概率与策略函数间的逻辑分布（Logistic Distribution）公式。其两步估计的思想之后发展为两阶段博弈估计。该书的 CCP 估计方法也被众多文献采用，例如 Bajari，Hong 等（2009）。

Aguirregabiria 与 Mira（2007）提出一种动态离散博弈模型。他们指出计算负担与多重均衡是使得极值估计量失效的根本原因。他们发现，虽然博弈的均衡可能不唯一，但给定信念，局中人的最优反应函数是唯一的。据此，他们提出 2PML 估计（Two–step Pseudo Maximum Likelihood Estimator），并证明了该方法的大样本性质。因其小样本表现较差，又将其推广至小样本表现较好的 NPL（Nested Pseudo Likehood）估计。

Pakes，Ostrovsky 等（2007）构造了一种离散状态、离散策略的动态博弈估计量。作者利用马尔科夫转移概率的非参数估计构造了不同状态下值函数的加权平均估计，使它收敛到持续值（Continuation Value）。Dunne，Klimek，Roberts 与 Xu（2006）利用这一方法研究了牙医与按摩师市场的进入与退出。

Benkard，Bajari 等（2007）研究连续策略、离散状态空间模型的估计。第一阶段通过非参数估计得到局中人的策略函数与状态转移概率，第二阶段利用第一阶段估计的策略函数与状态转移概率模拟局中人的值函数。第二阶段估计采用模拟最小距离估计方法。它利用这样一个事实：将真实参数代入模拟的值函数，它会使得局中人的行为理性化。由于现有的两阶段文献大多是关于离散策略的，用于分析市场进入或退出等问题比较方便，而用于研究投资等问题则存在一些困难。该方法则可用于研究连续策略问题，例如 Ryan（2006）的研究就利用了这一估计方法，本书第五章也借鉴了它的第二阶段进行估计。

Jenkins，Liu 等（2004）的估计过程分为三个阶段。第一阶段估计运动方程与利润函数，第二阶段利用第一阶段估计的参数计算 MPE，第三阶段利用 Newey 与 McFadden（1994）的一步定理，更新第一阶段估计的参数，以提高估计效率。该估计与标准的两阶段估计有一些差异。在两阶段估计中，第一阶段估计的是策略函数与运动方程，该估计则是利润函数与运动方程。

Jofre-Bonet 与 Pesendorfer（2003）提出一种动态拍卖模型的估计方法。与其他模型不同的是，拍卖模型中的单期支付函数不包含未知参数，因此估计目标是获得竞拍者私有信息的分布。一般的动态博弈存在所谓 Static-dynamic Breakdown，即静态的单期利润不直接影响动态过程。但拍卖模型的特点则是拍卖的结果既影响本期收益，也会影响以后的动态过程。该文的实证部分研究了美国加州高速公路工程的竞标问题。

Berry 与 Pakes（2002）的模型 DGP（Data Generating Process）与其他文献有较大差别。多数文献假定研究者可以观测到局中人的状态变量与行动，但是无法观测局中人的支付。他们则假定状态变量不可观测，支付可观测。

Bajari，Hong 等（2009）考虑了静态、离散策略博弈的两阶段估计。他们研究了美国 2000 年高科技股灾时股票分析机构的表现，发现其中存在严重的"羊群效应"。Ellickson 与 Misra（2008）利用这一方法研究了超级市场的定价策略。

两阶段估计策略避免了计算均衡的问题，极大地降低了计算量。但它也存在一些不足之处。针对这些不足，研究者还在进行更深入的探索，本书将其归纳如下。

Gallant，Hong 与 Khwaja（2008）利用 Importance Sampling 方法估计完全信息动态博弈，是现有的第一篇估计完全信息动态博弈的文献。

Bajari，Hong 等（2008）讨论了静态完全信息博弈的识别与估计问题，以及双人博弈时混合策略均衡下均衡的选择机制。

在两阶段估计中，容许模型存在多重均衡，但是要求 DGP 生成的数据来源于同一重均衡。Aguirregabiria 与 Mira（2008）则尝试放松这一假定，他们探讨了 DGP 数据本身存在的多重均衡的处理。他们提出可以在准则函数中添加均衡类型，以对应来自不同均衡的数据。

Arcidiacono 与 Miller（2008）研究了存在观测不到的企业异质性的模型的 CCP 估计方法，并在估计中结合了 EM 算法。

Aguirregabiria 与 Ho（2009）研究了在多重均衡下进行反事实实验的方法。他们以美国航空业为例，在多重均衡模型下，根据研究的实际问题，选择合适的均衡进行反事实实验。

四　国内研究现状

国内关于 MPE 计算的研究有三篇。其中，郝朝艳与平新乔（2003）利用 Pakes – McGuire 算法，以某省 1999～2001 年的定价与财务数据为基础，模拟电信价格的理论均衡值，得到电信价格会下降大约 20%～40% 的结论；邱中华（2006）利用 Pakes – McGuire 算法，模拟电信改革前后市场结构的演化，以此验证电信行业引入竞争机制的必要性；蒋承与赵晓军（2008）对 Pakes – McGuire 算法进行扩展，提出一种新的随机算法。国内关于结构参数估计的文献有马键与王美今（2010），为了在估计过程中处理局中人私有信息，该文在二阶段估计的第一阶段引入了非参数分位数估计。

整体而言，国内关于动态 IO 的理论研究仍然比较滞后，国内学者对动态 IO 的研究工具与技术仍然比较陌生，很少在分析具体产业问题时应用 MPE 或 EP 分析范式，文献中常见的分析工具仍是传统的单期或两期比较静态模型。分析工具的滞后会严重制约国内学者研究现实产业问题的深度与广度，因此，无论是动态 IO 的理论研究，还是应用研究，都亟待推进。

第四节 研究内容

根据前面的文献回顾，本书从动态均衡计算与结构参数估计两个方面进行研究，并将这一分析范式应用于网络产业的研究。

在均衡计算部分，本书首先梳理了关于 EP 框架的模型构建与均衡计算的理论文献，为应用研究做方法论的准备。现有基于 EP 框架的研究在模型构建方面有许多微妙的差别，本书对这些差异加以总结，并分析其中原因。之后，本书讨论了 MPE 的概念与计算方法；对现有的几种 MPE 算法进行回顾，讨论了这些算法的实现过程、适用范围与扩展形式；比较了各种 MPE 算法的优点与不足，以便在应用研究中选择合适的计算方法。

在应用研究方面，本书的研究方法具有广阔的应用前景，可用于众多产业问题的研究（参见表 1 – 1）。由于网络效应在高科技产业的普遍存在及其产生的重要影响，本书将目光投向网络产业，特别是移动通信市场。本书研究了两个在网络产业中普遍存在的问题。一个问题是非对称规制政策的影响，另一个问题是转移成本与网络效应的协同影响。

首先，本书研究了网络产业中的市场倾翻现象，以及非对称规制对于阻止市场倾翻的意义。本书构建了一个包含非对称规制税的动态网络效应模型，并采用 Pakes – McGuire 算法与 Backward Recursion 方法计算其均衡。通过数值模拟发现，非对称规制有助于阻止市场倾翻，但是会削弱市场竞争，提高市场平均价格。而由于需求刚性，大部分规制成本被转嫁于消费者。因此，政策制定者有必要对非对称规制政策采取审慎的态度。

其次，本书研究了转移成本与网络效应的协同作用。文中构建了一个包含网络效应与转移成本的动态竞争模型，并采用 Pakes – McGuire 算法与 Backward Recursion 方法计算其均衡。通过数值模拟，本书发现存在网络效应时，转移成本对市场支配的影响是非单调的：高额转移成本会导致用户锁定，抑制市场倾翻；适中的转移成本则会刺激企业争夺市场支配地位，加剧市场倾翻。此外，结合实施促兼容政策与降低转移成本的政策能够减轻市场倾翻倾向，并能增大企业竞争力度。从这一角度出发，本书发现互联互通障碍与网间价格歧视是中国移动通信市场号码携带政策实施滞后的重要原因之一。

对于动态博弈模型的结构估计，本书研究了两种不同的估计框架：嵌套固定点估计方法与最近兴起的两阶段估计策略。本书发现现有基于两阶段估计策略的文献大多忽视了企业私有信息的影响。另外，多数文献都是基于离散策略模型的研究，关于连续策略博弈的文献较少。因此本书结合连续策略与私有信息两个方面，在两阶段估计的第一阶段引入非参数分位数回归，第二阶段则借鉴 Benkard，Bajari 等（2007）的模拟最小距离估计，提出一种考虑局中人私有信息的连续策略两阶段估计方法。

图 1 – 1 为本书的研究框架。

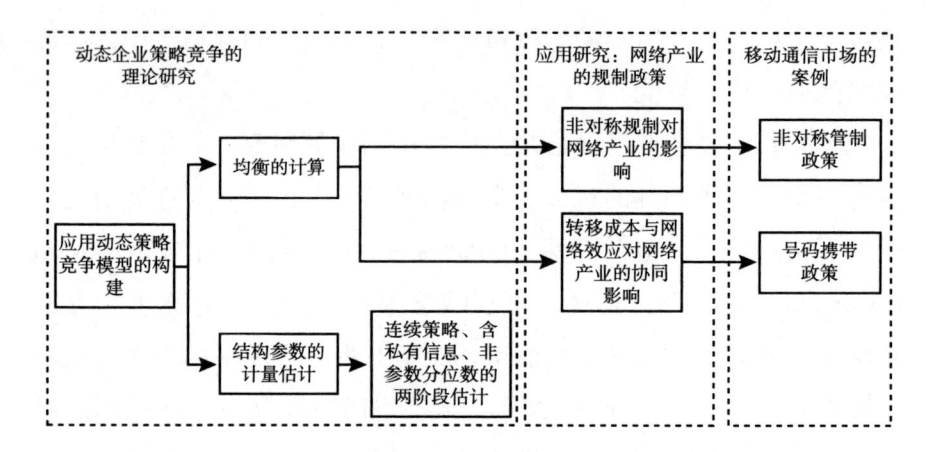

图 1-1 研究框架

第五节 章节安排

本书的主要内容分为六章。

第一章是绪论。首先阐述了本书的选题背景、研究意义，其次回顾了相关文献，最后介绍了本书的研究内容、研究框架与创新。

第二章系统地梳理了 EP 框架的模型构建方式与 MPE 的计算方法。文中总结了现有文献的模型设定，分析了不同文献的设定差异与原因。之后对 MPE 的计算方法进行回顾，分析了不同算法的差异、优缺点与适用范围，此外还对最近崭露头角的同伦延拓方法进行了探讨。

第三章研究网络产业中的非对称规制政策。文中梳理了各国实施非对称规制政策的经验与理论研究进展，然后利用动态模拟分析了非对称规制的作用与弊端。

第四章研究转移成本与网络效应的协同影响。文中构建了一个动态网络产业模型，其中包含消费者转移成本。利用这一模型，此章分析了网络效应与转移成本的协同影响，以及促兼容政策的作用。

第五章研究博弈模型的结构估计方法。借由引入非参数分位数回归，此章提出一种考虑局中人私有信息的连续策略两阶段估计方法。

第六章是全文的总结。

第六节 研究创新

在总结国外最新研究成果的基础上，本书在研究方法上有所创新，并得出一些具有创新意义的结论。

一 研究方法的创新

第一，目前关于网络效应的主流分析范式仍然是比较简单的单期或多期静态模型，国内的研究则仍停留在 Hotelling 模型、环形城市模型等简化模型。本书系统地梳理了国际上关于动态 IO 研究的前沿成果，并将其应用于网络产业的研究，这是一个重要的创新。

第二，现有关于非对称规制的研究局限于对特定规制措施的分析，本书则将非对称规制置于网络产业的背景中进行研究，用更一般化的非对称规制税衡量规制政策。

第三，虽然转移成本与网络效应共存的现象非常普遍，但现有关于转移成本的研究大多忽略了网络效应，研究网络效应的文献亦很少考虑转移成本。本书将二者结合，研究转移成本、网络效应与产品兼容的协同影响，得到了与传统观点迥异的结论。

第四，本书在两阶段博弈估计的第一阶段引入非参数分位数回归，提出一种可处理局中人私有信息的连续策略博弈两阶段估计方法。

第五，本书涉及的各种算法均比较复杂，通常的编程方法难以实现，或是代码执行效率很低。本书在利用 Matlab 编写代码时采取向量化编程方法，利用 JIT 加速器，从多个角度对代码进行优化，使得程序运行的总时间大幅缩小。在算法优化方面有一定创新，对未来的研究有一定借鉴意义。

二 具有创新意义的结论

第一，本书发现在网络产业中，非对称规制政策是一种治标不治本的政策。网络效应导致市场需求缺乏弹性，大部分规制成本被转嫁于消费者。因此，监管机构对非对称规制政策应当采取更加审慎的态度。

第二，本书在动态模型中发现了临界质量现象。当企业的市场份额未达到临界质量时，市场结构呈均值回复趋势，形成寡头竞争；当市场份额超过临界质量时，出现市场倾翻，导致独占垄断。这一发现调和了 Suleymanova 与 Wey（2008）及 Chen（2010）的研究，将二者置于一个统一的框架下。

第三，本书发现在具有强烈网络效应的市场中，单独实施降低转移成本的政策会加剧市场失衡，结合促兼容政策则可以避免这一不利影响。这一发现对于政策实践有重要的意义。

第二章　动态企业策略竞争模型的构建与计算

第一节　引言

目前，基于 MPE 思想的 EP 框架在动态 IO 研究中处于核心地位，多数动态 IO 研究文献都与 EP 框架有一定联系。本章将从模型构建、均衡定义与计算方法三个方面对研究使用的分析工具——动态 EP 框架进行详细的讨论，为后续研究做方法论上的准备。

第一，本章以标准 EP 框架为基础，对动态 IO 研究文献进行梳理，探究其模型的构建方式，并比较不同文献模型设定的差异与缘由。本章涉及模型构建的多个方面，包括时序（Timing）、市场进入与退出、投资行为、来自外部市场的竞争、市场结构的动态演化过程，以及单期产品市场竞争过程。

第二，本章讨论了 MPE 的概念与定义，它反映了动态企业竞争行为的理性与策略性，是一种理性预期均衡。

第三，应用研究的一个重要问题是计算 MPE，这需要求解多个 Bellman 方程联立的方程组。本章首先对较为成熟、应用广泛的 Pakes – McGuire 算法进行详细的介绍，讨论了它的优点与不足之处。其次介绍它的几种扩展形式，包括值迭代、策略迭代、

Gauss – Jacobi 方法与 Gauss – Seidel 方法。最后，本章讨论了其他几种计算 MPE 的方法，包括 Backward Recursion 方法，Pakes 与 McGuire（2001）的随机迭代算法，可计算多重均衡的同伦延拓方法。这些方法的实现过程与适用范围各有不同，对其加以总结有利于在应用研究中选择最合适的方法。

本章之后的安排如下。第二节对 EP 框架进行概括性的介绍。第三节介绍模型的各个组成部分。第四节讨论 MPE 的定义、存在性与多重均衡。第五节以双寡头竞争为例介绍 Pakes – McGuire 算法的实现过程。第六节把 Pakes – McGuire 算法推广到更一般的多企业情形，并讨论了几种扩展算法。第七节分析 Pakes – McGuire 算法的不足，介绍其他几种计算 MPE 的方法。第八节介绍同伦延拓方法的实现过程。第九节是本章的小结。

第二节 Ericson – Pakes 框架概述

本节对动态 EP 框架的组成要素进行概述，下一节逐一介绍各组成部分。

考虑一个无穷期、离散时间的市场，其中有数家企业自由竞争。市场进入与退出是内生的，新企业在有利可图时会自发进入市场，旧企业也会在无利可图时自愿退出市场。为了进入这个市场，新企业必须投入一定数额的启动资金，即进入成本（Entry Cost）。进入成本是沉没成本，通常假定它不可收回，或在企业退出市场时以一定比例收回。我们称准备进入市场的新企业为（潜在的）进入者（Entrant）。相应的，称已在市场中营运的企业为在位者（Incumbent）。

在市场中，企业会同时面临两种不同层面的竞争：一种是短期的产品市场竞争，企业需要在战术层面上做出决策，譬如决定零售价格、生产数量；另一种是战略层面的长期竞争，企业需要决定是否新建一座工厂，是否生产一种新药，等等。短期的产品市场竞争是企业获取利润的过程，战略层面的长期竞争则会影响企业未来的优势地位。

市场中的企业有大有小、有强有弱，这被称为企业的"状态"。高状态的企业在市场竞争中占有一定的优势，可以获得更高的利润。衡量企业状态需要多个指标，例如品牌声誉、生产能力、研发实力等，因此理论上企业状态是包含多个指标的多维向量。但为了简化分析，现有文献经常用一维变量衡量企业状态。例如，Doraszelski 与 Markovich（2007）中用一个数值指标代表消费者对一种商品的喜好程度；Aguirregabiria 与 Mira（2007）及 Gallant, Hong 等（2008）用一个二值变量区分企业是营运还是停业。

企业的状态并非一成不变的。通过长期投资，企业可以改进自身状态，使其在未来的竞争中更有优势。这里的"投资"是一个非常宽泛的概念，根据具体问题，它可以指投资于研发、广告、人力资本建设、厂房建设等。投资的成效存在不确定性，由于运气的差异，投入相同资金的企业，可能会获得完全不同的投资成效。但平均而言，投资越大，其成效也会越大。

除了投资，一些其他的因素也会影响企业未来的状态，本书用外部冲击代表这些因素。外部冲击可分为两种。一种冲击是共同的市场冲击，包括外部市场的发展、新技术的出现等。它会影响到市场中所有的企业，可以解释同一市场中的企业利润经常存在正相关的现象。另一种冲击是企业层面的冲击，例如火灾等偶发事件。通常假设企业层面的冲击因人而异，不同企业受到的冲击互相独立。市场共同冲击与企业层面冲击都具有随机性，企业无法事先预测。

了解所有企业的状态，即知整个市场的竞争态势，其被称为市场结构。由上文可知，市场结构的演化受到企业投资与外部冲击两方面的影响。

假定在一个时期内，企业可以做出一次产品市场竞争决策与一次战略层面的投资决策。在期初，对给定的市场结构，企业在产品市场上开展竞争，谋取这一期的利润。企业根据自身的市场地位决定产品市场竞争策略。企业的利润与自身的状态和竞争策略有关，也与竞争对手的状态与竞争策略有关。在战略层面上，企业追求的目标是最大化未来的长期收益，而不仅是一段时期内的利润。对于在位企业，它会理性地预测其他企业（包括尚未进入市场的潜在进入者）的行为模式，预测市场结构的演化趋势。在认真地研究市场变化趋势后，企业再决定是应当大举投资，还是维持现状，或者是退出市场，寻找其他营利机会。

潜在的进入者也面对相似的决策过程。它需要理性地预测市场的演化趋势，评估进入市场的期望收益与进入市场的沉没成本，决定是否进军这一市场。

为了便于分析，假定竞争过程具有马尔科夫性质，其含义是模型中的所有要素，包括单期利润函数、投资函数、进入退出决策，以及未来收益的期望值函数等都只与当前的市场结构有关，与企业过去的状态无关。图2-1描述了市场行动的时序，其中在位者与进入者均代表多家企业。下一节将逐一描述模型的各个组成部分。

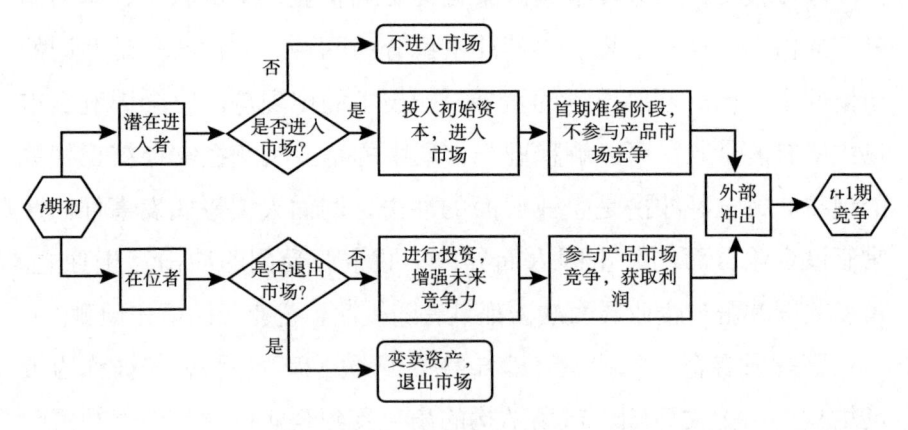

图 2-1 市场行动时序

第三节 模型构建

一 市场结构空间

首先对本章所用的符号做一些约定。本书用下标 t 代表时间，下标 i 代表企业。为了简化符号表示，在不引起歧义时会略去变量的下标。

假设在时期 t 时，市场中有 N 家在位企业。设 $\bar{N}$ 是市场中容许存在的最大企业数，有 $N \leqslant \bar{N}$。

企业的状态用符号 $\omega_i \in \Omega$ 表示，其中 Ω 是所有可能的企业状态。企业的状态可以是一维变量，也可以是多维向量。根据研究的需要，它可以代表不同的内容。例如，在研究广告竞争时可以用状态指代企业的好感度或知名度，在研究技术进步时可以代表企业的技术水平，或者代表企业的生产能力、成本控制水平、产品质量控制水平，等等。为了简化马尔科夫过程中的状态转移概率，基本 EP 框架假定企业的状态是离散的、有界的一维变量。不失一般性，可以设 $\omega_i \in \{0, 1, \cdots, \bar{\omega}\}$，共有 $\bar{\omega}+1$ 个状态。状态 0 通常用来代表非活动的、已经退出市场的企业。假定不同的企业在本质上是相同的，它们之间的差异只体现在状态上，那么如果两家企业具有相同的状态，则可认为它们是完全相同的企业。

将市场中所有企业的状态收集在一起，就可得到这一市场中的全部信息，即市场结构（Market Structure）。一些文献也称其为产业结构（Industry Structure）。假定市场中的企业都了解其他竞争对手的状态、知道整个市场的市场结构,这就是一个完全信息博弈。不同文献表示市场结构的方法有一些差异,而这会影响模型的计算。本书对此进行了归纳,大致有以下三种表示方法。

第一种表示方法是把所有企业的状态记为一个列向量,$\omega = (\omega_1, \cdots, \omega_N) \in S$,其中 $S = \{(\omega_1, \cdots, \omega_N) | \omega_i \in \Omega, N \leq \bar{N}\}$,是市场结构空间。这种表示方法的优点在于容许企业的状态空间是连续空间。其缺点是市场结构向量的维数由企业个数决定,当企业进入或退出市场时,市场结构向量的长度会发生变化,在计算时不容易处理。此外,这种设定会导致市场结构空间非常庞大。对于有 $\bar{N}$ 家企业,$(\bar{\omega}+1)$ 个状态的市场,可能的市场结构有 $(\bar{\omega}+1)^{\bar{N}}$ 种。这会给计算或估计市场结构的演化过程带来一些不便。为了解决这一问题,现有文献大多假定企业的单期收益函数满足匿名性与对称性。对称性的定义如下:

定义 2-1 一族函数 $\{f_i(\cdot)\}_{i=1}^n$ 是对称的,如果 $\forall i,j$,有

$$f_i(\omega_i, \omega_{-i}) = f_j(\omega_i, \omega_{-i}) \quad (2-1)$$

其中 ω_{-i} 的含义是除企业 i 以外所有其他企业的状态,即

$$\omega_{-i} = (\omega_1, \cdots, \omega_{i-1}, \omega_{i+1}, \cdots, \omega_N)$$

对称性假定的含义是,当不同企业的处境完全相同时,它们会得到相同的单期收益,因此可以略去函数的下标。

在市场中的企业多于两家时,匿名性的假定对于简化分析有很大帮助,定义如下:

定义 2-2 我们称函数 $f(\cdot)$ 是匿名的,如果对任意的下标 i 与 $\pi(-i)$,都有

$$f_i(\omega_i, \omega_{-i}) = f_j(\omega_i, \omega_{\pi(-i)}) \quad (2-2)$$

其中 $\pi(-i)$ 的含义是重新排列下标 $-i$ 的顺序。匿名性的含义是任意调换其他企业所处的状态，都不会影响到企业的收益。

需要说明的是，假定企业的单期收益函数具有匿名性与对称性，并不意味企业的策略函数也具有对称性与匿名性，理论上仍有可能出现非对称策略。对此，现有的研究，如 Pakes 与 McGuire（1994），Pakes 与 McGuire（2001）等为了简化问题，都只计算对称与匿名的均衡，忽略了市场结构不对称的问题，但企业行动不对称的情况较多。

增加上述两个假定后，可以采用第二种表示方法：

$$S^\circ = \{\omega = (\omega_1, \omega_2, \cdots, \omega_N) \mid \omega_i \in \Omega, \omega_1 \geq \omega_2 \geq \cdots \geq \omega_N\} \quad (2-3)$$

可知 S° 是 S 的真子空间。与第一种表示方法相比，这种表示降低了市场结构空间的维数。

第三种表示市场结构的方法是计数法，通过统计处于不同状态的企业数目反映市场结构

$$S^\circ = \{s = (s_1, \cdots, s_{\bar{\omega}}) \mid s_\omega \in \mathbb{Z}^+, \sum_{\omega \in \Omega} s_\omega \leq \bar{N}\} \quad (2-4)$$

其中 s_ω 的含义是处于状态 ω 的企业的总数。这种表示方法的优点是市场结构向量维数固定，无须考虑企业进入或退出市场造成的维数变化，便于算法实现。缺点是企业状态必须是离散的、可数的，在市场中的企业数较多，而企业的状态结构又很简单的情况下，采用计数表示法比较简单。

为了简化分析，在基本 EP 框架中，企业的状态是离散的、有界的一维变量。这使得企业的策略函数与值函数的定义域是离散空间，可以用一个矩阵存储计算中用到的函数，减轻计算负担。应用研究中许多文献都采用这种设定，例如 Doraszelski 与 Markovich（2007），Laincz（2009）。

二 投资与外部冲击

企业的状态不是固定的，通过投资可以改进状态，使得企业在未来的竞争中占据优势地位。记企业的投资金额为 x_i，并定义所有企业的投资向量为 x，以及向量 x_{-i}。

投资存在不确定性，有失败的可能。一般而言，投资越大，其成效也会越大。由于 EP 框架假定企业的状态空间是离散空间，因此企业的投资成效也是离散的。在 Ericson 与 Pakes（1995）的研究中，投资只有两种结果：成功或失败。成功的投资会使得企业的状态 ω 提升一个点，失败的投资则不会产生任何影响。

定义 v_1 是投资的成效，它服从二项分布，有

$$\Pr(v_1 = 1) = \frac{ax}{1 + ax}$$

$$\Pr(v_1 = 0) = \frac{1}{1 + ax}$$

其中，x 是企业的投资金额，参数 a 影响投资成功的概率。对给定的参数 a，投资越多，则成功率越高。对给定的投资金额，a 越大则投资越容易成功。

除了投资会影响企业未来的状态，外部冲击也会对其产生影响。外部冲击可分为市场共同冲击与企业个体冲击。前者影响整个市场，后者则因人而异。因企业个体冲击的重要程度相对较低，本书暂不考虑。

定义 v 是市场的共同冲击，假定它也服从二项分布，有

$$v = \begin{cases} 1 & 概率\ \delta \\ 0 & 概率\ 1 - \delta \end{cases}$$

其中，参数 δ 表示外部冲击的力度。因此企业的状态变动过程为

$$\omega_{t+1} = \omega_t + v_1 - v$$

从上式可见，由于外部市场的发展，企业处于不进则退的处境。记企业最终状态的变动为 τ，假设外部冲击和投资效果互相独立，可知它的概率分布是

$$\tau = \begin{cases} 1 & 概率 \dfrac{(1-\delta)ax}{1+ax} \\ 0 & 概率\, \delta + \dfrac{1-2\delta}{1+ax} \\ -1 & 概率 \dfrac{\delta}{1+ax} \end{cases} \quad (2-5)$$

式（2-5）表明，根据投资的成效与外部冲击的情况，企业的状态既可能上升，亦有可能不变或下降。企业的发展存在不确定性，这与现实经济的情况是一致的。

在上文的设定中，成功的投资具有相同的成效，这与直观的感受不一致。因此 Doraszelski 与 Markovich（2007）还将企业的成功投资分为"成功"与"非常成功"两种情况。"非常成功"的投资会使得状态提升两个点，得到式（2-6）。

$$\Pr(\omega' \mid \omega, x) = \begin{cases} \dfrac{(1-\rho)(1-\delta)ax}{1+ax} & \omega' = \omega + 2 \\ \dfrac{\rho(1-\delta)ax}{1+ax} & \omega' = \omega + 1 \\ \delta + \dfrac{1-2\delta}{1+ax} & \omega' = \omega \\ \dfrac{\delta}{1+ax} & \omega' = \omega - 1 \end{cases} \quad (2-6)$$

其中参数 ρ 影响非常成功的可能性。依此思路，还可以考虑投资能够提升3点状态、4点状态的情形，或者考虑外部冲击会降低多点状态的情况。此外还可以考虑负投资的情形，譬如 Besanko, Doraszelski, Lu 与 Satterthwaite（2010）的产能积累模型容许企业

变卖生产设施。

综上，企业的状态会影响到它在产品市场竞争中的地位；企业状态受投资与外部冲击两方面的影响；成功的投资可以提高企业状态，外部冲击则会侵蚀企业的投资成果；由于 EP 框架中的企业状态是离散变量，因此企业的投资成效也是离散的，具有离散的概率分布。

三 产品市场竞争

企业在战略层面上的竞争会影响市场结构的演化。给定某一时期的市场结构，企业还要参与战术层面的产品市场竞争，获取单期利润。不妨记单期利润函数为 $\pi_i(\omega_i, \omega)$。其中第一个自变量是企业自身状态，第二个是市场结构。它表明单期利润受两个因素的影响，一是市场结构，二是该企业在市场中所处的地位。利润函数中没有时间下标，其含义是时间不会直接影响企业利润。

为了保证均衡存在，Ericson 与 Pakes（1995）对利润函数施加了两点约束。

第一，市场结构 S° 是一个全序集，有全序关系 $\geqslant$。利润函数关于 ω 在关系 $\geqslant$ 的意义上单调递减。

第二，利润函数关于 ω_i 单调递增。

第一个约束的含义是企业自身状态不变时，市场竞争越激烈，企业的利润越低。关系 $\geqslant$ 表示市场竞争的激烈程度。第二个约束的含义是给定市场结构不变，提升一家企业的状态会增加它的利润。

在应用研究中，产品市场竞争是 EP 框架中最为灵活的部分，有多种不同的设定方式。一些较复杂的研究需要同时考虑供给面和需求面，计算均衡价格与销量，得到企业利润。另外一些文献则采取高度简化的处理。例如 Gallant, Hong 等（2008）假定市场中的总利润是固定的，企业的利润与生产同种药品的企业数成反比；Jenkins，Liu 等（2004）则固定一位用户的利润，假定总利润与用户数成正比。

基本 EP 模型假定企业的产品市场竞争行为不会影响状态变量与市场演化，单期利润函数可以离线计算（Off Line），但具有网络效应、做中学等效应的行业通常不满足这一假定。针对具体的模型，Benkard（2004），Chen，Doraszelski 等（2009），以及本书的第三、第四章处理了产品市场竞争影响长期的情况。但对更一般的模型，迄今还没有一套系统的处理方法。

四　市场进入与退出

在位者在极端不利的情况下，会变卖资产、退出市场。潜在进入者则会在有利可图时进入市场。为了减轻计算负担，现有文献约定市场中的企业数目不能超过预定上限 $\bar{N}$。当市场中已有 $\bar{N}$ 家企业营运时，即使仍有新企业希望进入该市场，也无法实现。

在市场进入与退出行为的建模中，退出的建模相对较易，进入行为的建模则是当前分歧较大的一个方面，其原因有二。一方面，模型化市场进入行为需要考虑进入企业在进入市场前的情况，这是缺少经验指导的。研究者很难确切地知道潜在进入者的数目，因为最终进入市场的企业只是其中的一部分。另一方面，由于市场进入是高度非线性的行为，它会影响模型的收敛性，不恰当的进入建模容易导致收敛失败。

首先讨论退出行为的建模。假设在 t 期初，市场中的企业观察到当前的市场结构。然后企业会分析未来的市场形势，决定是继续经营，或是退出市场。企业知道自己变卖资产所能得到的收益，文献中称之为出清值（Sell Off Value），记为 Φ。假定它是一个常数，不随时间、个体而改变。在位者如果预期留在市场中的未来收益小于变卖资产的收益，就会永久性地退出市场。假定退出者在决定退出后立即停止运营，最后一期没有任何营业收入。设企业的退出决策函数为 $\chi(\omega_i, \omega)$，它是企业自身状态与市场结构的函数。

为了减轻 EP 框架中的多重均衡问题，Pakes，Gowrisankaran 等 (1993) 对企业的退出行为施加了额外的限制。他们限定落后企业会跟随优势企业的退出决策。如果某一家企业决定退出市场，则所有比它差的企业也会一并退出。

此外，出清值为常数的设定也有其原因。这会使得企业的退出决策不存在随机性。理论上也可以假定出清值是一个随机变量，以使企业的退出决策具有一定的随机性。但这样就需要处理两个问题。一个问题是 Pakes，Gowrisankaran 等 (1993) 的"落后企业跟随退出"设定要随之修改。因为随机化优势企业的退出，会使得落后企业无所适从。另一个问题是 EP 框架设定潜在进入者可以在在位者退出的同期进入市场。当市场中的企业已达上限时，如果进入者发现有企业将会退出，则它可以在其他企业退出的同时进入市场。如果退出行为是一个随机事件，则潜在进入者的决策就会比较复杂。如果贸然进入，可能会导致企业数突破预设的上限。

其次考虑新企业的进入过程。本书假定市场外只有一位潜在进入者。它在期初观测市场中是否有空余的位置。如果有的话，它会得知本期的进入成本 Φ^e。如果它愿意付出进入成本，进入市场后会有一个初始状态 ω^e，是一个已知的常数。进入者在进入的第一期处于准备阶段，没有任何盈利。从第二期开始，该进入者正式成为在位者，以状态 $\omega^e - v$ 和其他企业一起参与市场竞争。比较进入市场的预期收益与需要付出的进入成本，潜在进入者决定是否进入市场。本书假定潜在进入者是短命的（Short Lived），如果这一期不进入市场，则会永远消失①。这一假设排除了企业推迟一期进入市场的选择。记企业的进入决策函数为 $\chi^e(\omega;\Phi^e,\omega^e)$，它是市场结构、进入成本与初始状态的函数。设进入成本 Φ^e 是一个均匀分布于 $[\Phi_l^e,\Phi_h^e]$ 的随机变量，且不同的时期不同企业的进入成本互相独立。假设进入成本是私有信息，只有进入者自己能够观测到进入成本，其他企业只知其概率分布。

上面描述的市场进入建模综合了多篇文献的设定。在 Ericson 与 Pakes（1995）的基本模型中，潜在进入者的数目是市场结构的函数，并且进入成本是固定值。潜在进入者并非同时做出决策，而是一个接一个地进入市场。当前一位进入者进入市场后，由于市场中的企业数目增加了，后一位进入者会调低进入该市场的预期收益。随着进入市场的企业数目越来越多，最终会有一位潜在企业发现继续进入无利可图，因此停止进入。Ericson 与 Pakes（1995）关于 MPE 的存在证明也是基于这种模型设定的。

但 Pakes 与 McGuire（1994）发现进入行为的不连续性会导致值函数的不连续，进而影响迭代算法的收敛性，使得计算均衡的算法收敛失败。他们的解决方法是随机化进入成本，使得不连续的进入行为连续化，避免进入不连续导致收敛失败的问题。但这一设定与 Ericson 与 Pakes（1995）存在冲突。假定随机进入成本后，多家潜在进入者依次进入市场的建模就变得异常复杂。由于前一家企业的进入行为是一个随机事件，后一家企业很难判断究竟是否应该进入。出于这一原因，后来的 Pakes 与 McGuire（1994），Pakes 与 McGuire（2001）等回避了同一时期内有多家企业进入市场的问题。

最近，Doraszelski 与 Satterthwaite（2010）又改进了基本 EP 框

---

① 未来会有新的潜在进入者取代它，市场外始终保持有一位进入者。

架对市场进入的设定,提出一种计算上易处理的动态马尔科夫模型。他们假定市场外有固定数目的潜在进入者,它们同时进行决策,决定是否进入市场。此外,还假定进入成本与出清值都是企业的私有信息。

第四节 马尔科夫精炼均衡

Maskin 与 Tirole 提出的马尔科夫精炼均衡概念是整个 EP 框架的精髓。MPE 的概念强调企业竞争行动的策略性与互动性。它强调企业的进入、退出和投资并非随意为之或依据经验法则而定,而是企业在理性地分析未来市场演化趋势,纵观全局后做出的最佳决策。

给定在位企业 i 关于市场演化过程的信念 $q(\cdot|\omega)$,可以把它的未来期望收益写成 Bellman 方程的形式:

$$V(\omega_i, \omega_{-i}) = \max\{\Phi, \sup_{x \geq 0}[\pi(\omega_i, \omega_{-i}) - cx + \beta \sum_{\omega_{-i}', v_1, v} V(\omega_i + v_1 - v, \omega_{-i}' - v) \tilde{q}(\omega_{-i}'|\omega) p(v_1|x) p(v)]\}$$

$$(2-7)$$

其中,β 是贴现率,c 为投资成本。为了简化表述,式(2-7)略微放松了符号(Slightly Abuse Notations)。式中等号右侧的 max 算子表明企业需要就是否退出市场进行选择。max 算子内包含两项。第一项 Φ 是企业退出市场得到的收益。第二项的含义是企业留在市场中的期望收益。sup 算子表明如果企业留在市场中,需要决定投资 x 的数量。sup 算子内包含三项。第一项是企业的本期利润 π,它由当前的市场结构决定。第二项 cx 是企业的投资成本。

第三项是下一期的期望值函数在本期的折现，它是当前投资金额的增函数。增加投资会减少当前的利润，但是会增加未来的收益。因此企业需要就投资多少资金进行分析、权衡。

在位企业面临如下的决策过程：首先，企业假设自己会继续经营，分析继续经营需要的投资金额与预期回报，以求解最优投资；其次，企业比较留在市场中的期望收益与退出市场的收益，决定是否退出。企业的所有分析都是基于信念 $\tilde{q}(\cdot|\omega)$ 做出的。

对不同的企业 i 求解式（2-7）的 Bellman 方程，可得在位企业的最优投资函数、退出函数，进而计算期望值函数。

相似地，潜在进入者也需要求解一个 Bellman 方程：

$$V^e(\omega, \Phi^e) = \max\{0, -\Phi^e + \beta \sum_{\omega',\upsilon} V(\omega^e - \upsilon, \omega' - \upsilon) \tilde{q}^e(\omega'|\omega) p(\upsilon)\} \quad (2-8)$$

其中，$\tilde{q}^e(\omega'|\omega)$ 是潜在进入者对市场演化过程的预期。求解式（2-8）可以得到潜在进入者的进入函数，与进入市场的期望收益函数。

根据 Doraszelski 与 Pakes（2007），当企业间的策略竞争达到均衡时，对每一家企业而言，若给定该企业关于未来市场结构的预期，它据此采取了最优的策略；此预期与其竞争对手的行为是一致的。

更正式地，定义 MPE 如下：

定义 2-3 MPE 的策略函数是定义在 S° 上的一个三元组 $\{x(\cdot), \chi(\cdot), \chi^e(\cdot)\}$，它满足

第一，根据此三元组可计算出企业对市场演化的信念 $\tilde{q}(\cdot|\omega)$ 与 $\tilde{q}^e(\cdot|\omega)$；

第二，根据 $\tilde{q}(\cdot|\omega)$ 与 $\tilde{q}^e(\cdot|\omega)$ 求解 Bellman 方程，可得企业的投资、退出与进入函数；

第三，第二步解出的函数恰好是之前定义的三元组。

Ericson 与 Pakes（1995）采取更为严格的定义，利用了一个六元组和五个均衡条件，本书则采用上述较直观的定义。他们证明，在一定的正则条件下，EP 框架的均衡存在。他们同时证明，在市场结构空间中存在一个遍历递归类，当市场结构落入递归类之后，将永远停留在其中。此外，MPE 同时也是子博弈精炼均衡。

除了上述结论，Doraszelski 与 Pakes（2007）认为对于均衡"没有什么可以说的了"。在模型中，任何事情都有可能发生。本书认为，这正说明了 EP 框架的一般性。如果在未对模型参数进行特别设定的情况下，就能得到一些特定的结论，那将说明模型的构造具有偏差，不能反映现实的经济环境。

虽然 Ericson 与 Pakes（1995）及 Doraszelski 与 Satterthwaite（2010）在略有不同的条件下证明了均衡的存在性，但其唯一性并没有得到保证。它可能存在多个不同的均衡，这给应用研究带来一些困难。多重均衡与不确定性是两个容易混淆的概念。为了理解多重均衡，不妨进行一次思想实验。假设有四种不同的动态模型。第一种动态模型没有不确定性，也没有多重均衡。在这种模型下，未来是固定的、一成不变的。第二种模型具有不确定性，但只有一重均衡。在这种模型下，未来是不确定的，有多种演化路径，但是每种未来都会有一个发生的概率。如果重复模拟这个模型，会得到一些不同的结果，其发生频数服从一定的概率分布。如果政府需要分析某一政策的效应，只需在该政策下多次模拟该模型，统计不同模拟结果的平均值与标准差。第三种模型没有不确定性，但有多重均衡。在这种模型下，有几种不同的、确定性的未来，每一种未来都有可能发生。如果重复模拟此模型，研究者会发现几种未来都有可能出现。与随机模型不同的是，在多重均衡模型中，不同结果出现的频数没有规律，不会随着模拟次数的增多而趋向某种极限分布，因此无法应用大数定律或中心极限定理。第四种模型是既有随机性，又有多重均衡的模型。这种模型有几重不同的均衡，而每一重均衡又是一个动态随机模型。EP 框架属于第四种。

Doraszelski 与 Pakes（2007）承认，迄今为止，现有研究既不知道何时均衡唯一，亦不知给定参数时均衡的数目。在应用研究中，研究者可以根据实际情况，选择最切合实际的均衡，即所谓的"均衡选择"（Equilibrium Selection）。例如 Pakes 与 McGuire（1994）的计算方法假定，当状态较差的企业发现比它好的企业会退出市场时，它也会退出市场。通过这种富有经济含义的假定，Pakes 与 McGuire（1994）在计算均衡时排除了一些不太可能发生的均衡。但是他们承认，即便施加这样的约束，仍可能会有多重均衡。

最近，一些文献尝试采用同伦延拓方法计算多重均衡。同伦延拓方法在一些较为简单的问题上取得了一些成效，如 Besanko，Doraszelski 等（2008）。Bajari，Hong 等（2009）则在计算静态博弈时利用了同伦方法。但是同伦方法非常耗时，目前还难以用其计算比较复杂的动态 EP 框架。

综上而言，目前的研究对多重均衡仍没有一套系统的解决方法。在应用 IO 研究中，研究者可以通过施加一些具有经济意义的约束，去除实际中不太可能出现的多重均衡，减少多重均衡的干扰。

第五节　MPE 的计算：双寡头竞争

上一节定义了 MPE 的概念，它反映了动态企业竞争行为的策略性与前瞻性，是一种理性预期均衡。应用研究中一个重要的问题是计算 MPE，得到的均衡策略需要满足下述条件。

给定其他企业的策略函数→生成关于市场演化的预期→基于此预期计算 Bellman 方程→得到最优策略函数与值函数→该函数恰好是开始时给定的策略函数。

如果限定市场只有一家企业，上述问题就退化为宏观经济学中常见的单人动态规划问题，可以参见 Ljungqvist 与 Sargent（2004）的研究。如果企业数大于 1，这实际上需要求解多个 Bellman 方程联立的方程组。本节以较简单的双寡头竞争模型为例，讨论了利用 Pakes - McGuire 算法计算 MPE 的过程，下一节将讨论更一般情形下 MPE 的计算。

记 ω_1、ω_2 分别是两家企业的状态。本书用 $\omega_i > 0$ 表示企业 i 是在位者，$\omega_i = 0$ 则表示它是潜在进入者。下面先定义企业 1 的策略函数与值函数，企业 2 的策略与值函数可由对称性得到。

定义企业 1 的进入函数是定义域为 $\{(0,\omega) \mid \omega \in \Omega\}$ 的映射

$$\chi^e(\omega_1,\omega_2;\Phi^e) = \begin{cases} 1 & \text{企业 1 进入市场} \\ 0 & \text{企业 1 留在市场外} \end{cases}$$

定义企业 1 的退出函数是定义域为 $\{(\omega_1,\omega_2) \mid \omega_1,\omega_2 \in \Omega, \omega_1 \neq 0\}$ 的映射

$$\chi(\omega_1,\omega_2) = \begin{cases} 1 & \text{企业 1 退出市场} \\ 0 & \text{企业 1 不退出市场} \end{cases}$$

定义企业 1 的投资函数 $x(\omega_1,\omega_2)$ 是从 $\{(\omega_1,\omega_2) \mid \omega_1,\omega_2 \in \Omega, \omega_1 \neq 0\}$ 到 $\mathbb{R}^+$ 上的映射。

定义上述三个函数后，可以定义企业 1 的完整策略函数 $\chi^f(\cdot)$。它是定义域为整个市场结构空间的映射

$$\chi^f(\omega_1,\omega_2) = \begin{cases} -2\chi^e(0,\omega_2;\Phi^e) & \text{如果 } \omega_1 = 0 \\ -\chi(\omega_1,\omega_2) & \text{如果 } \omega_1 > 0, \chi(\omega_1,\omega_2) = 1 \\ \chi(\omega_1,\omega_2) & \text{如果 } \omega_1 > 0, \chi(\omega_1,\omega_2) = 0 \end{cases}$$

(2 - 9)

式（2-9）中的系数 -1、-2 是为了区分进入、退出和投资。至此完成了策略函数的定义，其具体内容则待下文计算。

根据对称性，企业 2 的策略与期望值函数与企业 1 相等，分别是 $\chi^f(\omega_2,\omega_1)$ 和 $V(\omega_2,\omega_1)$。假设企业 1 相信企业 2 会采取形式如式（2-9）的策略。据此，企业 1 需要求解一个 Bellman 方程。因其形式较复杂，本书分四种情况，写成分段函数的形式。

情况 1：若 $\omega_1 > 0, \omega_2 > 0$

$$V(\omega_1,\omega_2) = \max_{\chi}\{\Phi, \sup_{x \geq 0}\pi(\omega_1,\omega_2) - cx + \beta \cdot [(1 - 1\{\chi(\omega_2,\omega_1)\}) \cdot \sum_{\tau_1,\tau_2,v} V(\omega_1 + \tau_1 - v, \omega_2 + \tau_2 - v)p(\tau_1 \mid x)$$
$$p(\tau_2 \mid x(\omega_2,\omega_1))p(v) + 1\{\chi(\omega_2,\omega_1)\}(1 - 1\{\chi^e(0,\omega_1)\})$$
$$\sum_{\tau_1,v} V(\omega_1 + \tau_1 - v, 0)p(\tau_1 \mid x)p(v) + 1\{\chi(\omega_2,\omega_1)\}$$
$$1\{\chi^e(0,\omega_1)\}\sum_{\tau_1,v} V(\omega_1 + \tau_1 - v, \omega^e - v)p(\tau_1 \mid x)p(v)]\}$$

(2-10)

式（2-10）中，企业 1 面临两种决策：或退出市场，或进行投资。它先假设自己将留在市场中，估算需投入多少资金未来的期望收益会最高；再与退出市场的收益相比，决定是留在市场，或是退出市场。贴现率 β 右侧的内容包含 3 种情况，一是企业 2 不退出市场；二是企业 2 退出市场，没有新企业进入；三是企业 2 退出市场，有新企业进入。

情况 2：若 $\omega_1 > 0, \omega_2 = 0$

$$V(\omega_1,0) = \max_{\chi}\{\Phi, \sup_{x \geq 0}\pi(\omega_1,\omega_2) - cx + \beta \cdot [+ (1 - 1\{\chi^e(0,\omega_1)\})\sum_{\tau_1,v} V(\omega_1 + \tau_1 - v, 0)p(\tau_1 \mid x)p(v) +$$
$$1\{\chi^e(0,\omega_1)\}\sum_{\tau_1,v} V(\omega_1 + \tau_1 - v, \omega^e - v)p(\tau_1 \mid x)p(v)]\}$$

(2-11)

情况 3：若 $\omega_1 = 0, \omega_2 > 0$

$$V(0,\omega_2) = \max_{\chi^e}\{0, -\Phi^e + \beta \cdot [(1 - 1\{\chi(\omega_2,\omega_1)\})$$
$$\sum_{\tau_2,v} V(\omega^e - v, \omega_2 + \tau_2 - v)p(\tau_2 \mid x(\omega_2,\omega_1))p(v) +$$
$$1\{\chi(\omega_2,\omega_1)\}\sum_v V(\omega^e - v, 0)p(v)]\}$$

$$(2-12)$$

情况 4：若 $\omega_1 = 0, \omega_2 = 0$

$$V(0,0) = \max_{\chi^e}\{0, -\Phi^e + \beta \sum_v V(\omega^e - v, 0)p(v)\} \quad (2-13)$$

式（2-10）至式（2-13）联合起来构成企业 1 的 Bellman 方程。求解此方程后得到，当给定企业 2 的策略函数时，企业 1 的最优策略函数。

当模型达到均衡时，企业 1 和企业 2 的策略函数相等。即对一个给定的策略函数，优化上述 Bellman 方程系统得到的策略函数恰好是它自身，这就是 EP 模型的马尔科夫精炼均衡。

一 两种可能的计算方法

由于市场结构是离散空间，策略函数定义在有限个点上，因此求解均衡实际上是求解一个非线性方程组。理论上可以通过求解非线性方程组的方式计算 MPE。但是上述双寡头竞争模型的未知数有 $(\bar{\omega} + 1)^{\bar{N}}$ 个。如果状态数 $\bar{\omega}$ 或企业数 $\bar{N}$ 稍大一些，未知数就会非常多。譬如一个有 20 个状态和 5 家企业的模型，方程组的未知数有 21^5 个，即数百万之多。因此直接用求解非线性方程组的办法求解这一模型非常困难，基本上不可行。

另一种想法是采用迭代方法寻找策略函数的固定点计算 MPE。

一种直观的迭代方法如下：

第一，给定初始策略函数，记为 $\chi^f(\cdot)^0$；

第二，把该策略函数代入式（2-10）至式（2-13），求解 Bellman 方程，计算最优策略 $\chi^f(\cdot)^1$ 与值函数 $V^f(\cdot)^1$；

第三，把 $\chi^f(\cdot)^1$ 再次代入第二步；

第四，不断重复第二、第三两步，直至收敛。

上述解法的困难在于，每次迭代都需要求解给定 (ω_1,ω_2) 时的 Bellman 方程。但是求解 Bellman 方程本身又是一个需要多次迭代的计算过程。如果采用这种方法计算均衡，会有一个外层迭代过程包含一个内层迭代过程。两层固定点计算嵌套在一起，会导致沉重的计算负担。因此这一方法亦不可行，但 Pakes 与 McGuire（1994）在这种想法上进行拓展，提出了 Pakes - McGuire 算法。

二　Pakes - McGuire 算法

Pakes 与 McGuire（1994），Pakes, Gowrisankaran 等（1993），Pakes 与 McGuire（1995）提出了一种计算 MPE 的方法，被称为 Pakes - McGuire 算法。为了解决每一步迭代都需要重新求解 Bellman 方程的问题，该算法对策略函数与值函数进行交错迭代，即利用上一次迭代的值函数计算本次迭代。因此不需要在每一次迭代中计算 Bellman 方程，节约了许多计算时间。具体实现过程如下。

假设现已进行 $i-1$ 次迭代，已知 $\chi^f(\omega_1,\omega_2)^{i-1}$ 与 $V^{i-1}(\omega_1,\omega_2)$，下面分四种情况计算新的策略与值函数。

情况 1：若 $\omega_1>0,\omega_2>0$

迭代策略函数

$$\begin{aligned}
x^i(\omega_1,\omega_2) = {} & \arg\max_{x\geq 0}\{\pi(\omega_1,\omega_2) - cx + \beta\cdot[(1-\\
& 1\{\chi^{i-1}(\omega_2,\omega_1)\})\cdot\sum_{\tau_1,\tau_2,v}V^{i-1}(\omega_1+\tau_1-v,\omega_2+\tau_2-v)\\
& p(\tau_1\mid x)p(\tau_2\mid x^{i-1}(\omega_2,\omega_1))p(v) + 1\{\chi^{i-1}(\omega_2,\omega_1)\}\\
& (1-1\{\chi^{e(i-1)}(0,\omega_1)\})\sum_{\tau_1,v}V^{i-1}(\omega_1+\tau_1-v,0)\\
& p(\tau_1\mid x)p(v) + 1\{\chi^{i-1}(\omega_2,\omega_1)\}1\{\chi^{e(i-1)}(0,\omega_1)\}\\
& \sum_{\tau_1,v}V^{i-1}(\omega_1+\tau_1-v,\omega^e-v)p(\tau_1\mid x)p(v)]\}
\end{aligned}$$

$$\tag{2-14}$$

并迭代退出函数

$$\chi^i(\omega_1,\omega_2) = 1\{x^i(\omega_1,\omega_2)\leq\Phi\} \tag{2-15}$$

得到全策略函数

$$\chi^f(\omega_1,\omega_2)^i = \begin{cases} -\chi^i(\omega_1,\omega_2) & \text{如果 } \omega_1 > 0,\ \chi^i(\omega_1,\omega_2) = 1 \\ x^i(\omega_1,\omega_2) & \text{如果 } \omega_1 > 0,\ \chi^i(\omega_1,\omega_2) = 0 \end{cases}$$

$$\tag{2-16}$$

式(2-14)至式(2-16)整体完成一次策略函数迭代。

由策略函数可计算新的值函数

$$\begin{aligned}
V^i(\omega_1,\omega_2) = {} & \max\{\Phi,\ \pi(\omega_1,\omega_2) - cx^i(\omega_1,\omega_2) +\\
& \beta\cdot[(1-1\{\chi^{i-1}(\omega_2,\omega_1)\})\cdot\sum_{\tau_1,\tau_2,v}V^{i-1}(\omega_1+\\
& \tau_1-v,\omega_2+\tau_2-v)p(\tau_1\mid x^i(\omega_1,\omega_2))\\
& p(\tau_2\mid x^{i-1}(\omega_2,\omega_1))p(v) + 1\{\chi^{i-1}(\omega_2,\omega_1)\}(1-\\
& 1\{\chi^{e(i-1)}(0,\omega_1)\})\cdot\sum_{\tau_1,v}V^{i-1}(\omega_1+\tau_1-v,0)p\\
& (\tau_1\mid x^i(\omega_1,\omega_2))p(v) + 1\{\chi(\omega_2,\omega_1)\}1\{\chi^{e(i-1)}\\
& (0,\omega_1)\}\cdot\sum_{\tau_1,v}V^{i-1}(\omega_1+\tau_1-v,\omega^e-v)\\
& p(\tau_1\mid x^i(\omega_1,\omega_2))p(v)]\}
\end{aligned}$$

$$\tag{2-17}$$

式(2-14)至式(2-17)的思想可以归纳为两步:

第一，把上一次迭代的值函数和策略函数作为企业的预期，基于此预期进行优化，得到新的策略函数；

第二，利用新的策略函数计算新的值函数，但是在涉及预期的地方仍然采用旧的策略与值函数，因此避免了求解 Bellman 的问题。

根据这一思想，可以写出另外三种情况的迭代公式。

情况 2：若 $\omega_1 > 0, \omega_2 = 0$

投资函数是

$$x^i(\omega_1,\omega_2) = \arg\max_{x \geq 0} \{\pi(\omega_1,\omega_2) - cx + \beta \cdot [(1 - 1\{\chi^{e\,(i-1)}(0,\omega_1)\}) \sum_{\tau_1,v} V^{i-1}(\omega_1 + \tau_1 - v, 0) p(\tau_1 \mid x) p(v) + 1\{\chi^{e\,(i-1)}(0,\omega_1)\} \sum_{\tau_1,v} V^{i-1}(\omega_1 + \tau_1 - v, \omega^e - v) p(\tau_1 \mid x) p(v)]\}$$

(2 - 18)

退出函数是

$$\chi^i(\omega_1,\omega_2) = 1\{x^i(\omega_1,\omega_2) \leq \Phi\} \quad (2 - 19)$$

全策略函数是

$$\chi^f(\omega_1,\omega_2)^i = \begin{cases} -\chi^i(\omega_1,\omega_2) & \text{如果 } \omega_1 > 0, \chi^i(\omega_1,\omega_2) = 1 \\ x^i(\omega_1,\omega_2) & \text{如果 } \omega_1 > 0, \chi^i(\omega_1,\omega_2) = 0 \end{cases}$$

(2 - 20)

相应地，值函数是

$$V^i(\omega_1,\omega_2) = \max\{\Phi, \pi(\omega_1,\omega_2) - cx^i(\omega_1,\omega_2) + \beta \cdot [(1 - 1\{\chi^{e\,(i-1)}(0,\omega_1)\}) \sum_{\tau_1,v} V^{i-1}(\omega_1 + \tau_1 - v, 0) p(\tau_1 \mid x^i(\omega_1,\omega_2)) p(v) + 1\{\chi^{e\,(i-1)}(0,\omega_1)\} \sum_{\tau_1,v} V^{i-1}(\omega_1 + \tau_1 - v, \omega^e - v) p(\tau_1 \mid x^i(\omega_1,\omega_2)) p(v)]\}$$

(2 - 21)

情况 3：若 $\omega_1 = 0, \omega_2 > 0$

进入函数是

$$\chi^e(\overset{\omega}{_1}, \omega_2; \Phi^e)^i = \arg\max_{\chi^e}\{0, -\Phi^e + \beta \cdot [(1 - 1\{\chi^{i-1}(\omega_2, \omega_1)\}) \\ \sum_{\tau_2, v} V^{i-1}(\omega^e - v, \omega_2 + \tau_2 - v) p(\tau_2 \mid x^{i-1}(\omega_2, \omega_1)) \\ p(v) + 1\{\chi^{i-1}(\omega_2, \omega_1)\} \sum_v V^{i-1}(\omega^e - v, 0) p(v)]\}$$

$$(2-22)$$

全策略函数是

$$\chi^f(\omega_1, \omega_2)^i = -2\chi^e(0, \omega_2; \Phi^e) \qquad (2-23)$$

值函数是

$$V^i(0, \omega_2) = \max\{0, -\Phi^e + \beta \cdot [(1 - 1\{\chi^{i-1}(\omega_2, \omega_1)\}) \\ \sum_{\tau_2, v} V^{i-1}(\omega^e - v, \omega_2 + \tau_2 - v) p(\tau_2 \mid x^{i-1}(\omega_2, \omega_1)) p(v) + \\ 1\{\chi^{i-1}(\omega_2, \omega_1)\} \sum_v V^{i-1}(\omega^e - v, 0) p(v)]\}$$

$$(2-24)$$

情况 4：若 $\omega_1 = 0, \omega_2 = 0$

进入函数是

$$\chi^e(\omega_1, \omega_2)^i = \arg\max_{\chi^e}\{0, -\Phi^e + \beta \sum_v V(\omega^e - v, 0) p(v)\}$$

$$(2-25)$$

全策略函数是

$$\chi^f(\omega_1, \omega_2)^i = -2\chi^e(0, \omega_2; \Phi^e) \qquad (2-26)$$

值函数是

$$V^i(0, 0) = \max\{0, -\Phi^e + \beta \sum_v V^{i-1}(\omega^e - v, 0) p(v)\}$$

$$(2-27)$$

上述四种情况联合起来组成一次迭代，四种不同的情况可视为一个分段算子在不同区间的取值。如果令 $l^i = [\chi^{I,i}(\omega_1,\omega_2),V^i(\omega_1,\omega_2)]$，并用算子 T 表示此过程，可记为

$$l^{i+1} = T(l^i) \qquad (2-28)$$

定义合适的距离范数，不断重复上述迭代过程，当范数足够小时，可以得到模型的均衡策略函数与值函数。由于 Pakes - McGuire 算法有时会收敛失败，可同时计算几种不同的范数，以便查找其原因。本书的策略是同时计算两种范数，一种取值函数在不同格点的最大差异，另一种计算值函数在不同格点的差异的平均值。第一种定义较为严格，容易出现收敛失败，第二种定义则较为宽松。由于值函数相同并不意味着策略函数必然相同，理论上存在不同策略函数导致相同值函数的可能性。在实际应用中，还可以利用策略函数的差异作为收敛的判别条件。本书在编程时同时计算了上述几种范数，以便对收敛与否做出更准确的判断。

第六节 MPE 的计算：一般情形

当市场中多于两家企业时，也可以利用上述思路进行计算，但还需增添匿名性假定。从上一节的例子中可以看出，即使市场中只有两家企业，企业的 Bellman 方程形式已经相当复杂。在企业数更多的情况下，难以写出完整的迭代公式。由于迭代公式比较复杂，需要采用一些特殊的计算技巧与编程方法。Pakes，Gowrisankaran 等（1993）描述了一般情形下 Pakes - McGuire 算法的实现过程。与两家企业的情况相比，该算法进行了三点推广。

第一，为了减少多重均衡的出现，该算法限定，在某一市场结

构下，当状态低的企业预期到状态高的企业会退出市场时，它也会随之退出。这排除了高效率的企业退出市场而低效率的企业留下的均衡。在现实经济中，如果市场规模不足以容纳多家企业，通常的结果是低效企业退出、高效企业留下，相反的情况则较少发生。排除低效企业留下、高效企业退出的均衡有一定的合理性。

第二，在给定的市场结构下，按照状态从高到低的顺序，依次更新不同企业的策略函数与值函数。在高状态企业完成更新后，低状态企业的更新会依据高状态企业更新后的策略函数，但是值函数仍然采用更新前的值函数。

第三，增加预先退出的步骤。在一次迭代中两次更新退出决策。

下面分三部分介绍 Pakes，Gowrisankaran 等（1993）的算法。第一部分是计算步骤，第二部分是市场结构空间的编码与解码方案介绍，第三部分是计算迭代方程。

一 计算步骤

用矩阵 Π、X、V 分别记录单期利润函数、投资函数与值函数。它们的维数是市场结构数乘以最大企业数。此外还需要记录潜在进入者的进入策略。Pakes，Gowrisankaran 等（1993）没有直接记录进入策略，而是记录进入概率，其效果等同。用进入概率代替进入策略函数的优势在于，记录进入概率只需要一个多维向量，记其为 χ^e，而进入策略是随机进入成本的函数，其表示比较麻烦。退出策略也需要用一个矩阵记录，但由于退出策略可根据值函数导出，也可以不必记录退出策略函数，而在需要时经由值函数计算。

单期利润函数的计算比较简单。只要给定产品市场竞争模型，就可以离线地计算出单期利润函数。下面的计算假定已经得到了单期利润函数，并存储于利润函数矩阵。

给定单期利润函数与投资动态过程，计算 MPE 的核心过程是不断地迭代、更新投资函数矩阵、值函数矩阵以及进入概率。不同的市场结构下更新的过程是完全独立的，互相之间没有影响。

与前文提到的同步策略迭代不同，Pakes，Gowrisankaran 等（1993）采用异步策略迭代的方法。在给定的市场结构下，首先使用前次迭代的结果更新状态最高的企业的策略与值函数。然后更新状态次高的企业的策略与值函数。在更新第二家企业的策略时，以更新过的第一家企业的策略、退出函数（但不包含值函数）作为决策的依据。以此类推，在更新第三家企业的时候，以更新过的前两家企业的策略、退出函数作为决策的依据，等等。他们没有解释用异步迭代取代同步迭代的原因。不过笔者认为，增加这一设定可以使后发企业对领先企业的预期更加准确，并与强制退出的设定相一致。假设一种可能的情况，在前一次迭代时，领先企业决定留在市场中，而在本次迭代中，更新后的领先企业又决定要退出市场。此时，如果后发企业的预期更新不及时，它会预测领先企业留在市场，因此自己也可能留在市场。这样，领先企业退出了市场，而后进企业却留在市场中。与模型希望计算的均衡不一致。

企业的预期分为两部分，对于当前市场结构以外的预期，都采用前一次迭代的结果。对于涉及当前市场结构的预期，则对比自己优秀的企业的预期采用该企业更新后的策略，对不如自己优秀的企业的预期则采用上一次迭代的结果。为了减少多重均衡，限定当企业预期到优于它的企业会退出市场时，它也会变卖资产、退出市场。

综上，一次迭代共包含四个步骤。

第一，依据前一次迭代的值函数，计算退出的企业，更新在位企业的数量。在位企业依据前一次计算的值函数进行分析，如果发现留在市场中无利可图，就退出市场。当状态较高的企业退出市场时，状态劣于它的所有企业将会退出。

第二，依据前一次迭代的策略、值函数及更新后的在位企业数量，更新进入策略。潜在进入者随机抽取到一个进入成本。它比较进入成本与进入的期望收益（Expected Discount Value，EDV）的大小，决定是否进入市场。

第三，依据前一次迭代的策略、值函数及更新后的在位企业数量和更新后的进入概率，更新最优投资。

第四，更新值函数。如果发现更新的值函数不大于退出的出清值，企业会选择变卖资产、退出市场。

与前文双寡头竞争模型的算法不同，上述过程增加了第一步，即预先退出的步骤。增加这一步主要考虑的是市场中的一些企业是很显然会退出的，如果没有第一步，则这些企业会在第四步退出。增加第一步的优点在于让这些企业提前离场，这会减少第三步的计算量。笔者亦模拟了没有第一步的算法，发现这并不影响计算结果，但对收敛速度有一定影响。

上述顺序只是计算过程中的迭代顺序，并非企业决策顺序。在实际中，无论是在位企业还是潜在进入者，无论是领先企业还是后发企业，都是同时决策的。

二 市场结构空间的编码与解码方案

在迭代过程中，需要遍历整个市场结构空间，并不时访问市场结构空间中的特定点。由于市场结构是一个多维向量，需要设计一套合适的编码与解码算法，以便计算某一点的策略函数或值函数。

例如，假设有一个三企业的进入和退出博弈，其中企业的状态只有 0 和 1，分别代表企业在市场外和市场中。假定当前的市场结构是（1，0，0），即第一家企业在市场中，第二家和第三家企业都没有进入市场。假设第一家企业知道，如果它退出市场，能够得到 Φ 元的变卖资产收益。如果它不退出市场，未来有两种可能的市场结构，下一期市场结构是 (1, 1, 0) 的概率为 p，是 (1, 1, 1) 的概率为 $1-p$。因此，企业 1 留在市场中的平均收益是

$$pV_1(1,1,0) + (1-p)V_1(1,1,1)$$

企业 1 需要比较留在市场与退出市场的收益大小，以决定是否退出。在计算过程中，期望值函数的函数值 $V_1(1,1,0)$ 和 $V_1(1,1,1)$ 都存放在值函数矩阵 V 的一个特定位置上。需要对市场结构进行编码，计算出存放函数值的位置 $enc(1,1,0)$、$enc(1,1,1)$，才能在矩阵 V 中访问到相应的函数值。这样就可以算出留在市场中的收益是否大于出清值。所谓编码就是确定某一市场结构在利润矩阵或策略矩阵中的位置，解码就是确定某个位置指代的市场结构。

在假定对称性与匿名性后，如果采用依次遍历市场结构所有分量的方法，会出现重复遍历的问题。譬如 (1, 1, 0) 和 (1, 0, 1) 代表同一种市场结构。为了解决这一问题，Pakes，Gowrisankaran 等 (1993) 利用杨辉三角形（帕斯卡三角形）构造了一套市场结构空间的编码与解码方案。

采用式（2-3）的市场结构表示方法，记市场结构空间

$$S^\circ = \{\omega = (\omega_1, \omega_2, \cdots, \omega_N) \mid \omega_i \in \Omega, \omega_1 \geq \omega_2 \geq \cdots \geq \omega_N\}$$

其中 $N \leq \bar{N}$，$\Omega = \{0, 1, \cdots, \bar{\omega}\}$。上式隐含了对称、匿名的假定。

企业的策略函数与值函数受两个因素的影响，一是整个市场结构，二是企业自身的状态，或者说它在市场中的位置。定义集合 $I = \{1, 2, \cdots, N\}$，数对

$$(\omega, n) \in L \equiv S^\circ \times I$$

是企业决策的依据,是策略函数与值函数的定义域。

定义矩阵

$$B = \begin{bmatrix} 0 & 1 & & & & & & \\ 0 & 1 & 1 & & & & & \\ 0 & 1 & 2 & 1 & & & & \\ 0 & 1 & 3 & 3 & 1 & & & \\ 0 & 1 & 4 & 6 & 4 & 1 & & \\ 0 & 1 & 5 & 10 & 10 & 5 & 1 & \\ 0 & 1 & 6 & 15 & 20 & 15 & 6 & 1 \\ 0 & 1 & 7 & 21 & 35 & 35 & 21 & 7 & 1 \\ \cdots & & & & & & & \end{bmatrix} \quad (2-29)$$

式(2-29)是在杨辉三角形左侧增加一列 0 得到的。可以通过如下的递推过程逐行构造:

$$B[a,k] = B[a,k-1] + B[a-1,k-1] \quad (2-30)$$

或者直接计算其元素:

$$B[a,k] = P_{k-1}^a = \frac{a!}{(k-1)!(a-k+1)!} \quad (2-31)$$

Pakes,Gowrisankaran 等(1993)证明了与杨辉三角形有关的几个定理,引用如下。

定理 2-1 市场结构空间 S° 包含的元素个数为 $B[N+\bar{\omega}+1,\bar{\omega}+2]$。

利用此定理,可以计算出给定最大企业数与单企业状态数时,可能的市场结构个数。例如对于有 3 家企业、6 种状态的市场,可能的市场结构有 $B[9,7]=56$ 种;如果不施加对称、匿名的假定,则会有 $6^3=216$ 种市场结构,可见对称性与匿名性会显著降低市场结构的维数。

利用杨辉三角形,可以构造从 S° 到 $\mathbb{Z}^+$ 的一一对应函数。

定理 2-2 定义函数 $enc(\cdot): S^o \to \mathbb{Z}^+$

$$enc(\omega; N, \bar{\omega}) = \sum_{i=1}^{N} B[\omega_i + N - i + 1, \omega_i + 1] \quad (2-32)$$

它是一一对应的。

利用式（2-32）可对市场结构进行编码运算。解码函数可以通过下述过程计算：

第一，在矩阵 B 的第 N 行寻找不大于 z_1 的最大整数，它是 ω 的第一个元素 ω_1；

第二，令 $z_2 = z_1 - \omega_1$，在第 $N-1$ 行寻找不大于 z_2 的最大整数，它就是 ω_2；

第三，令 $z_3 = z_2 - \omega_2$，在第 $N-2$ 行寻找不大于 z_3 的最大整数，它就是 ω_3；

第四，令 $z_4 = z_3 - \omega_3$，……

重复上述过程，就得到向量 ω 的全部 N 个分量，实现市场结构的解码计算。

利用上述编码与解码函数，可以非常方便地访问市场结构空间。由于在计算中需要频繁地对市场结构进行编码与解码，需采用快速编码与解码算法。快速算法预先生成编码与解码表，使用时直接查表调用。

上文限制市场结构是降序排列的。由于进入、投资和外部市场冲击的影响，企业间的强弱关系有时会被打乱，因此需要不时重新排序市场结构。相应地，与市场结构相关的投资矩阵、值函数矩阵等也需要调整顺序。

三 更新企业决策

至此，计算过程仍有两个关键步骤尚未解决。一是计算在位者依据其预期更新自身策略与值函数的过程；二是计算潜在进入者更新进入决策的过程。下面讨论这两者的计算。假设当前企业处于情况 (ω,n) 下，ω 是市场结构，n 是企业在市场的排名。定义变量：

ω' 代表更新退出后的市场结构，它是 N 维向量；

$\omega_1',\cdots,\omega_N'$ 代表 ω' 的 N 个分量；

$m(\omega')$ 是在位企业的数量；

$\lambda(\omega',n)$ 代表潜在进入者的进入概率；

$e(j)$ 代表 N 维向量 $(0,\cdots,1,\cdots,0)$，其中 1 位于第 j 个位置；

I 代表元素都是 1 的 N 维向量；

τ 是所有投资者的投资成效，$\tau=(\tau_1,\cdots,\tau_N)$；

n_e 代表新企业刚进入时的排名，在尚未调整市场结构顺序之前，有 $n_e=m(\omega')+1$ 成立；

$x_1,\cdots,x_{n-1},x_{n+1},\cdots,x_N$ 是上一次迭代计算出的其他 $N-1$ 家企业的投资。

$(\hat{\cdot})$ 表示求和时跳过该元素。

（一）更新在位企业策略

利用这些符号，可以把企业的值函数写成下述形式：

$$\begin{aligned}V^i(\omega,n)=&\max\{\Phi,\max_{x\geqslant 0}\{\Pi(\omega',n)-cx+\beta\lambda(\omega',n)\{\Sigma_{\tau_1=0}^1\cdots\\&\Sigma_{\tau_N=0}^1\Sigma_{v=0}^1 V^{i-1}[\omega'+\omega^e e(n_e)+\tau-Iv,n]\Pr(\tau_1\mid x_1^{i-1})\cdots\\&\Pr(\tau_n\mid x)\cdots\Pr(\tau_N\mid x_N^{i-1})p(v)\}+\beta[1-\lambda(\omega',n)]\cdot\\&\{\Sigma_{\tau_1=0}^1\cdots\Sigma_{\tau_N=0}^1\Sigma_{v=0}^1 V^{i-1}[\omega'+\tau-Iv,n]\Pr(\tau_1\mid x_1^{i-1})\cdots\\&\Pr(\tau_n\mid x)\cdots\Pr(\tau_N\mid x_N^{i-1})p(v)\}\}\}\end{aligned}$$

$$(2-33)$$

式（2-33）包含三种情况，一是企业变卖资产、退出市场；二是企业留在市场中，有新企业进入市场；三是企业留在市场中，没有新企业进入市场。为了简洁起见，式（2-33）略微放松了符号。其中有三处略有歧义。第一，公式中对随机的投资成果求和时，是从第一个企业加总到第 N 个企业。在实际计算的时候，有一些企业状态为 0，是潜在进入者，计算这些企业时设其 $\tau_n = 0$，不涉及投资。第二，市场冲击 υ 也有相似的问题。对于潜在进入者，它们是不受替代品市场发展的影响的，因此 $-I\upsilon$ 这一项只是对在位企业而言，潜在进入者在实际计算时不受影响。第三，初始状态 ω 和 ω' 是降序排列的，但是完成市场进入或退出、投资和外部冲击后，原有的降序关系可能被打乱，需要重新排列市场结构向量。编写程序时对这些有歧义之处需加以注意。

定义函数 $Calval(\cdot)$：

$$Calval(\omega',n,\tau_n) = \lambda(\omega',n)\{\sum_{\tau_1=0}^{1}\cdots\sum_{\hat{\tau_n}=0}^{1}\cdots\sum_{\tau_N=0}^{1}\sum_{\upsilon=0}^{1}V^{i-1}[\omega' + \omega^e e(n_e) + \tau - I\upsilon,n]\Pr(\tau_1|x_1^{i-1})\cdots\Pr(\hat{\tau_n}|x)\cdots\Pr(\tau_N|x_N^{i-1})p(\upsilon)\} + [1-\lambda(\omega',n)]\{\sum_{\tau_1=0}^{1}\cdots\sum_{\hat{\tau_n}=0}^{1}\cdots\sum_{\tau_N=0}^{1}\sum_{\upsilon=0}^{1}V^{i-1}[\omega'+\tau-I\upsilon,n]\Pr(\tau_1|x_1^{i-1})\cdots\Pr(\hat{\tau_n}|x)\cdots\Pr(\tau_N|x_N^{i-1})p(\upsilon)\}$$

(2-34)

它的含义是，已知企业留在市场，并知道自己的投资成效时，它未来的期望值函数。式（2-34）包含新企业进入市场与不进入市场两种情况。引入这一函数后，由于投资成功率是投资金额的函数，可将企业的值函数化简为

$$V^i(\omega,n) = \max\{\varPhi,\max_{x\geq 0}[\varPi(\omega',n) - cx + \beta\frac{ax}{1+ax}Calval(\omega',n,1) + \beta\frac{1}{1+ax}Calval(\omega',n,0)]\}$$

(2-35)

这样，迭代函数就较为简洁了。由式（2-35）右侧最优化的一阶条件可以解出最优投资与投资成功的概率[①]：

$$p^*(\omega',n) = 1 - \sqrt{\frac{c}{\beta a(v_1 - v_2)}}$$

$$x^*(\omega',n) = \frac{-1 + \sqrt{\frac{\beta a(v_1 - v_2)}{c}}}{a} = \frac{p^*}{a(1-p^*)}$$

(2-36)

其中，

$$v_1 = Calval(\omega',n,\tau=1)$$
$$v_2 = Calval(\omega',n,\tau=0)$$

(2-37)

上述计算过程反映了离散 EP 框架的一个巧妙之处。其中的式（2-35）体现了离散状态假定在计算上的巨大优势。在式（2-33）中，投资是函数 $V^{i-1}(\cdot)$ 的自变量之一。由于 $V^{i-1}(\cdot)$ 是纯粹的数值函数，从中计算最优投资非常困难。而在式（2-35）中，投资已经从 $V^{i-1}(\cdot)$ 中"跳"了出来，其后的优化问题就非常简单了。

更新投资函数后，就可以得到值函数

$$V^i(\omega,n) = \max\{\Phi, \Pi(\omega',n) - cx(\omega',n) + \beta \frac{ax(\omega',n)}{1+ax(\omega',n)} Calval(\omega',n,1) + \beta \frac{1}{1+ax(\omega',n)} Calval(\omega',n,0)\}$$

(2-38)

根据值函数，可得企业的完整策略

$$x^i(\omega',n) = \begin{cases} x^*(\omega',n) & \text{如果 } V^i(\omega,n) > \Phi \\ -1 & \text{其他情况} \end{cases}$$

(2-39)

至此，在位企业的决策更新已完成，但其中还有一个问题需要

[①] Pakes, Gowrisankaran 等（1993）在此似有误。

解决。式（2-34）之后的计算都涉及新企业进入市场的概率 $\lambda(\omega',n)$，它至今仍是待定的。下面对其进行求解。

（二）更新潜在进入者策略

在期初，潜在进入者观察到市场结构 ω，并且预测到退出发生后的 ω'。如果 ω' 中仍有空余位置，则潜在进入者可以进入。潜在进入者在选择进入后，实际上的处境与在位企业相似，具有相似的值函数，但有三点差异：

第一，因为限制每期只有一个企业进入，潜在进入者知道不会有其他进入者；

第二，进入市场后的第一期没有利润；

第三，和在位企业不同，进入者的第一期只有初始投资 Φ^e，没有 x。

据此，可以写出潜在进入者进入后的期望值函数

$$V^e(\omega') = \beta Calval(\omega' + \omega^e e(m(\omega')+1), \\ m(\omega')+1, \tau_{m(\omega')+1} = 0 \mid \lambda = 0) \tag{2-40}$$

当企业的期望值函数高于沉没成本时，企业才会选择进入，进入概率

$$\lambda(\omega',n) = \begin{cases} 0 & V^e < \Phi_l^e \\ \dfrac{V^e(\cdot) - \Phi_l^e}{\Phi_h^e - \Phi_l^e} & V^e \in [\Phi_l^e, \Phi_h^e] \\ 1 & V^e > \Phi_h^e \end{cases} \tag{2-41}$$

至此，所有参与迭代过程的函数都得到了填充，整个迭代过程已经被完整定义了。只需赋予初值，即可开始迭代计算。

四 初值的设定

在最大企业数是 1 时，本模型退化为单企业动态规划问题。单

企业的动态规划问题是一个压缩映射（Contraction Mapping），迭代一定会收敛。此时，初值可以设为 $V_1^0(\omega) = \Pi(\omega)$ 和 $x_1^0(\omega) = 0$。

当最大企业数大于 1 时，有两种设定方法。一种方法是先任意给定一个投资函数，然后模拟该投资函数下对应的期望值函数。另一种方法是利用企业数为 $N-1$ 时计算出的均衡策略作为企业数为 N 时的初始策略。由于两种情况的企业数目不同，需要对其进行修正。修正公式如下：

$$x_N^0(\omega,n) = \begin{cases} x_{N-1}^*[(\omega_1,\cdots,\omega_{N-1}),n] & \text{如果 } n < N \\ x_{N-1}^*[(\omega_1,\cdots,\omega_{N-2},\omega_N),n-1] & \text{如果 } n = N \end{cases}$$

(2-42)

$$V_N^0(\omega,n) = \begin{cases} V_{N-1}^*[(\omega_1,\cdots,\omega_{N-1}),n] & \text{如果 } n < N \\ V_{N-1}^*[(\omega_1,\cdots,\omega_{N-2},\omega_N),n-1] & \text{如果 } n = N \end{cases}$$

(2-43)

式（2-42）和式（2-43）的含义为，对于前 $N-1$ 家企业，它们设定初始策略和值函数时假定最后一家企业不存在。对于最后一家企业，计算时则假定倒数第二家企业不存在。据此，利用 $N-1$ 家企业时的均衡，就能得到 N 家企业时的初值。

五 几种扩展

基本 Pakes-McGuire 算法同时对策略函数与值函数进行迭代，这使其存在二者不配套的问题，因此衍生出两种扩展算法。一种算法是值迭代（Value Iteration）算法，另一种是策略迭代（Policy Iteration）算法。值迭代算法在一次迭代中，给定值函数矩阵不变，反复迭代策略函数矩阵，直至收敛，使得策略矩阵与值矩阵配套。策略迭代则恰好相反，在一次迭代中，给定策略矩阵不变，反复迭代值函数矩阵,直至收敛。这两种迭代方法增加一次迭代的时间,但可以减少迭代次数。

在 Pakes – McGuire 算法中,不同市场结构下的迭代过程是独立的,每一次迭代只利用上一次迭代的结果,这种整体更新算法在文献中被称为 Gauss – Jacobi 方法。Benkard(2004)等则采用被称为 Gauss – Seidel 算法的部分更新算法,在迭代中使用本次迭代已经更新过的市场结构点。现有研究表明,在两种算法都收敛的时候,Gauss – Seidel 算法似乎速度较快。但数值实验也表明,Gauss – Seidel 算法更倾向于收敛失败。相较之下,Gauss – Jacobi 算法则较为稳健。为了稳健起见,本书采用 Gauss – Jacobi 算法。

第七节 进一步的讨论

在动态 IO 研究中,EP 框架是被广泛应用的一个研究框架。它的设定非常一般化,计算方法也比较成熟。但它仍存在一些不足之处,譬如计算负担较重、存在多重均衡。针对这些问题,研究者展开了大量的研究。

在理论上,利用 MPE 分析经济政策仍存在一些争议。一些学者认为这以无法检验的方式限制了均衡模式,需要采用更弱的均衡概念,例如 Fudenberg 与 Levine(1993)等提出的"自我确认均衡"(Self – confirming Equilibrium)。当市场中企业数目较多时,EP 框架的计算负担较重。因此 Weintraub,Benkard 与 Van Roy(2008)提出显著均衡(Oblivious Equilibrium)的概念,它假定企业不直接考虑竞争对手的策略,而是预测市场的长期演化趋势,据此决定竞争策略。Fershtman 与 Pakes(2009)提出应用马尔科夫均衡(Applied Markov Equilibrium,AME),它不需要假定局中人的信念,而是采用学习算法计算市场均衡。

在计算方法上，Pakes – McGuire 算法是一种比较成熟、应用广泛的算法，但它也存在一些问题。

第一个问题是 Pakes – McGuire 算法的收敛性未被证明，缺乏理论支持。Pakes 与 McGuire（1994）承认该算法不是压缩映射，且识别出不收敛的部分原因在于策略函数不连续，并通过随机化进入成本，避免策略函数不连续导致的收敛失败。但是，逐一考察不收敛的原因，再针对性地提出解决方案，是一种效率较低的方法。因为导致不收敛的原因可能有很多种，即使对某几种不收敛的原因进行处理，仍不能保证改进过的方法就能够收敛。在实际计算中，Pakes – McGuire 算法的收敛表现尚可，但是对收敛性的理论研究仍然有待推进。在下文的第三、第四章中，本书同时采用 Pakes – McGuire 算法与 Backward Recursion 方法计算 MPE，以避免收敛失败。

第二个问题是可能存在多重均衡。Pakes – McGuire 算法通过施加强制退出条件，可以避免部分不太可能出现的均衡，但这仍不能保证均衡唯一。为了避免多重均衡对分析的不利影响，研究者通常会设定一些均衡选取准则，以排除与现实不符的均衡。例如，Jenkins，Liu 等（2004），Chen，Doraszelski 等（2009）及 Chen（2010）采用的用 Backward Recursion 方法计算有限博弈的无穷极限，就是一种被普遍认可的均衡选取准则。Backward Recursion 方法亦有不足之处——计算负担较重[①]，在企业较多时不易实现。Besanko，Doraszelski 等（2008），Bajari，Hong 等（2008），Bajari，Hong 等（2009），Borkovsky，Doraszelski 与 Kryukov（2009）及

---

① 它需要多次计算 N 元非线性方程组，而 Pakes – McGuire 算法则只需计算一元非线性方程。

Borkovsky、Doraszelski 与 Kryukov（2010）提出可以利用同伦延拓方法计算博弈模型的均衡。而由于同伦延拓方法的计算负担较重，目前它只适用于处理比较简单的问题，难以处理 EP 框架等大规模计算问题。下一节将对这一方法做一简单介绍。

第三个问题是随着市场结构空间增大，Pakes – McGuire 算法的计算时间会迅速增加，计算负担较重。在本节的模拟中，增加一家企业会增加 5 倍到 10 倍的计算时间，在企业数目较多时很难计算。为了降低计算负担，Pakes 与 McGuire（1994）提出可以利用多项式近似算法。Jenkins、Liu 等（2004）则利用 Chebyshev 多项式实现了这一算法。Pakes 与 McGuire（2001）提出一种随机近似算法，该算法在一次迭代中只更新一个市场结构点的策略与值函数，计算负担与企业数无关。在市场中有很多企业，但是遍历递归类比较小时，采用该算法可以减轻计算负担。Doraszelski 与 Judd（2008）发现连续时间模型可以解决维数诅咒的问题，因此将 EP 框架推广为连续时间模型，提出一种计算连续时间模型 MPE 的方法。但由于连续时间模型在实际分析中应用较少，该算法的意义有限。

第八节　同伦延拓方法

Besanko、Doraszelski 等（2008）提出，当博弈模型存在不止一个均衡时，可借助同伦延拓方法求解模型的多个均衡。Bajari、Hong 等（2008）及 Bajari、Hong 等（2009）在计算静态模型均衡时也采用了同伦延拓方法。下面以 Besanko、Doraszelski 等（2008）的一个例子介绍同伦延拓方法。

假定有一个关于自变量 x 的非线性函数 $H(x;\tau)$，其形式如下：

$$H(x,\tau) = -15.289 - \frac{\tau}{1+\tau^4} + 67.5x - 96.923x^2 + 46.154x^3$$

(2-44)

其中 τ 是外生参数，有 $\tau \in [0,1]$。假定研究者的问题是对给定的 τ，求解方程

$$H(x,\tau) = 0 \qquad (2-45)$$

它是一个三次方程组。图 2-2（a）描绘了对于不同的 τ，直接求解式（2-45）的结果。从图中可以看出，当 τ 处于 0.3 左右时，计算的结果开始出现跳跃。这是由于此时方程具有不止一个实数解，或者说，此时方程具有多重均衡。利用同伦延拓方法，可以求出这一方程的全部解。

首先，为这一模型添加一个辅助变量 s，假设 x 与 τ 都是 s 的函数，分别记为 $x(s)$ 与 $\tau(s)$，其具体函数形式待定。函数 $H(x,\tau)$ 也是 s 的函数，写作 $H(x(s),\tau(s))$。

这样，求解式（2-45）的问题就转化为式（2-46）：

$$H(x(s),\tau(s)) = 0 \qquad (2-46)$$

式（2-46）两端对 s 求导，可得：

$$\frac{\partial H(x(s),\tau(s))}{\partial x}x'(s) + \frac{\partial H(x(s),\tau(s))}{\partial \tau}\tau'(s) = 0 \quad (2-47)$$

当 $\tau = 0$ 时，可以解出 $x = 0.5$ 是式（2-45）的解，即 $H(0.5,0) = 0$。不妨设此时 $s = 0$，因此有 $x(0) = 0.5$，$\tau(0) = 0$。这样，就把求解方程（2-45）的问题转化为寻找函数 $x(s)$ 与 $\tau(s)$，并使之满足：

第一，$x(0) = 0.5$、$\tau(0) = 0$；

第二，$x(s)$ 与 $\tau(s)$ 满足式（2-47）。

(a)直接求解方程

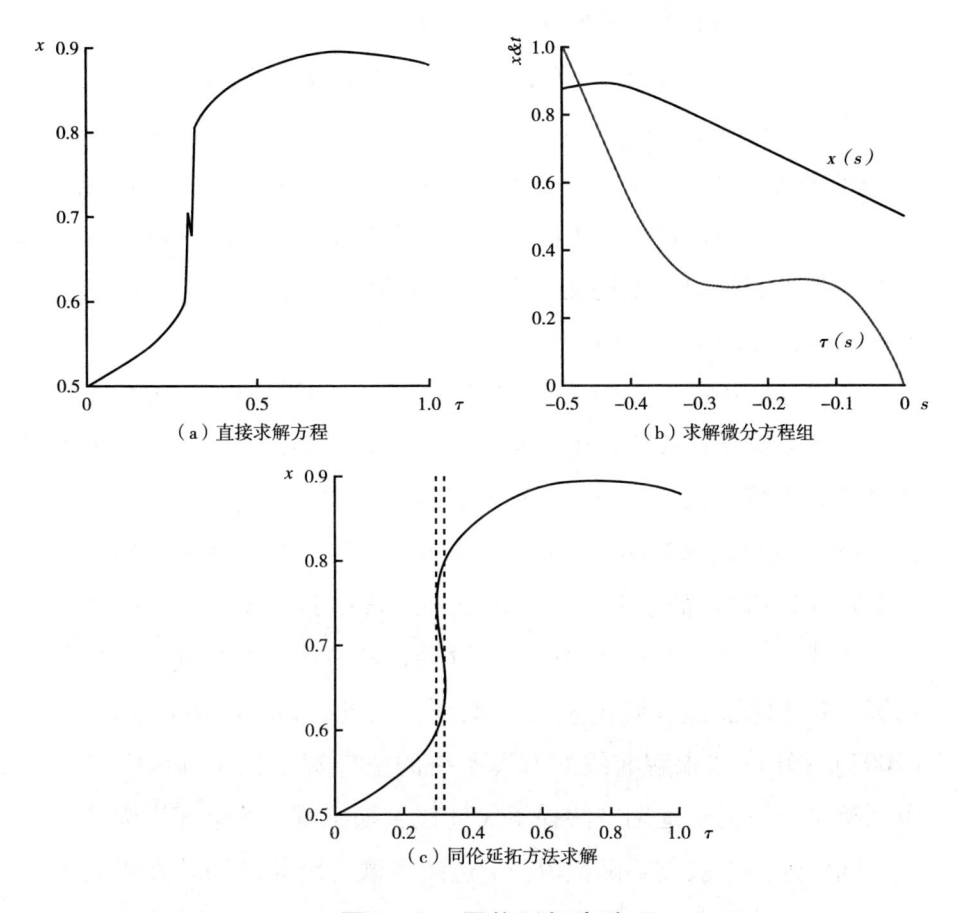

(b)求解微分方程组

(c)同伦延拓方法求解

图 2-2 同伦延拓方法

直接求解式（2-47）需要计算 $\dfrac{x'(s)}{\tau'(s)}$，为了避免出现分母为零的情况，可以改为求解式（2-47）的充分条件：

$$x'(s) = \frac{\partial H(x(s),\tau(s))}{\partial \tau}$$
$$\tau'(s) = -\frac{\partial H(x(s),\tau(s))}{\partial x}$$

(2-48)

这样就将一个具有多重均衡的非线性方程的求解问题转化为求解微分方程组的问题。利用数值方法求解上述微分方程组，可得辅

助函数 $x(s)$ 与 $\tau(s)$ 的数值解 [见图 2-2 (b)]。从图中可见，在开始的时候，辅助变量 $s=0$ 位于右侧，此时 $\tau=0$，$x=0.5$。随着 s 向横轴的负方向移动，τ 不断增大，趋向于 1；x 也不断趋向于 $\tau=1$ 时的解。图 2-2 (c) 描绘了利用同伦延拓方法解出的根。从图中可以看出，在与两条虚线相切的位置，方程（2-45）有两个根，其内部则有三重均衡。直接求解方程 [见图 2-2 (a)] 则未能准确描绘出这一区域的情况。

在实际应用中，$\tau=1$ 是研究者希望计算的模型均衡，$\tau=0$ 则是一个较为容易计算的均衡。利用同伦延拓方法，可以借助一个较容易计算的模型求解一个难以直接计算的模型。在这一问题中，式（2-48）只是式（2-47）的充分非必要条件，还可以选择其他不同于式（2-48）的条件。对于较复杂的模型，选择不同的充分非必要条件，其结果可能大相径庭。同伦延拓方法只是尝试求解多个均衡，并不保证能够解出全部的均衡。对此，Doraszelski 与 Pakes（2007）指出："求解非线性方程系统的全部解在数学领域中仍未得到解决……同伦延拓方法并不保证找到随机博弈的全部均衡。"

同伦延拓方法需要函数 $H(\cdot)$ 连续可微，因此市场进入或退出等非线性行为对于计算均衡有一定的负面影响。此外，其计算负担非常沉重。对于处理一些计算负担较轻的问题，其可行性较高；对于处理较复杂的问题，采用这一方法比较困难。因此，同伦延拓方法距离大规模应用还有一定的距离。

第九节　小结

本章从模型构建、均衡定义与计算方法三个方面对动态 EP 分析框架进行了详细的介绍。首先，本章以标准 EP 模型为基础，对动态 IO 研究文献进行了梳理，探究其模型的构建方式，比较不同文献模型设定的差异。其次，本章讨论了 MPE 的概念与正式定义。最后，本章介绍了 Pakes – McGuire 算法、Backward Recursion 方法、随机迭代算法、同伦延拓方法等均衡计算方法。目前 MPE 的计算方法仍不完善，存在收敛性、计算负担、多重均衡等方面的问题。而不同的算法各有其优势与不足之处，对这些方法加以总结、比较，有利于在应用研究中选择最合适的计算方法。

本章为后文的应用研究进行了方法论上的准备，在第三、第四章中，应用了本章的研究工具讨论了网络产业中的非对称规制与转移成本问题。本章仅探讨了动态 IO 的均衡计算问题，第五章将讨论动态博弈模型的结构估计。

目前，动态产业组织研究围绕 EP 框架衍生出众多变化形式。其研究范围也非常广阔，涉及产业组织理论的多个话题（参见表1-1）。本章涉及的各种方法已散见于文献之中，但这一领域较为前沿，数学工具也比较复杂，国内还鲜有人使用。本章系统地梳理了这些方法，对促进国内此领域的研究有一定的意义。

第三章 网络效应、市场倾翻与非对称规制

第一节 引言

许多行业尤其是高科技产业，都存在不同程度的网络效应。在这些网络产业（Network Industry）中，一种商品的价值随着购买该商品的用户增多而递增，质优价廉不再是衡量商品价值的唯一标准，商品的普及程度亦成为影响消费者选择的重要因素，市场结构呈现需求面的规模经济。

正如边际成本递减的供给面规模经济会导致自然垄断一样，需求面的规模经济亦会导致垄断。受网络效应的影响，一种商品越为普及，其消费效用越大，销量会超越其他同类商品。较高的销量增加了该商品的普及程度，提升了其市场价值，从而进一步促进销售。这一"滚雪球"式的正反馈机制使得市场趋于倾翻（Tipping）[1]，最终导致独占垄断。

为了降低市场垄断，监管机构通常会对网络产业实施一定的规制政策。譬如，促进产品兼容的政策（Pro-compatibility Policy）

---

[1] 市场倾翻的含义为，在一个市场中，完全竞争或垄断竞争的市场结构不稳定，有发展为独占垄断的趋势。

使得小企业可以部分地分享大企业的网络优势，增强其竞争力；降低消费者转移成本的政策，使得消费者在不同产品间的流动较为便利，降低用户被大企业锁定（Lock-in）的程度。

非对称规制是一种对大企业（通常是既有的垄断企业）与小企业（通常是新进入市场的企业）采取的差异化的、旨在扶持小企业的规制措施。在这种规制中，政府依据市场势力、市场份额、经营利润等指标将企业划分为不同的等级，实施差异化的规制政策。例如，电信业的网间接入费率规制、强制设备租借政策都属于非对称规制。此外，对垄断企业的拆分也可以视为广义上的非对称规制措施，譬如美国司法部诉微软垄断案中的 Baby Bill 议案[①]（Levinson，Romaine and Salop，2001）。非对称规制对于抑制市场倾翻、避免市场垄断有一定的积极意义。但是，规制惩罚市场竞争中的优胜者，可能会削弱企业的长期投资激励，诱发企业的短期机会主义行为，弱化市场竞争（Pindyck，2007）。规制对市场进入的补贴亦有可能导致无效的市场进入（Peitz，2005a）。

本章研究非对称规制对网络产业的长期、动态影响。文中基于 Ericson-Pakes 的范式，并借鉴 Chen，Doraszelski 等（2009）及 Chen（2010）的模型，建立一个动态寡头垄断竞争模型，其中包含非对称规制税。本书的边际贡献有几点。第一，现有文献对非对称规制的研究往往忽略了产业的网络效应，认为规制只是市场开放初期的暂时措施。本书则考虑了网络产业的内生倾翻趋势，发现这会导致非对称规制长期化。第二，本书采用完全动态的模型设定，避免了传统比较静态模型的终端效应。通过动态模拟发现，企业对未来市场势力的争夺是促进市场竞争的一个重要因素。即使短期内

[①] 在1999年美国司法部诉微软垄断案中，托马斯·杰克逊法官认为应拆分微软公司，打破垄断，是为 Baby Bill 议案。"Baby Bill"一词来源于1982年美国贝尔电话公司拆分事件的别称"Baby Bell"，"Bill"指当时微软公司的领导人比尔·盖茨。

市场不存在垄断势力，潜在的非对称规制政策也会弱化市场竞争。如果企业预测当其发展壮大后会受到规制，则会缺乏发展壮大的动机，更倾向于机会主义行为似的追逐短期利润。第三，鉴于现有研究较少关注规制成本分担的问题，本书分析了非对称规制的福利效应，发现长期规制会抬高市场平均价格。由于需求刚性，大部分的规制成本被转嫁于消费者。

本章之后的章节安排如下。第二节介绍了非对称规制的研究背景，并对现有研究加以述评。第三节设定了一个一般化的动态网络产业模型，定义 MPE 并描述其计算过程。作为研究的基准，第四节描述了企业缺乏远见时的市场静态均衡。第五节对不同参数设定下的动态均衡进行分类。第六节讨论非对称规制税对于抑制市场倾翻的作用，分析规制的影响机制及其负面影响。第七节是本章的小结。

第二节 研究背景

一 问题的提出

2000 年，当信息产业部决定剥离中国电信的移动业务，成立中国移动通信集团时，大约并未料到其后数年中国移动的迅速崛起。其后的移动通信市场中，担负打破垄断重任的中国联通表现欠佳，用户增长缓慢，中国移动则发展迅速。据工业和信息化部信息，至 2013 年 10 月，中国移动、中国联通与中国电信的用户数分别为 7.55 亿、2.73 亿和 1.86 亿。据《南方周末》报道，2013 年前三季度，中国移动的营业利润为 915 亿元，而中国电信与中国联通分别为 147.14 亿元和 83.1 亿元。无论是用户规模，还是营业利润，中国移动都远远超出其他电信企业。

面对移动一家独大的市场失衡状况，监管部门开始考虑非对称规制政策。2008 年 5 月，工信部、国家发改委和财政部三部委公布的《关于深化电信体制改革的通告》（以下简称《通告》）中提出：

> 形成适度、健康的市场竞争格局……将在一定时期内采取必要的非对称管制措施，促使行业格局向均衡发展，建立和完善与之相适应的监管体制。

《通告》颁布后，监管机构采取了一些临时性的规制措施[①]，但由于围绕非对称规制存在诸多争议，详细实施细则至今仍未出台。与此同时，中国移动的规模、利润仍保持大幅领先，市场失衡的情形依旧。《通告》将非对称规制视为"一定时期内"实行的临时性措施。但是，中国联通自 1994 年成立，迄今已逾 20 年。在此期间，监管机构已经给予其相当多的优惠政策。在这种情况下，即使非对称规制能抑制目前移动通信市场失衡的情形，在未来取消规制后，移动通信市场是否会再度失衡？如果市场将再度失衡，这可能会导致非对称规制政策长期化，使监管机构的设想落空。在这种情况下，研究非对称规制的利与弊，具有重要的现实意义。

---

① 实际操作中，监管部门采取了下述几项规制措施：1. 在 2008 年电信业重组时，命令中国移动与负债 400 亿元的中国铁通合并；2. 在分配 3G 牌照时，向中国移动颁发缺少商用经验的 TD-SCDMA 牌照；3. 中国移动划拨 500 亿元，用于支持中国电信收购中国联通 CDMA 网；4. 限制发展固网业务，中国移动只能依靠中国铁通自有资金发展固话、宽带业务；5. 基础设施共建共享；6. 令中国移动承担较多的普遍服务义务，在"村村通"工程中，中国移动投入了 183 亿元在偏远地区建设通信网络。刘晓明与吕廷杰（2010）总结了电信业的规制措施：市场份额控制、单向号码可携带、强制通信基础设施共享、非对称市场准入、非对称网间结算、非对称资费管制、码号频率资源管制。

二 必要设施原则与非对称规制

其他垄断行业亦存在非对称规制，其中必要设施（Essential Facility）原则是影响较广的一项反垄断法律原则。其含义是处于市场支配地位的、必要设施的所有者应当容许竞争对手以合理的代价使用该设施，否则即构成对市场支配地位的滥用（Llobet 与 Manove, 2006）。这一原则始于1912年美国政府诉终点铁路集团案（谢红慧，2005）。

必要设施原则的目的在于鼓励市场进入，防止支配企业滥用垄断优势。实施该原则的关键在于必要设施的界定，以及合理设施使用费用的计算。如对必要设施采取较宽泛的界定，并限制设施使用费用，即构成对支配企业的非对称规制。它强制垄断者与竞争对手合作，限制企业的合约自由，可能会减少企业对固定设施的投资，因此在法学界一直存在较大的争论。

在中国的电信市场，监管机构已经采取了一些与必要设施原则相符的政策。例如，在互联互通中设定了有利于弱势企业的网间接入费率。中国的反垄断法律也开始引入必要设施原则。2009年，工商行政管理总局制定的《关于禁止滥用市场支配地位行为的有关规定（征求意见稿）》中规定：

> 其他经营者不进入具有市场支配地位的经营者拥有的管网或者其他必需设施，就不能开展经营活动的，具有市场支配地位的经营者不得拒绝其他经营者以合理的条件使用该管网或者其他必需设施。

如果必要设施原则在中国的反垄断法中得到确立，因其适用于所有垄断行业，与现行的各项具体政策相比，其影响将更为深远。

三　现有研究述评

20世纪80年代，光纤、程控交换机等技术革新改变了电信业的自然垄断特性。世界各国纷纷放松电信规制，引入市场竞争。为了加快建立市场机制，各国监管机构都采取了一定程度的非对称规制措施。在这一背景下，现有文献对非对称规制的研究也集中于电信业，侧重研究特定非对称规制措施的影响。

Peitz（2005a）和 Peitz（2005b）研究欧洲多国实施的接入费率非对称规制（Asymmetric Access Price Regulation）[1]时，发现它会显著刺激市场进入，但亦会导致无效进入与刮脂行为（Cream Skimming）。Pindyck（2007）研究了美国1996年电信法案强制推行的 UNE 设备租借政策[2]。该研究利用期权理论，发现 UNE 政策使得投资的风险与收益不对称，显著降低了在位企业的投资动机，减缓了市场创新速度。Baake 与 Mitusch（2009）研究了固网与移动运营商之间的非对称规制。他们假定固网受到规制，移动电话则不受规制，讨论网间接入费率与终端用户费率之间的关系。J. Lee，D. Lee 与 Jung（2010）研究了手机终端费率非对称规制[3]对市场竞争的影响，发现其对消费者福利有不利影响。

非对称规制在国内也是一个比较热门的话题，电信专家、法律

---

[1] 这一规制限制拥有显著市场势力的企业在网间结算时，只能收取补偿接入成本的费用，市场势力较弱的企业则可以收取高于互联成本的接入费。

[2] UNE 指 Unbundled Network Element，非受限网络元素。该政策将现有网络分为若干功能独立的 UNE 单元，容许竞争者以 TELRIC（Total Elment Long Run Incremental Cost，全元素长期增量成本）价格向现有企业租用部分或全部 UNE 单元，经营电信业务。美国1996年电信法推行该政策后，引起大量法律诉讼，最终于2004年被哥伦比亚巡回法院推翻（郭勇、李一军、梁雪峰、张睿，2006）。

[3] 限制运营商的资费水平。通常是限制强势企业采用高价，较弱的企业则可以自由决定资费。

学者、经济学者纷纷就此发表意见。白永忠（2001）总结了英国电信业的非对称监管机制与法制结构。刘新梅、张若勇与徐润芳（2008）研究了非对称价格管制对企业研发的影响，发现规制者容许的价格下调幅度是影响研发投入的重要因素。陈剑与夏大慰（2009）研究了"单向携号转网"规制的实施时机，认为消费者预期对该规制成效有重要的影响，应当尽快实施该规制。彭恒文与石磊（2009）研究了非对称规制对民营企业进入垄断行业的影响，发现国企的产能过剩会对民企进入产生障碍，非对称规制未必会增加社会福利。刘晓明与吕廷杰（2010）探讨了中国电信市场非对称规制的实施框架，对电信业的规制措施加以总结。

本书注意到，现有关于非对称规制的研究大多关注于特定的规制措施，并将非对称规制视为市场开放初期的暂时性政策，忽视了规制的对象是网络产业。如果在非对称规制到期后，市场将再次回到独占垄断，这可能会迫使监管机构延长规制期限，导致规制长期化。因此，本书认为对非对称规制的研究应当考虑网络产业易于倾翻的特点，并以此作为研究背景。

第三节 模型设定与均衡计算

一 模型设定

本节建立一个动态寡头网络产业模型，其中将非对称规制政策抽象为非对称规制税收，税率由企业规模内生决定。为了捕捉网络产业的普遍特征，本书采用基于 EP 框架的多变量动态马尔科夫模型。与目前关于网络效应的主流分析范式相比，本模型有两个特点。一是避免了两期静态等比较静态模型的"世界末日效应"(Viard,2007);二是放松了单状态变量马尔科夫博弈模型限制不同企业用户数之和为常数的假定,可以研究多于两家企业的竞争[①]。除本书以外,Jenkins,Liu 等(2004),Markovich(2008),Chen,Doraszelski 等(2009)及 Chen(2010)在研究网络产业时也利用了 EP 框架。模型的具体设定如下。

(一)市场结构与企业决策

假定市场中有 $N \geqslant 2$ 家企业互相竞争,分别记为 $i = 1,2,\cdots,N$。假定每家企业只生产一种商品,记企业 i 的商品为商品 i。这些商品是耐用品,消费者在购买后可以长期地使用。记 b_i 是拥有商品 i 的用户数量,称为用户基数(User Basement)。用户基数是离散、有界的,它是企业的状态变量。记所有企业的用户基数向量为 $b \equiv (b_1, b_2, \cdots, b_N)$,它代表整个产业的产业结构[②]。假定每位用户在某一时刻只能拥有一单位商品,排除用户同时拥有多个商品的情况(Multi-homing)。因此用户基数满足约束 $\Omega = \{b_i \mid b_i = 1, \cdots, M; \sum_{i=1}^{N} b_i \leqslant M\}$,其中 M 是消费者的人口规模。

给定市场结构 b,企业之间进行价格竞争。记商品 i 的销售价格是 p_i,记 $p \equiv (p_1, \cdots, p_N)$ 为全体企业的销售价格。为了简化分析,本书借鉴了 Doraszelski 与 Markovich(2007)和 Chen,Doraszelski 等(2009)的供给面设定。假定该行业规模报酬不变,并进一步假设企业生产的固定成本与边际成本均为零,这样,企业的利润就等于销售量乘以商品售价。因生产成本为零,当商品售价

[①] 基于单状态变量模型的研究可参考 Fudenberg, Tirole, 2000; Mitchell, Skrzypacz, 2006; Cabral, 2009。单状态变量模型假定市场为双寡头竞争,且不同企业状态之和为常量。一家企业状态的提升意味着另一家企业状态下降,这在某种意义上是一种"零和博弈"。

[②] 又称市场结构。

大于零时，企业就是盈利销售，当商品售价小于零时，则是亏本销售。容许销售价格为负的优点是避免企业利润最大化决策中的角点解，这种处理方法被众多文献采用。

消费者可能选择不购买或购买替代市场的商品，因此引入外部商品的概念，记其下标 $i = 0$。外部商品是包括不购买在内的多种商品的集合。譬如，移动通信市场的外部商品包括固话服务、网络电话、电子邮件等。由于外部商品是多种商品的混合体，一个合理的假定是它不存在网络效应。同时，由于提供外部商品的企业不止一家，本书假定外部商品的定价是非策略性的，其价格恒为零，即 $p_0 = 0$。

（二）市场需求

假定每一期有一位消费者需要购买商品，其购买选择受多种因素影响。一是商品本身的质量、技术含量会影响其购买选择。二是商品价格会影响其购买选择，除了奢侈品等少数商品，通常价格对效用的影响是负面的。三是消费者的个体异质性会影响其购买决策。此外，由于网络效应，商品的用户基数也会影响消费者的购买选择。一种商品的用户网络越庞大，消费者购买它会得到更多的便利，得到的效用也越大。除了商品自身的网络规模会影响网络效应强度，如果不同企业的产品间存在一定的兼容性，那么不同企业的产品网络之间也会有一定的渗透，其他企业的商品也会对该企业的商品带来一些好处。由于不同品牌商品的兼容通常没有同一品牌的商品兼容性好，所以不同企业商品网络之间只能达到部分兼容。考虑到这些影响因素，本书建立如下的线性可加效用函数：

$$U_i = v_i + 1(i \neq 0)\theta g(b_i + \lambda \sum_{j \neq i} b_j) - p_i + \varepsilon_i \quad (3-1)$$

其中，$v_i + 1(i \neq 0)\theta g(b_i + \lambda \sum_{j \neq i} b_j)$ 代表产品的整体质量。v_i

是商品的基础质量，譬如产品设计、做工。$\theta g(b_i + \lambda \sum_{j \neq i} b_j)$ 代表商品的网络质量，反映网络效应对消费者效用的影响。其中 θ 是网络效应系数，代表网络外部性的强度。b_i 反映企业自身用户基数对网络效应的影响，$\lambda \sum_{j \neq i} b_j$ 则反映了其他企业用户基数对企业 i 的影响。$\lambda \in [0,1]$，代表不同商品的兼容性。0 代表完全不兼容，1 则代表完美兼容。$g(\cdot)$ 是一个单调递增函数，其含义是用户网络越大，网络效应也越强。本书假定 $g(\cdot) \in [0,1]$。商品价格上升会降低消费者的效用，式（3-1）中商品价格 p_i 的系数等于 -1，其含义是将单位货币的效用标准化为 1[①]。ε_i 代表随机因素对消费者偏好的影响。

对于外部商品，因为它不具备网络效应，并且价格恒为零，所以消费外部商品得到的效用为 $U_0 = v_0 + \varepsilon_0$。由于消费者的购买决策与效用的相对差距有关，本书假定所有内部商品的基础质量无差异，并将其标准化为零。通过改变外部商品的质量，可以调整内部商品市场相对外部商品市场的竞争力。

假定对于 $i = 0, 1, \cdots, N$，有 ε_i 互相独立，且服从第一类极值分布（Type I Extreme Value Distribution）。由此可以计算出给定市场结构与商品售价时，一种商品的市场份额

$$\varphi_i(b,p) = \frac{\exp(\theta g(b_i + \lambda \sum_{j \neq i} b_j) - p_i)}{\exp(v_0) + \sum_{j=1}^{N} \exp(\theta g(b_j + \lambda \sum_{h \neq j} b_h) - p_j)} \quad i = 1, \cdots, N$$

（3-2）

式（3-2）表明，增加一种商品的消费效用会增加其销量，增加其他商品的效用则会降低其销量。由式（3-2）可知，外部

---

① 价格的系数联系了货币与效用的度量单位，会影响后文消费者剩余的计算。

商品的质量 v_0 会影响内部商品的销售。当 $v_0 = -\infty$ 时，市场规模是固定的，内部商品的市场份额之和恒为 1。当 $v_0 > -\infty$ 时，市场规模可变，内部商品的市场份额之和小于 1。在单状态变量马尔科夫博弈模型（Mitchell and Skrzypacz，2006；Cabral，2009）中，市场销售总量是固定的。容许市场规模变化，是本书多状态模型的一个改进之处。

上文对消费者需求的设定隐含了两点假设。一点假设是购买者缺乏远见，其购买决策基于短期消费效用。由于商品的耐用性，消费者并非在购买商品后立刻获得全部效用。前文已指出，一种商品的网络规模会影响网络效应。当商品是耐用品的时候，它未来的网络规模也会影响未来使用该商品的效用。因此，具有远见的消费者不仅会考虑目前的用户网络规模，还会考虑未来的用户网络规模。为了简化分析，本书忽略了消费者对未来的预期。另一点假设也与消费者远见有关。对于通信服务、打印机等商品，消费者在最初购买时需要付出一定的初始费用（譬如购置手机、打印机），其后的使用过程还需不断付费（譬如通话费、耗材费）。在这种情况下，企业未来的资费标准也会影响购买选择。上述模型设定是后继使用费用等于零的特殊情形。

（三）转移概率

新增购买会增加商品的用户数，产品折旧则会减少拥有该商品的用户数。为了简化分析，假设商品并非逐渐磨损毁坏，而是以一定概率突然损毁，记折旧率（损坏率）为 δ。这一设定无须记录每件商品的新旧程度或使用时间，因此可以节约状态空间。假定不同商品的损毁是互相独立的事件，这样企业 i 的用户基数不减少的概率为 $(1-\delta)^{b_i}$。近似地，不妨假定一种品牌的商品在一期内最多流失一单位用户，因此用户基数的变动服从下述过程：

第三章 网络效应、市场倾翻与非对称规制

$$\Pr(b_i' \mid b_i, q_i) = \begin{cases} (1-\delta)^{b_i} & b_i' = b_i + q_i \\ 1 - (1-\delta)^{b_i} & b_i' = b_i + q_i - 1 \end{cases} \quad (3-3)$$

其中 q_i 代表当期的新增用户数，有

$$\Pr(q_i) = \begin{cases} \varphi_i & q_i = 1 \\ 1 - \varphi_i & q_i = 0 \end{cases}$$

在市场结构的边界附近，需对模型施加一定的边界约束。当 $\sum_{i=1}^{N} b_i = M$ 时，如果出现内部商品成功销售且所有企业均无用户流失的情况，就会出现边界溢出。为满足边界条件，本书约定此时会发生强制折旧。强制折旧概率根据企业的用户基数确定，企业 i 的强制折旧概率为 $b_i / \sum_{j=1}^{N} b_j$。文献中较为普遍的边界约束方式是惩罚成功销售的企业。在方形状态空间①下，这种设定的影响较小，但在非方形状态空间中会导致企业在上界附近缺乏长期投资激励，大幅提高价格。本书修改了传统的边界约束条件，以减轻企业在边界附近的机会主义行为。

给定企业的策略，则市场演化过程是由式（3-3）决定的马尔科夫转移过程。这一马尔科夫过程的瞬时分布（Transient Distribution）与极限分布（Limiting Distribution）可作为分析长期市场竞争、评价市场效率的工具。定义市场结构的瞬时分布

$$\mu_T(b) = \lim_{t=T} \Pr(b_t = b \mid b_0) \quad b_0, b \in \Omega \quad (3-4)$$

其含义是市场从 $t=0$ 的 b_0 开始发展，经历 T 期之后，市场结构在这一瞬间的概率分布。瞬时概率分布与市场结构的初始状态 b_0 有关，不同的初始状态会影响市场结构在 T 时的分布。为了简洁起见，在下文的模拟中，如果市场结构的初始状态由新兴市场

---

① 多于两家企业时是立方体或超立方体。

$(b_1, b_2)_{t=0} = (0,0)$ 开始,本书将不特别指出初始状态。

与瞬时分布相似,定义市场结构的极限分布

$$\mu_\infty(b) = \lim_{t \to \infty} \Pr(b_t = b \mid b_0) \qquad b_0, b \in \Omega \qquad (3-5)$$

其含义是市场从 $t = 0$ 的 b_0 开始发展,经历无限长时间后市场结构的概率分布。虽然市场结构的瞬时分布通常与初始状态有关,但极限分布常常是独立于初始状态外的。计算瞬时分布与极限分布需要知道企业的策略函数,后文的模拟将基于企业的马尔科夫均衡策略计算市场演化,其定义参见下一节。

(四) 非对称规制

为了抑制市场倾翻,规制者对占据市场支配地位的企业采取一定的非对称规制措施。如前文所述,实践中存在多种不同类型的规制措施。为了进行一般化的分析,本书将各种具体的非对称规制措施抽象为规制税,假定规制者通过向企业征税(或补贴)实现非对称规制,税率与企业的规模相关。许多非对称规制措施——譬如电信业中的普遍服务义务分摊、接入费率非对称规制——都可以抽象为政府税收或补贴[①]。

本书假定非对称规制税是企业规模的线性函数,考虑了两种不同的规制方式。一种规制方式是在大型企业与小型企业之间转移支付,将惩罚大企业的收入用于补贴小型企业。对于这种规制方式,设企业的税后价格为 $p_i^* = p_i(1 - \alpha(\frac{b_i}{M} - \frac{1}{N}))$。其中 α 是基准税率,代表非对称规制的强烈程度,$\frac{b_i}{M} - \frac{1}{N}$ 是企业的市场份额与平均

[①] 亦有一些特殊的非对称规制措施,其特性与税收有较大的区别。譬如,单向携号转网政策、限制市场支配企业进入其他市场的政策、对垄断企业的拆分措施都不适合从税收或补贴的角度进行研究。

市场份额的偏离程度。上式的含义是向超过平均市场份额的强势企业征税,同时向低于平均市场份额的弱势企业提供补贴。在现实经济中,电信行业的接入费率规制、UNE 设备租借政策都可以归于这种征税—补贴规制方式。另一种规制方式类似于累进税制,对小型企业采用低税率,对大型垄断企业则征收高额惩罚税。工信部在"村村通"工程中采用了这种政策,命令优势电信企业承担更多的普遍服务义务。设累进税规制方式下企业的税后价格为 $p_i^* = p_i(1 - \alpha \frac{b_i}{M})$。累进税规制方式具有市场紧缩效应,税率的增加会抑制整个产业的发展。因此,为了区分提升非对称规制程度与增加税负的影响,下文的分析以征税—补贴规制方式为主。本书亦模拟了累进税规制方式,发现其影响与征税—补贴规制相近,限于篇幅未给出介绍[①]。与税前价格相对应,记 $p^* \equiv (p_1^*, \cdots, p_N^*)$ 是所有企业的税后价格。

二 均衡的定义与计算

给定企业 i 对其竞争对手定价策略的信念 $p_{-i}(b)$,它面临下述最优化决策:

$$V_i(b) = \max_{p_i} \{ \varphi_i(b, p_i, p_{-i}(b)) \cdot p_i^* + \beta \sum_{j=0}^{N} \varphi_j(b, p_i, p_{-i}(b)) \bar{V}_{ij}(b) \} \tag{3-6}$$

其中,

$$\bar{V}_{ij}(b) = \sum_{b'} \Pr(b' \mid b, q_j = 1) V_i(b')$$

---

① 除了以上两种非对称规制,还可以考虑非线性规制、阈值规制等多种规制方式。

$\bar{V}_{ij}(b)$ 的含义是已知当前的产业结构为 b，且企业 j 成功销售后，企业 i 未来的期望收益。在式（3-6）中，加号左侧的部分代表企业当期的税后利润，加号右侧代表企业未来的期望收益。给定其他企业的定价策略，式（3-6）是一个 Bellman 方程。对其求解，可得给定信念下企业的最优应对策略。如果所有的企业都能够正确地预测到竞争对手的定价策略，并据此采取最优的应对策略。与此同时，这些应对策略又在其他企业意料之中。我们称这种状态为模型的均衡。正式定义如下。

定义 3-1 给定所有企业的用户基数，本模型的马尔科夫精炼均衡（Markov Perfect Equilibrium）策略是同时满足下述 N 个方程的定价函数 $p(b)$。

$$\begin{aligned}
p_1(b) &= \arg\max_{p_1}\{\varphi_1(b,p_1,p_{-1}(b))\cdot p_1^* \\
&\quad + \beta\sum_{j=0}^{N}\varphi_j(b,p_1,p_{-1}(b))\bar{V}_{1j}(b)\} \\
&\vdots \\
p_N(b) &= \arg\max_{p_N}\{\varphi_N(b,p_N,p_{-N}(b))\cdot p_N^* \\
&\quad + \beta\sum_{j=0}^{N}\varphi_j(b,p_N,p_{-N}(b))\bar{V}_{Nj}(b)\}
\end{aligned} \quad (3-7)$$

它的一阶条件是

$$-\varphi_i(b,p_i,p_{-i}^t(b))(1-\varphi_i(b,p_i,p_{-i}^t(b)))[(1-\alpha(\frac{b_i}{M}-\frac{1}{N}))p_i$$
$$+\beta\bar{V}_{ii}^t(b)] + (1-\alpha(\frac{b_i}{M}-\frac{1}{N}))\varphi_i(b,p_i,p_{-i}^t(b)) +$$
$$\beta\varphi_i(b,p_i,p_{-i}^t(b))\sum_{j\neq i}\varphi_j(b,p_i,p_{-i}^t(b))\bar{V}_{ij}^t(b) = 0$$

$$(3-8)$$

求解这一模型的均衡需要对企业 $i=1,2,\cdots N$ 寻找价格函数 $p_1(b),\cdots,p_N(b)$，使之同时满足式（3-7）。在本章中提到，这是一个求解多元 Bellman 方程组的问题。Doraszelski 与 Satterthwaite（2010）证明，这一模型的对称纯策略均衡必然存在。因此，为了简化分析，本书只考虑对称的纯策略均衡。

本书采取 Pakes – McGuire 算法和 Backward Recursion 算法计算上述模型的均衡①。Backward Recursion 方法的原理是从末期开始不断向前递推，计算有限期博弈的均衡，当时间无限前溯，得到有限期博弈均衡当时期长度趋于无穷时的极限。它得到的均衡较为合理，是一种被广泛采用的均衡选取准则。但它需要多次求解多元非线性方程组②，当企业较多时计算负担较重。Pakes – McGuire 算法的迭代过程只需求解一元非线性方程，计算负担较轻。其不足是缺少明确的均衡选取准则，在存在多重均衡的时候可能落入与 Backward Recursion 方法不同的均衡。为了得到更加稳健的结果，本书同时采用了这两种方法计算均衡。比较两种算法的计算结果后，发现得到的均衡基本一致，说明此模型中多重均衡问题并不严重。详细计算过程如下。

（一）Pakes – McGuire 算法

Pakes – McGuire 算法的思想是给定竞争对手的策略，最优化一家企业的策略。在计算企业的目标函数时应避免重新计算 Bellman 方程的期望值函数，而是利用原有的值函数近似地计算新的值函数。通过交错迭代策略函数与值函数，最终得到均衡策略与收益。计算过程如下。

假定所有的企业都采取零定价策略。即对任意的产业结构 b，有 $p_i(b) = 0$，其中 $i = 1, \cdots, N$。在这一策略函数下，可知所有企业的期望值函数均为零，有 $V_i(b) = 0$。以此策略函数与期望值函

---

① 参见 Jenkins, Liu et al., 2004; Chen, Doraszelski et al., 2009; Chen, 2010。
② 方程组的维数等于企业个数。

数作为迭代的初值，记为 $p_i^0(b)$、$V_i^0(b)$。

假设已经进行了 t 次迭代，得到 $p_i^t(b)$、$V_i^t(b)$。此时，对给定的其他企业的策略函数 $p_{-i}^t(b)$，企业 i 面临下面的最大化问题。

$$V_i^{t+1}(b) = \max_{p_i} \{\varphi_i(b, p_i, p_{-i}^t(b)) \cdot p_i^* + \beta \sum_{j=0}^N \varphi_j(b, p_i, p_{-i}^t(b)) \bar{V}_{ij}^t(b)\} \quad (3-9)$$

其中，$\bar{V}_{ij}^t(b) = \sum_{b'} \Pr(b' \mid b, q_j = 1) V_i^t(b')$。

式（3-9）的一阶条件为

$$-\varphi_i(b, p_i, p_{-i}^t(b))(1 - \varphi_i(b, p_i, p_{-i}^t(b)))[(1 - \alpha(\frac{b_i}{M} - \frac{1}{N}))p_i + \beta \bar{V}_{ii}^t(b)] + (1 - \alpha(\frac{b_i}{M} - \frac{1}{N}))\varphi_i(b, p_i, p_{-i}^t(b)) + \beta \varphi_i(b, p_i, p_{-i}^t(b)) \sum_{j \neq i} \varphi_j(b, p_i, p_{-i}^t(b)) \bar{V}_{ij}^t(b) = 0$$

$$(3-10)$$

给定其他企业的策略 $p_{-i}^t(b)$ 与近似的期望值函数 $V_i^t(b)$，利用数值方法求解式（3-9），可得企业 i 的新的策略函数 $p_i^{t+1}(b)$ 与值函数 $V_i^{t+1}(b)$。利用对称性与匿名性，可以得到其他企业在 $t+1$ 次迭代时的均衡策略与期望值函数 $p_{-i}^{t+1}(b)$ 与 $V_i^{t+1}(b)$。

重复上述迭代过程，直至 $\| V_i^{t+1}(b) - V_i^t(b) \|$ 足够小，以此时的策略函数 $p_i^{t+1}(b)$ 作为博弈的均衡，期望值函数 $V_i^{t+1}(b)$ 作为博弈的均衡值函数。

由于 Pakes-McGuire 算法的迭代算子并非压缩映射，有可能不收敛，所以需要对迭代次数的上限进行设定，避免陷入无穷循环。如果在某些参数设定下出现不收敛的情况，可以考虑更换迭代的初值。由于初值设定需要同时设定企业的定价策略与相对应的期望值函数，很多情况下期望值函数是无法通过解析计算得到的。这时可以通过在初始价格函数下多次进行动态模拟，计算其平均值，得到初始期望值函数的近似值。

（二） Backward Recursion 方法

Backward Recursion 方法的形式与 Pakes – McGuire 算法略有相似，但机理迥异。它的思想是从一个有限期博弈的最后一期出发，无限地向前逆推，计算在这一有限期博弈的时间长度趋于无穷时，这一均衡的极限。这一方法在迭代 t 次后得到的恰好是一个 t 期博弈的均衡。譬如，如果限制迭代次数为 2，就得到一个两期静态模型的均衡。其中，第一次迭代计算的定价函数是两期静态模型中第二期的均衡定价，第二次迭代的定价函数则是第一期的均衡定价。

在博弈的初始状态，企业处于博弈的最后一期。由于终端效应，未来的收益 $V_i^0(b) = 0$[①]。以这一期望值函数作为迭代的初值，企业可以算出向前逆推一期的价格 $p_i^1(b) = 0$ 和相应的期望值函数 $V_i^1(b) = 0$，$i = 1, \cdots, N$。计算过程如下。

假设当前已经向前逆推了 t 期，计算得到 $V_i^t(b)$。此时对给定的 $p_{-i}^{t+1}(b)$，企业 i 面临下述最优化问题。

$$V_i^{t+1}(b) = \max_{p_i} \{\varphi_i(b, p_i, p_{-i}^{t+1}(b)) \cdot p_i^* + \beta \sum_{j=0}^{N} \varphi_j(b, p_i, p_{-i}^{t+1}(b)) \bar{V}_{ij}^t(b)\} \quad (3-11)$$

其中 $\bar{V}_{ij}^t(b) = \sum_{b'} \Pr(b' \mid b, q_j = 1) V_i^t(b')$。

式（3 – 11）的一阶条件是

---

① 上标"0"代表企业距离"世界末日"的时间。

$$-\varphi_i(b,p_i,p_{-i}^{t+1}(b))(1-\varphi_i(b,p_i,p_{-i}^{t+1}(b)))[(1-\alpha(\frac{b_i}{M}-\frac{1}{N}))p_i+$$

$$\beta\bar{V}_{ii}^t(b)] + (1-\alpha(\frac{b_i}{M}-\frac{1}{N}))\varphi_i(b,p_i,p_{-i}^{t+1}(b))$$

$$+\beta\varphi_i(b,p_i,p_{-i}^{t+1}(b))\sum_{j\neq i}\varphi_j(b,p_i,p_{-i}^{t+1}(b))\bar{V}_{ij}^t(b) = 0$$

(3 – 12)

对于 $i = 1,2,\cdots,N$，式（3 – 12）同时成立。利用数值方法求解这一多元非线性方程组，可得全体企业在前推一期的定价策略 $p^{t+1}(b)$。将其代入值函数，就可得到 $V^{t+1}(b)$。重复上述迭代步骤，直至收敛，就可得到有限期博弈的无穷极限。

利用对称性与匿名性，无须计算所有 $b \in \{b \mid b_i = 0,1,\cdots,M; \sum b_i \leq M\}$ 格点上的新策略函数，只需计算其中的一部分格点，由对称性得到其他格点的取值。譬如，在双寡头时只需计算子状态空间 $b \in \{b \mid b_i = 1,2; \sum b_i \leq M; b_2 \leq b_1\}$ 中的价格函数 $p(b) = (p_1(b),p_2(b))$，对于 $b_2 > b_1$ 的格点由 $p(b_2,b_1) = (p_2(b_1,b_2), p_1(b_1,b_2))$ 可得。

（三）参数设定

本模型的核心参数包括网络效应强度 θ、非对称规制税率 α。对于网络效应强度，本书考虑了 $\theta = \{0,0.2,\cdots,4\}$。从完全不存在网络效应的 0，到网络效应强烈的 4，共 21 种情况[1]。等于 4 的网络效应已相当强烈，会导致市场迅速倾翻。对非对称规制税率，本书考虑了 $\alpha \in \{0,0.1,\cdots,0.9\}$ 10 种情况。其中 0 代表不实行非对称规制，此后以 0.1 为间隔，非对称规制强度不断增大。

---

[1] 此处参考了 Chen, Doraszelski et al., 2009。本书设网络效应为 1、2、3、4。

产品兼容程度 λ 与外部商品质量 v_0 也是影响市场均衡的两个重要变量。如果不同企业的商品兼容性甚佳，那么强烈的网络效应并不会导致独占垄断。譬如，虽然电脑键盘的布局设计存在强烈的网络效应，但由于几乎所有键盘厂商都采用 QWERTY 键盘架构，不存在兼容问题，所以网络效应对键盘厂商的竞争影响甚微。外部商品质量也是影响市场竞争的一个重要因素，如果外部商品市场的竞争力较强，受竞争威胁的内部市场也不易出现垄断。由于本书的主要目的在于研究非对称规制对市场支配的影响，因此侧重考虑产品兼容程度较低、外部商品市场较弱，易于出现独占垄断的情形。对于兼容性，本书主要考虑产品完全不兼容 $\lambda = 0$ 的情形，此外亦模拟了 $\lambda = \{0.25, 0.5\}$ 的情况。在产品兼容程度比较低的 0.25，数值模拟得到与完全不兼容相近的结论。在兼容性达到 0.5 时，市场已经达到相当高的兼容程度，市场倾翻很少出现。因此本书未模拟兼容性更高的情形。对于外部商品质量，本书考虑了 $v_0 \in \{-\infty, 0\}$，它们分别代表市场规模固定与内生两种情况。

前文中，尚未涉及影响网络效应的函数 $g(\cdot)$ 的具体函数形式。考虑到网络效应通常呈现边际递减模式，本书设 $g(x) = \min\{\frac{x}{m}, 1\}$，其中 m 是不大于 M 的参数。它是一个线性的单调递增函数，并有 $g(0) = 0$，$g(M) = 1$。当 $m = M$ 时，$g(\cdot)$ 是线性函数，当 $m < M$ 时，它是凹函数。对影响网络效应凸性的参数 m，下文主要基于 $m = 20$ 的情况进行模拟。除此以外，本书还模拟了 $m \in \{10, 15\}$ 的情况，也得到了相似的结果。

折旧率 δ 对市场动态亦有重要的影响，过低的折旧率导致用户流失率过低，市场迅速饱和，过高的折旧率又使得产业无法得到发展。本书采用适中的折旧率，设置 $\delta = 0.06$，并同时计算了 $\delta \in \{0.1, 0.15\}$ 的情况，以增强研究的稳健性。模拟表明，在折旧率较高时，企业很难建立较大的用户网络，因此内部市场不易发展壮大，并且很少出现独占垄断。在这种情况下，实施非对称规制的必要性较小。

在下文的模拟中，下述参数始终不变：企业个数 $N = 2$、消费者人口规模 $M = 20$、贴现率 $\beta = \dfrac{1}{1.05}$（对应 5% 的年利率）。

本书计算了不同参数设定下的市场需求的平均价格弹性[①]。在图 3-2 至图 3-4 中，自价格的弹性是 $-0.76 \sim -0.61$。这与现有网络产业的实证研究较为接近。譬如，CD 播放器的弹性约为 -0.54（Gandal, Kende et al., 2000），DVD 播放器的弹性约为 -1.2（Dranove and Gandal, 2003），Clements 与 Ohashi（2005）计算的电视游戏机的自价格弹性为 $-2.15 \sim -0.18$[②]。

第四节 静态均衡

作为研究的基准，有必要先对模型的静态均衡进行了解。如果企业是缺乏远见的，其竞争决策只考虑当前的短期利益，不考虑未来的长期收益。那么市场演化的每一期都是一个静态最优化问题。Mitchell 与 Skrzypacz（2006）称这种情形下的企业为"近视的企业"（Myopic Firm）。在公式（3-6）中设置贴现率 $\beta = 0$ 即可使模型退化为静态均衡。

图 3-1 描绘了当企业缺乏远见、仅关心短期利润时市场均衡的特点。其中图 3-1（a）与图 3-1（b）分别描绘了网络效应较

[①] 计算方法是令一家企业在市场均衡价格上略微提价，同时固定其他企业的商品价格。最后利用市场结构的极限概率分布进行加权平均。

[②] 原始文献并未提供弹性，由 Chen, Doraszelski 等（2009）根据原文数据计算得到。

弱与较强两种情况下企业 1 的定价策略[①]。企业 2 的定价策略可以通过对称性得到，因此图中未给出。图中的水平坐标轴分别代表企业 1 与企业 2 的用户基数 b_1、b_2，纵坐标代表企业 1 的均衡价格。从中可见，在均衡中，企业 1 的定价策略受自身产品网络规模的影响，同时，其他企业的网络规模也会影响企业 1 的定价策略。在图 3-1（a）中，当网络效应比较微弱时，大企业相对小企业的优势并不大。在市场极度失衡为（20，0）时，两家企业的价格分别为 1.47 和 1.18，相差 0.29，差距不大。

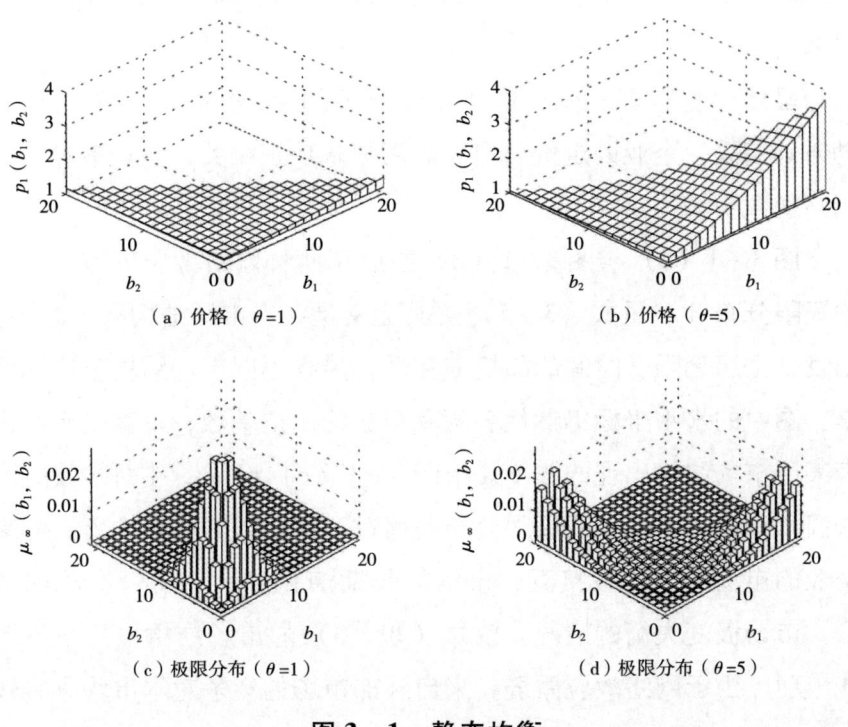

（a）价格（$\theta=1$）　　　　（b）价格（$\theta=5$）

（c）极限分布（$\theta=1$）　　　　（d）极限分布（$\theta=5$）

图 3-1　静态均衡

注：$\beta = 0, v_0 = 0, \lambda = 0$。

[①] 本书还绘制了企业的销售函数、利润函数与期望值函数，其变动趋势与价格函数基本相同，因此未给出。

图 3-1（b）则呈现与图 3-1（a）不同的情形。当网络效应很强时，大企业的商品相对小企业具有巨大的优势。由于大企业产品的质量很高，很多消费者愿意出很高的价格购买大企业的商品。而需求的增加促使大企业抬高价格，从而获取较高的利润。在图 3-1（b）中，当市场结构为（20，0）时，大小企业的价格分别为 3.70 和 1.07，相差 2.63。在未报告的销售函数图中，大企业的销售额仍然遥遥领先于小企业，相差 9.42。这说明当企业缺乏远见、网络效应强烈时，大企业会制定相当高的价格。虽然大企业价格远高于小企业，但由于强烈的网络效应，大企业的销售额仍然遥遥领先。

虽然程度不同，但图 3-1（a）与图 3-1（b）的均衡价格变动方向相同。企业的定价与自身的用户基数正相关，与竞争对手的用户基数负相关。

图 3-1（c）与图 3-1（d）描绘了两种网络效应下市场演化的极限分布［参见式（3-5）］。其含义是，当市场结构从（0，0）出发，经历无限长时间的随机演化后，最终不同市场结构出现的概率。图中的水平坐标仍然代表两家企业的用户基数，垂直坐标则代表某一市场结构出现的概率。由图 3-1（c）可见，在网络效应比较温和时，市场结构的极限分布是落在对角线上的单峰均衡。两家企业的市场势力比较接近，市场的长期演化趋向于比较对称的情形。市场极度失衡的情况，譬如（20，0）的市场结构，几乎不可能出现。由于网络效应微弱，来自外部市场的竞争对本市场具有较大的威胁。内部商品市场不会发展到很大的规模。在图 3-1（c）中，极限分布的众数[1]是（3，3），意味着两家企业用户规模之和仅占消费者人口总数的 30%。

---

[1] 出现概率最高的市场结构。

在图 3-1 (d) 中，由于强烈的网络效应，市场结构倾向于向极度失衡的双峰结构演化，市场最终会稳定在一家企业独大的情形。极限分布的众数为 (19, 1) 和 (1, 19)，或者企业 1 占据市场支配地位，或者企业 2。图 3-1 (d) 表明，在网络效应强烈时，即使企业是缺乏远见的，决策时只考虑短期利益，市场结构仍然会向非对称方向演化，出现市场失衡。

作为研究的基准，与下文的动态均衡相比，在静态均衡中，企业不会考虑未来的收益。上述数值模拟表明，即使企业缺乏远见，如果商品的网络效应足够强烈，市场仍然会出现倾翻。这些发现可总结如下。

结论 3-1 在静态均衡中，企业的定价策略是自身用户基数的增函数，是其他企业用户基数的减函数。如果网络效应充分大、产品兼容性较差，长期中市场结构会演化为独占垄断。如果网络效应较小，市场结构则趋于市场分享。

第五节 动态均衡

为了研究网络产业可能存在的竞争局面，本书计算了数千种不同参数组合下市场的马尔科夫精炼均衡［参见式 (3-7)］，发现在无非对称规制时，均衡基本上可分为三类。一类是分享均衡 (Sharing Equilibrium)，在网络效应较弱时出现。它的特点是多企业共存，市场势力较为均衡。一类是倾翻均衡 (Tipping Equilibrium)，在网络效应很强时出现。它的特点是市场势力极不均衡，由一家大企业占据大部分的市场份额，其他企业则作为追随者。在两者之间，还有一类过渡性的温和倾翻均衡 (Mild Tipping Equilibrium)。这种均衡中既可能出现独家垄断，也可能出现多企业分享市场的情况。这些模拟的结果与现有研究结论基本一致[①]。在现实中,市场倾翻的例子有 Windows 操作系统、QWERTY 键盘、蓝光 DVD 标准等;分享均衡的例子则有移动电话制式、多家银行并存,多种语言或方言的并存也属于分享均衡。

本节的模型求解均基于如下参数设定。外部商品质量 $v_0 = 0$,即市场规模内生的情形;产品完全不兼容,$\lambda = 0$;不存在非对称规制,$\alpha = 0$。固定这些参数,本节分析了不同网络效应强度对市场均衡的影响。本书亦计算了其他参数设定下的均衡,发现仍可归为上述三种均衡中的某一种。

一 分享均衡

在网络效应较温和时,产业的长期均衡是分享均衡[②]。其特点是市场动态演化趋于较平衡的市场结构,不同企业的市场势力、用户基数存在趋同。图 3-2 描绘了分享均衡下市场的典型状况。图中的水平坐标轴 b_1、b_2 代表两家企业的用户基数。图 3-2(a)至图 3-2(c)的垂直坐标轴分别代表企业 1 的价格、销售概率与期望值函数,图中未给出企业 2 的相应函数,但可由对称性获得。图 3-2(d)、图 3-2(e)描绘了市场结构的瞬时分布与极限分布[参见式(3-4)与式(3-5)],其中垂直坐标的含义是市场结构在该点的概率密度。图 3-2(f)描绘了市场结构的平均运动趋势。

从企业 1 的价格函数图 3-2(a)可见,在分享均衡中,大企业定价较高,小企业则定价较低。产品价格随着企业用户基数的增加而上升,增加速度比较平缓。对手的用户基数则对均衡价格有负

---

① 参见 Farrell 与 Klemperer(2007)关于网络效应文献的综述。
② Chen, Doraszelski 等(2009)还将这一均衡细分为网络效应微弱的平坦均衡(Flat Equilibrium)与网络效应温和的丘状均衡(Rising Equilibrium)。

(a) 价格

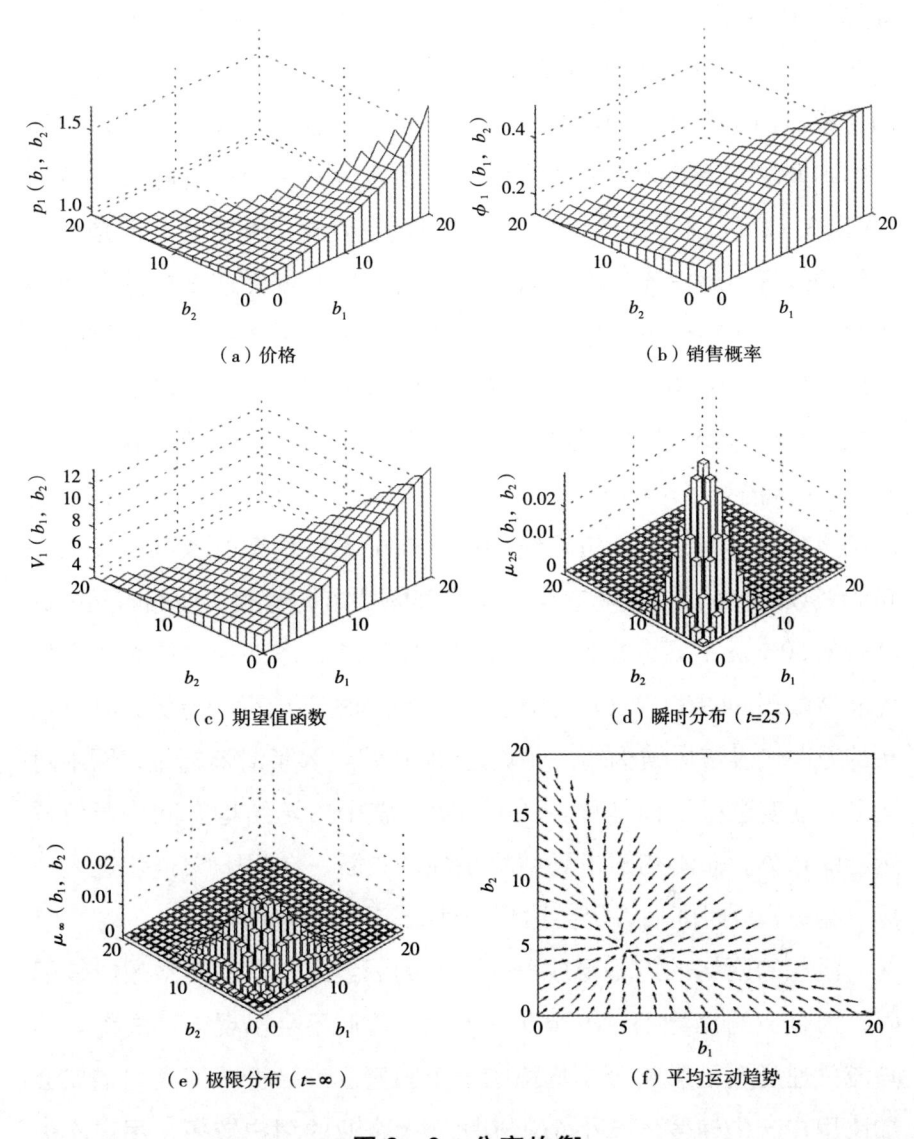

(b) 销售概率

(c) 期望值函数

(d) 瞬时分布（t=25）

(e) 极限分布（t=∞）

(f) 平均运动趋势

图 3-2　分享均衡

注：$\theta = 2, v_0 = 0, \lambda = 0$。

面影响。即使在（20，0）这种极端的情况下，占尽市场优势的在位企业，其价格也只是新进入企业的 1.5 倍左右。

虽然大企业的定价略高于小企业，但由于大企业的商品具有比较高的网络质量，因此大企业的商品销量仍然高于小企业，见图 3-2 (b)。从图中也可看出，商品销量的增加是一个比较平缓的过程。由于大企业的价格与销量均高于小企业，该行业又是边际成本不变的，因此大企业的利润高于小企业，其期望值函数也较大 [见图 3-2 (c)]。虽然大企业的商品的销量比小企业大，但是大企业用户较多，用户流失率比较高。较高的用户流失速度抵消了较高的销量，导致整个市场趋向比较均衡的状态。图 3-2 (d) 描绘了市场结构从 (0, 0) 开始，经过 25 期后市场结构的分布状态。从中可见，在经历 25 期的动态演化后，市场仍处于比较平衡的状态。图 3-2 (e) 描绘了市场结构在无限期后的极限分布。从中可见，在经历相当长的时间之后，市场结构仍倾向于比较均衡的状态。极限分布的众数为 (5, 5)，两家企业各占 25% 的市场份额，外部商品占据其余的 50%。不同企业的用户基数差距不大，出现独占垄断的可能性非常微弱。图 3-2 (f) 描绘了市场结构的平均运动趋势，其中箭头的方向代表市场结构的"平均运动方向"。为了清晰起见，图中对运动的速度进行了标准化。从中可见，整个市场结构有向均衡位置运动的趋势。即使初始市场结构是独占垄断，在另一家企业进入市场、经历一段时间后，仍会达到一种比较平衡的市场状态。

  温和的网络效应是形成分享均衡的因素之一。在网络效应较弱时，大企业的优势相对小企业并不大，因此不会出现市场失衡。用户流失速度也是影响分享均衡的一个因素。产品折旧速度的增加会加快用户流失速度。与小企业相比，大企业的用户较多，用户流失速度更快，这意味着大企业很难建立、维持大规模的用户网络。因此较高的用户流失率会促进分享均衡形成。除此以外，数值模拟显示，提高外部商品质量、提升产品兼容程度都会促进分享均衡的形成。在图 3-2 中，网络效应的强度为 $\theta = 2$。这些发现可总结如下。

  结论 3-2 当网络效应较温和时，网络产业的均衡是分享均衡。此外，提升产品的兼容程度、提高外部商品质量、加速产品折旧对于促进市场分享也有积极作用。

二 倾翻均衡

在网络效应较强时，市场的长期均衡是倾翻均衡。其特点是市场存在产品标准化的倾向，容易出现"领导者—追随者"的形势。图3-3描绘了倾翻均衡的市场状况。与图3-2相比，它的其他参数均保持不变，仅将网络效应参数由2增加为3.4。各子图的含义也与图3-2相同，不再赘述。

由图3-3（a）可见，在倾翻均衡中，当不同企业市场势力相近时，会出现激烈的价格战。在对角线附近，企业的价格竞争非常激烈，甚至会出现价格低于零、亏本销售的情况。此时，企业的主要目的并非营利，而是增加用户基数、增强市场势力。在距离对角线略远的区域，价格迅速回升。这表明一旦有一家企业略微领先，落后的企业会放弃竞争。价格战宣告结束，市场价格迅速回升至正常水平。Fershtman与Pakes（2000）称这种现象为抢先博弈（Preemption Game）。

由图3-3（b）可见，在价格战中获胜的企业赢得了巨大的优势。由于强烈的网络效应，优势企业垄断了绝大部分销售，落后企业的销售则被压缩到一个很低的水平。

由于优势企业的销量很高，落后企业的销量很低，在分享均衡中能够平衡新增用户的原有用户流失而不足以平衡优势企业的销售。这使得优势企业的用户基数越来越大，落后企业的用户基数则停滞不前，从而进一步拉大了企业的差距。图3-3（d）描绘了市场结构从（0，0）出发，经历25期后市场结构的瞬时分布，瞬时分布的双峰形状表明市场结构是非平衡的。从中可见，长期中市场结构倾向于不稳定的双峰均衡。极限分布的众数为（18，2）和

(a)价格

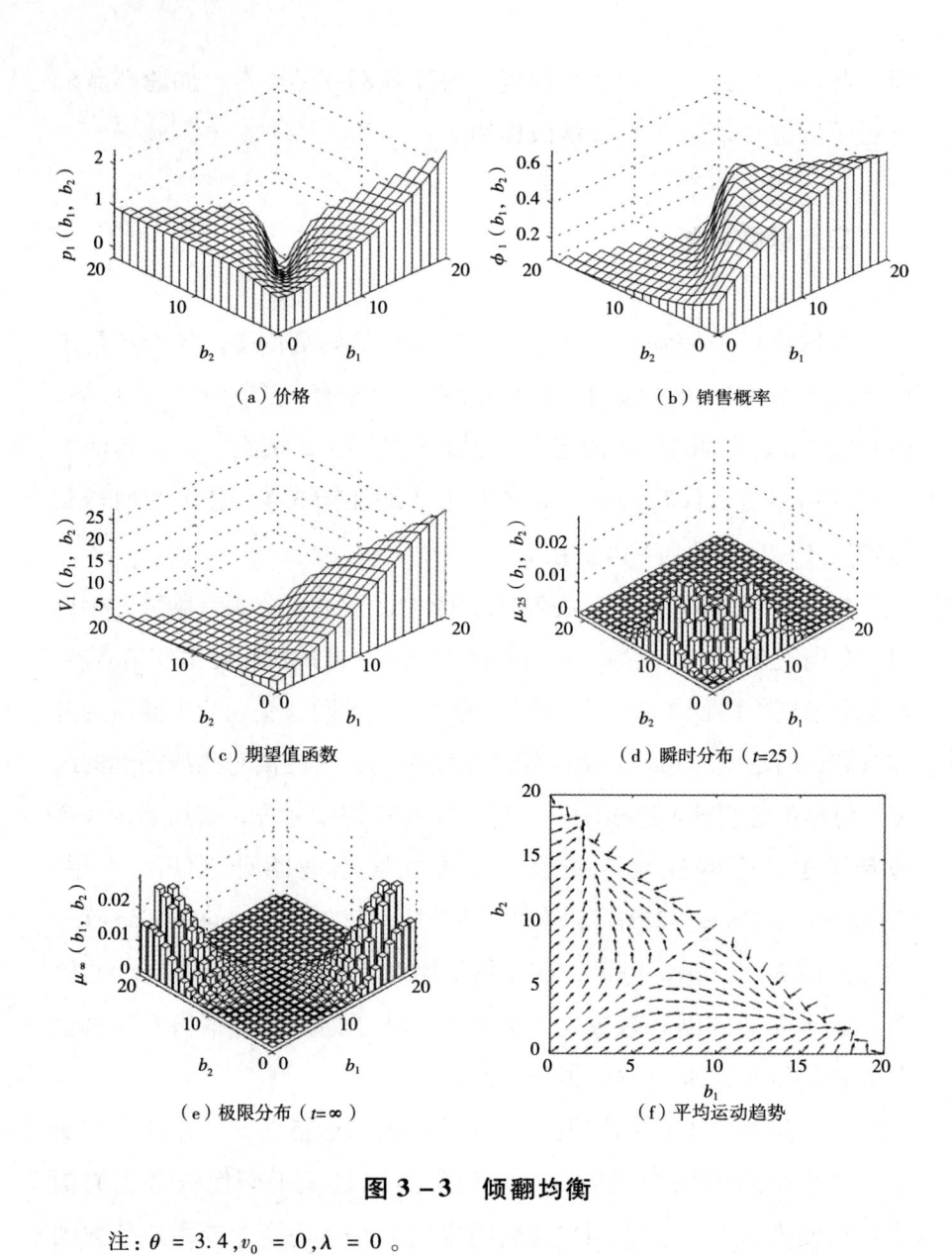

(b)销售概率

(c)期望值函数

(d)瞬时分布($t=25$)

(e)极限分布($t=\infty$)

(f)平均运动趋势

图 3-3　倾翻均衡

注：$\theta = 3.4, v_0 = 0, \lambda = 0$。

(2, 18)，大企业几乎独占了整个市场。图 3-3（d）、图 3-3（e）表明，随着时间的流逝，大企业的用户基数不断增加，小企业则停滞不前，市场结构的非平衡程度不断加深。

图 3-3（c）描绘了企业 1 的期望值函数，从中可知价格战的缘由。在图中，对角线将企业的期望值函数分为截然不同的两部分。对于落后的企业，它的期望值函数是一个贴近零的平面。对于优势企业，它的期望值函数则是一个上升的斜面。由于对角线两侧企业收益的巨大差异，企业在对角线附近会展开激烈竞争，争夺用户基数优势。

图 3-3（f）描绘了市场结构的平均运动趋势。其中有三个均衡，在对角线上有一个不稳定的"价格战"均衡，两侧的角落有两个稳定的"领导者—追随者"均衡。当市场结构略微偏离对角线时，会出现"滚雪球"现象，使得偏离的程度越来越大，最终落入角落的稳定均衡中。从中可以看出市场倾翻几乎是无法避免的，即使初始市场结构位于对角线上，亦无法长期维持。

倾翻均衡的出现条件是市场具有强烈的网络效应。此外，降低外部商品质量会减少消费者数量，增加市场倾翻倾向。减少产品兼容性会降低小企业利用大企业网络的能力，削弱小企业的竞争力。用户流失率的降低会加固大企业的用户基数优势，因此增加市场倾翻倾向。这些发现可总结如下。

结论 3-3 强烈的网络效应会导致网络产业出现市场倾翻。此外，较低的用户流失率、较低的产品兼容性、缺乏外部商品市场竞争都会增加市场的倾翻倾向。

三 温和倾翻均衡

在 Mitchell 与 Skrzypacz（2006），Suleymanova 与 Wey（2008）等研究的确定性模型中，市场分享与市场倾翻是截然对立的。但如果容许市场演化存在随机性，分享与倾翻的界限就不是那么明晰了。在本模型中，存在介于分享均衡与倾翻均衡之间的过渡性均衡，可称为温和倾翻均衡。

图 3-4 描绘了温和倾翻均衡的特点。从图 3-4（a）可见，温和倾翻均衡中企业的定价策略与分享均衡相似，价格随着企业用户基数的增加而上升。在对角线附近价格会略微下降，但未能形成倾翻均衡中明显的沟壑。

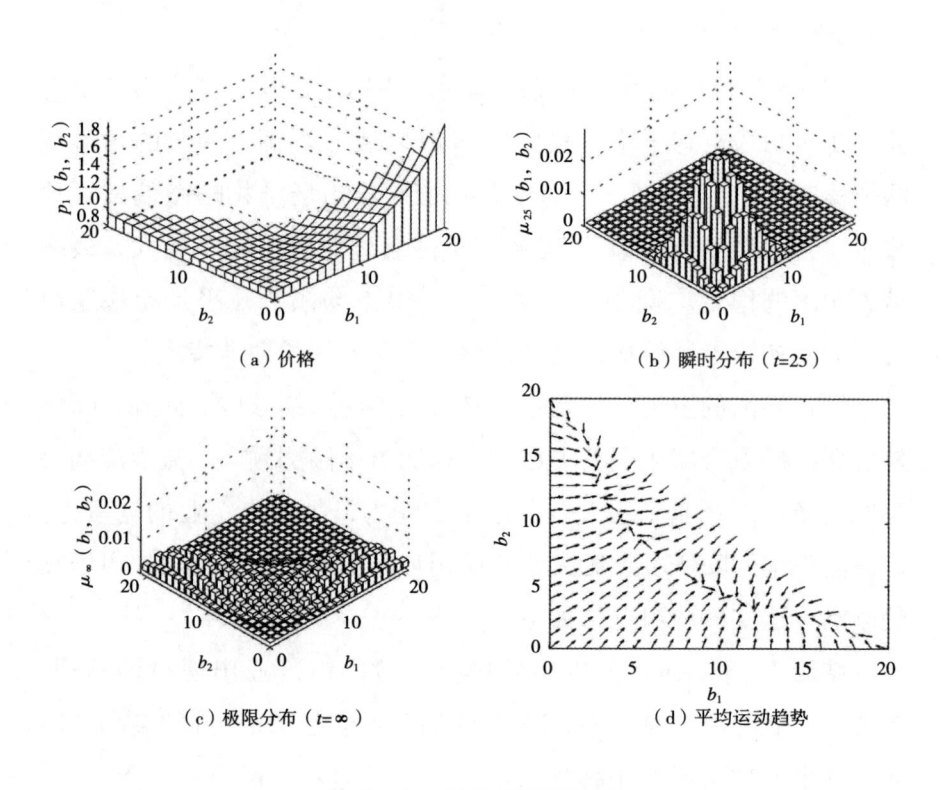

（a）价格

（b）瞬时分布（t=25）

（c）极限分布（t=∞）

（d）平均运动趋势

图 3-4　温和倾翻均衡

注：$\theta = 2.8, v_0 = 0, \lambda = 0$。

图 3-4（b）与图 3-4（c）描绘了温和倾翻均衡的市场演化过程。从中可以看出，从对称的初始市场结构（0,0）出发，经历 25 期之后，市场结构仍然保持较为平衡的状态。在经历相当长的时间之后，市场结构的概率分布呈现带状，其中有两个不明显的凸起。这说明市场结构并不存在特定的发展方向，双寡头对抗或

"领导者—追随者"的市场形势都可能会出现。

图 3-4（d）描绘了温和倾翻均衡中市场结构的平均运动趋势。图中有一片带状的收敛区域。在带状区域之外，市场结构有向带状区域运动的趋势。进入带状区域之后，市场结构比较稳定，不会出现很大的变化。

四 静态与动态均衡之比较

前文已经提到，在静态均衡中，当网络效应充分大时会出现市场倾翻。在动态均衡中，由于企业更加重视长期利益，与企业缺乏远见的静态均衡相比，争夺市场势力的竞争更加激烈。图 3-5 描绘了动态均衡与静态均衡的价格差异。图中分别采用图3-2分享均衡与图 3-3 倾翻均衡的参数设定，计算企业具有远见 $\beta = 1/1.05$ 和企业缺乏远见 $\beta = 0$ 时企业的均衡价格之差。图 3-5（a）描绘了网络效应较弱时动态与静态均衡的定价，图 3-5（b）的网络效应则比较强。在图 3-5（a）中，由于网络效应比较弱，两种状态的企业的差异较小，始终保持在 0.2 左右。在图 3-5（b）中，由于动态均衡中企业在对角线附近存在价格战，因此其价格比静态均衡低很多。在对角线以外，大企业的均衡价格差较

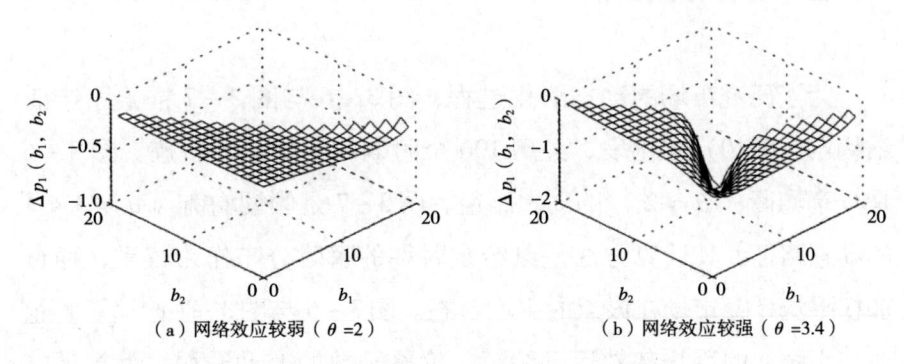

(a) 网络效应较弱（$\theta = 2$）　　(b) 网络效应较强（$\theta = 3.4$）

图 3-5 动态均衡与静态均衡的定价差异

大，小企业的均衡价格差则比较小。这是因为小企业作为价格战的失败者，已经自愿充当跟随者。大企业的价格差较大说明大企业为了维护市场优势地位，在动态均衡中不会采取过于短视的定价行为。

图 3-5 显示，无论网络效应强弱，动态均衡中企业的定价总是低于静态均衡中企业的定价。在图 3-1 的静态均衡中，由于企业缺乏远见，只有网络效应很强时，市场才会趋于独占垄断。在动态均衡中，由于企业重视未来的收益，它们之间的竞争比静态均衡时激烈很多。因此，增加网络效应对市场倾翻有直接与间接两方面的影响。其直接影响是大企业在市场竞争中的优势地位得以加强，图 3-1 中静态均衡的市场倾翻是由直接影响导致的。其间接影响是大企业愿意为未来的市场优势地位牺牲当前的收益，这导致企业之间激烈的竞争，加剧了市场倾翻程度。图 3-3 中动态的倾翻均衡是由直接与间接影响共同作用形成的。本书亦计算了在图 3-3 中令 $\beta = 0$ 的情形，发现会得到分享均衡，说明此时仅凭直接影响并不足以形成市场倾翻。

结论 3-4 与静态均衡相比，动态均衡中的企业重视长期利益，因此均衡价格较低。动态均衡中企业的竞争更为激烈，更容易出现市场倾翻。

五 市场动态路径

为了研究市场的动态演化过程，图 3-6 与图 3-7 描绘了产业结构自（0，0）点出发，经历 100 个时期的平均运动轨迹。图 3-6 是分享均衡（$\theta = 2$）的动态路径，图 3-7 是倾翻均衡（$\theta = 3.4$）的动态路径。其计算方法是以给定时期的瞬时分布作为权重，通过加权平均计算市场在该点的平均状态。图 3-6 与图 3-7 计算了大企业与小企业的用户基数运动路径、价格函数的变动过程、销售量的变动过程与企业利润的变动过程。实线代表规模较大的企业的运动轨迹，虚线代表规模较小的企业的运动轨迹。变量的下标 L、S 分别代表大企业和小企业。为了方便比较，图中统一了坐标轴的范围。

图 3-6（a）与图 3-7（a）描绘了分享均衡与倾翻均衡的用户基数轨迹。从中可见，在分享均衡中，大小企业的用户基数差异较小，随着时间的推移，企业间的差距缓慢地增加。到 100 期之后，较大的企业的市场份额仍然不足 50%。在倾翻均衡中，大小企业的用户基数差异则迅速增大，在 100 期之后，较大的企业已经占据近 75% 的市场份额，小企业则不足 20%。

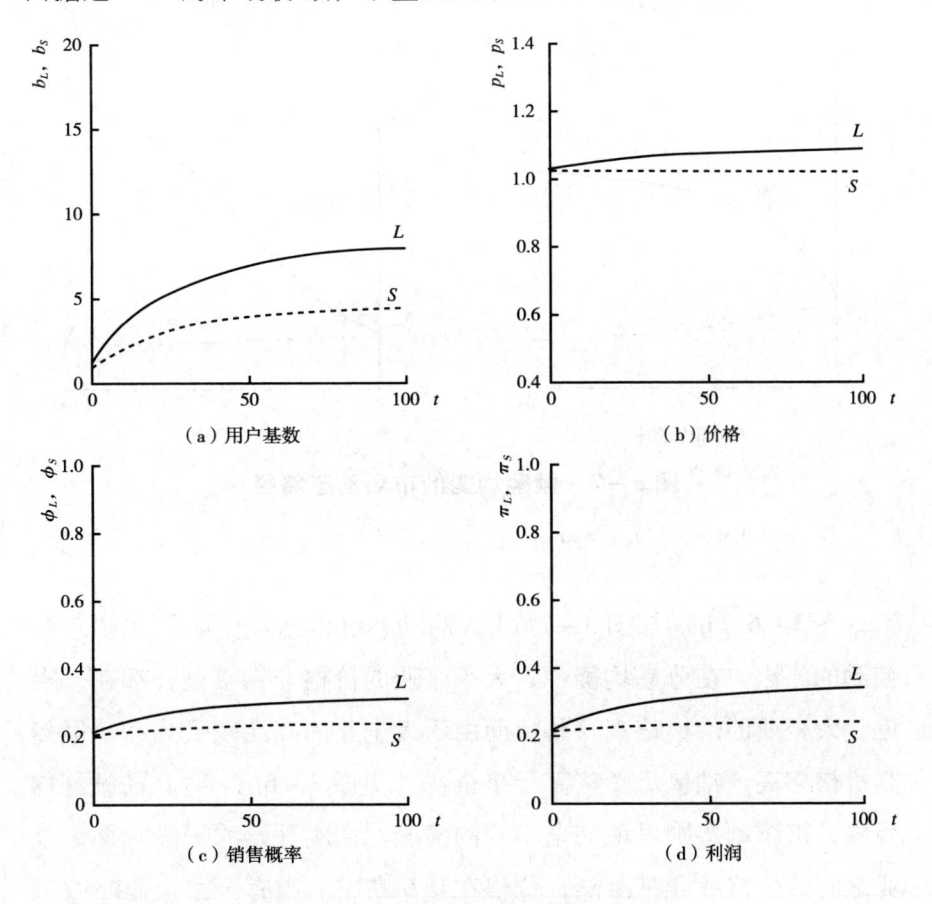

图 3-6　分享均衡的市场动态路径

注：$\theta = 2, v_0 = 0, \lambda = 0$。

(a) 用户基数

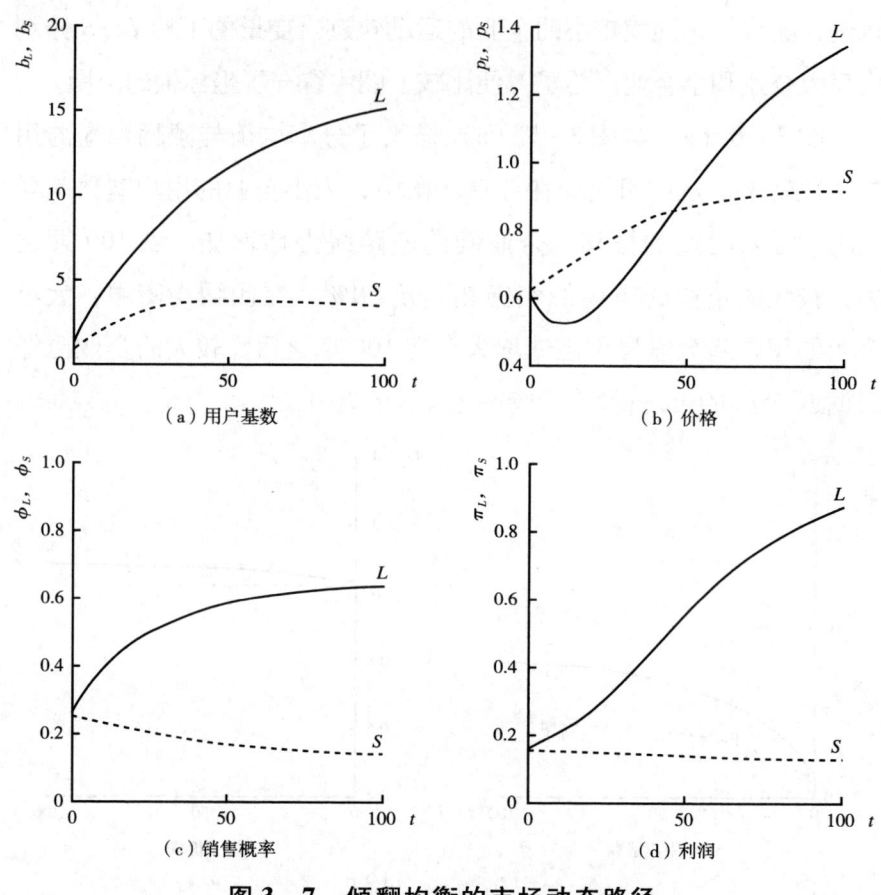

(b) 价格

(c) 销售概率

(d) 利润

图 3-7 倾翻均衡的市场动态路径

注:$\theta = 3.4, v_0 = 0, \lambda = 0$。

图 3-6 (b) 与图 3-7 (b) 的动态价格路径说明了用户基数变动的原因。在分享均衡中,大小企业的价格非常接近,都在 1 附近。大企业的价格略高一些。而由于大企业的商品较受欢迎,虽然其价格略高,销量仍然略高于小企业 [见图 3-6 (c)]。在倾翻均衡中,市场动态则呈现完全不同的情况。在刚开始的一段时期,企业之间的价格战非常激烈,价格在 0.6 左右。当有一家企业略微领先之后,落后的小企业决定放弃竞争,提升其价格。领先的大企业仍然保持低于小企业的价格,以不断扩大领先优势。这一情况一直

持续到40多期。大企业直到用户基数优势足够大时,才开始索取高于小企业的价格。由于大企业激进的价格战略,以及商品的网络效应,在100期之后,大企业占据了大约60%的市场[见图3-7(c)],小企业则不足20%[见图3-6(c)]。销量的巨大差距使得大小企业之间的差异不断地扩大,直至大企业独占市场。

图3-6(d)和图3-7(d)描绘了两种情况下的利润轨迹。从中可以看出,在分享均衡中,大小企业的利润非常接近,大企业略高一些。在倾翻均衡中,由于价格战,早期的利润被压缩在0.2的低水平。当价格战结束后,获胜的一方利润不断上升,失败的企业的利润则一直被压缩在0附近。

整体而言,分享均衡的市场动态路径呈现一种比较平衡的模式,倾翻均衡的市场动态路径则呈现明显的"特价促销—高价营利"模式(Bargain-then-ripoff)。其中企业的定价行为受两种动机——投资性定价动机(Investing Incentive)与营利性定价动机(Harvesting Incentive)驱动。投资性动机使得企业为了长远利益,愿意降低目前的价格,营利性动机则会驱使企业提高价格。在早期,企业的投资性定价动机非常强烈,因此爆发激烈的价格战。价格战结束后,落败的企业放弃竞争,自愿充当跟随者。领先的企业仍然实行投资性定价,在奠定市场领先地位之后,营利性定价动机占优,大企业开始高价剥削消费者。

第六节 非对称规制政策

如前文所述,强烈的网络效应会导致市场倾翻,带来效率低下、成本高昂、创新缓慢等种种垄断弊端。因此监管机构采取拆分、促进兼容、减轻用户锁定,以及非对称规制等政策对市场加以规制。

本节研究征收非对称规制税对市场倾翻的影响。为了避免税收引起的市场紧缩效应,下文的研究均基于向大型企业征税,补贴小企业的征税—补贴规制方式。笔者亦模拟了累进税式的非对称规制方式,其结果相似。但累进税式规制还会导致市场规模收缩,抑制整个市场的发展。

一 非对称规制下的市场进入

在具有网络效应的垄断市场中,单纯放开市场进入并不能显著促进竞争。由于垄断企业已经建立了完善的用户网络,新进入市场的企业难以与之抗衡。此时采取一定的非对称规制,有助于新企业建立自己的用户网络。

图3-8描绘了有无非对称规制两种情况下的市场进入动态。其中,初始市场结构是(20,0),由一家大企业垄断市场。图中的实线代表有一家新企业进入市场,但不实行非对称规制时,大企业的市场动态演化;虚线代表实行 $\alpha = 0.8$ 的非对称规制时,大企业的市场动态演化。为了简洁起见,图中仅描绘了原有垄断企业的动态路径,未描绘进入者的动态路径。图中其他参数的设定与图3-3的倾翻均衡相同。

由图中实线可见,未征收非对称规制税时,由于网络效应比较强烈,市场进入对垄断企业的影响不大。市场在新企业进入后很快回复稳定状态。大企业的销量仍然占据整个市场大约70%的比例[见图3-8(c)],大企业的用户基数超过80%[见图3-8(a)],进入者则小于20%。图中的虚线显示,实行非对称规制后,情况大为改变。大企业的销量下降至总销量的50%左右[见图3-8(c)]。大企业的用户基数下降至大约60%[见图3-8(a)]。比较两种情况下的价格可知,刚开始施行非对称规制时,大企业的价格会急剧上升,达到3.5[见图3-8(b)]。说明非对称规制显著

(a) 用户基数

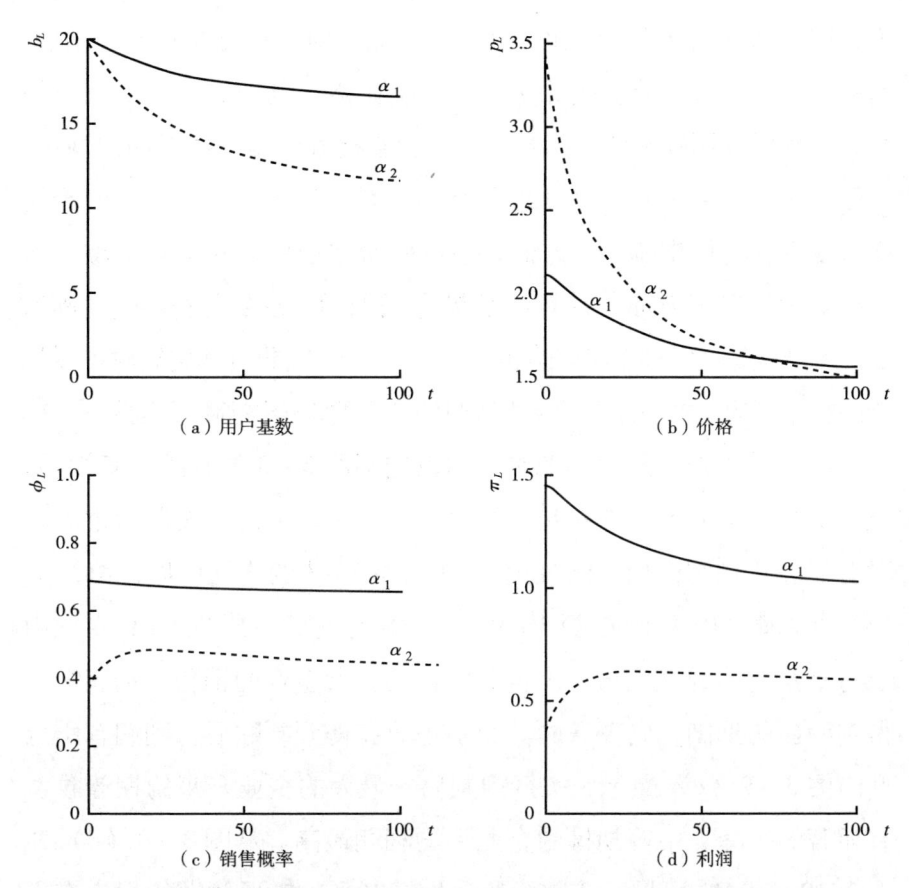

(b) 价格

(c) 销售概率

(d) 利润

图 3-8 非对称规制与无非对称规制下倾翻均衡的市场动态路径

注：$\theta = 3.4, b_0 = (20, 0), \alpha_1 = 0, \alpha_2 = 0.8$。

削弱了原有垄断企业的低价竞争动机。在位企业的价格大幅上升给进入企业带来扩张的机遇。在经历一段时间后，随着用户规模的不断缩小，大企业遭受非对称规制的程度逐渐减轻，价格逐渐回落。

二 对均衡的影响

引入非对称规制后，企业的税前利润与税后利润不再相等。如果所有的企业都不改变定价策略，那么企业的税前利润仍然保持不变,但税后利润会发生变化。对于大企业,由于存在非对称规制税,其净利润会大幅下降。受此影响,大企业会主动控制自己的用户规模,以减轻规制的程度。因此,大企业会提高价格,降低用户规模。对于小企业,由于政府对其进行补贴,其利润上升。小企业的价格变化受两种动机影响。一方面,它可能希望借助非对称规制增加其市场势力。另一方面,在其市场势力增加后,享受的补贴会逐渐取消。其定价是这两种动机综合的结果。为了研究非对称规制对市场均衡的整体影响,本书计算了有规制时的企业的定价等函数,见图3-9。

为便于比较,图中其他参数的设定与图3-3的倾翻均衡相同,但是实行 $\alpha = 0.8$ 的非对称规制。从中可见,非对称规制对市场倾翻有显著的抑制作用。比较图3-9与图3-3的均衡可见,图3-3(a)中激烈的价格战在图3-9(a)中消失了。在图3-9中,由于对垄断企业的规制与对小企业的补贴,大企业的销售、利润等都得到明显的抑制,向下弯曲。而小企业在得到补贴后,利润有所上升。图3-9(c)显示,实行规制后,最大的企业未来的期望收益有显著的下降,中等规模的企业平均利润最高。从图3-9(d)和图3-9(e)中可见,在实行非对称规制后,市场倾翻的程度有所缓和,此时市场的极限分布类似于温和倾翻。

由图3-9可知,非对称规制对于抑制市场倾翻有一定的效果。为了在更一般化的参数设定下检验这一结论,图3-10计算了不同网络效应强度与非对称规制税率下,市场的长期平均赫芬达尔指数(HHI)[①]。图3-10显示市场集中度随网络效应的增强而增加,在具有外部商品的情况下,这一增加是平缓的[见图3-10(b)、图3-10(d)]。如果不存在外部商品,则存在一个突变[见图3-10(a)、图3-10(c)],表明此时出现从分享均衡到倾翻均衡的突变。从

---

① 平均 HHI 的计算用极限分布的概率作为权重进行加权平均,计算方法参见附录一。

(a）价格　　　　　　　　　　（b）销售概率

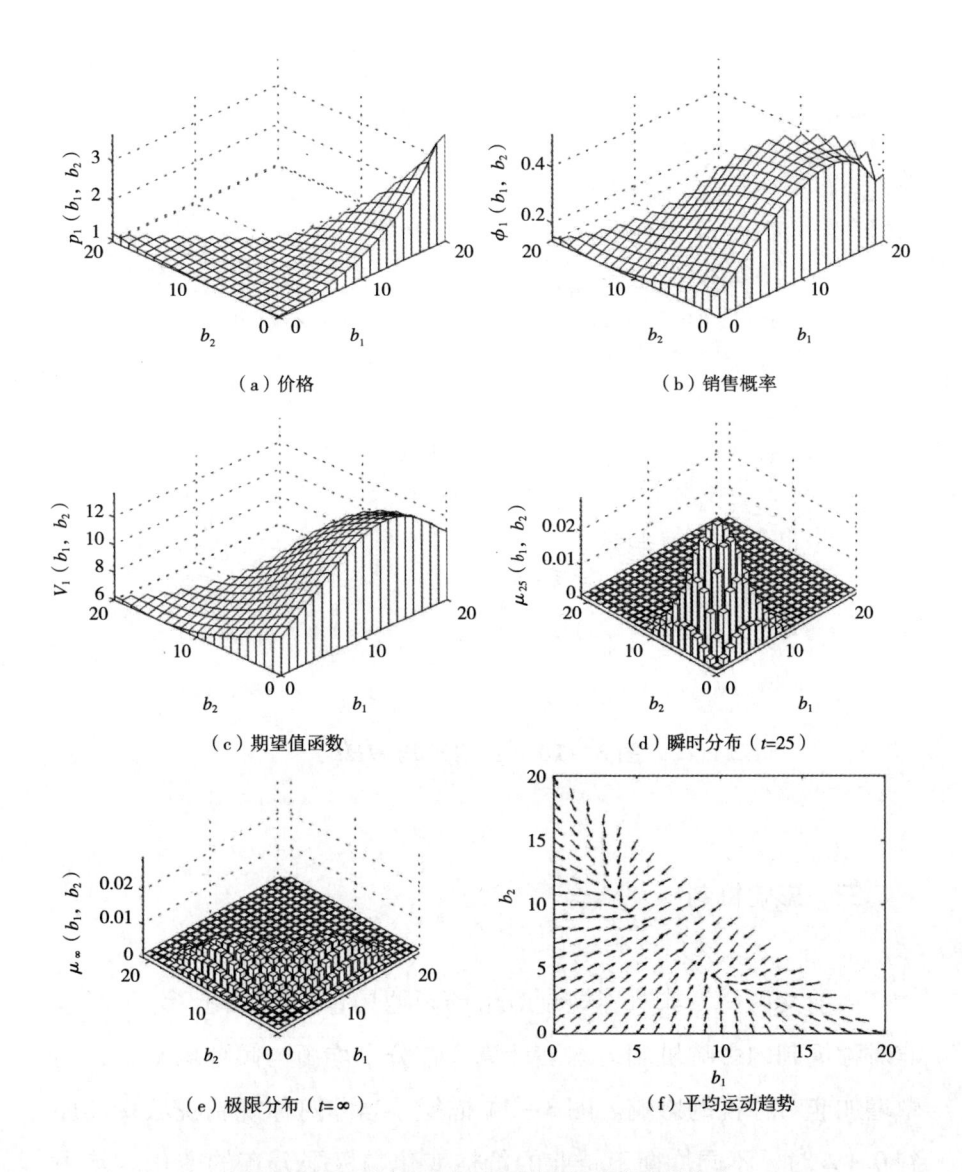

(c）期望值函数　　　　　　　（d）瞬时分布（$t=25$）

(e）极限分布（$t=\infty$）　　　　（f）平均运动趋势

图 3-9　非对称规制对倾翻均衡的影响

注：$\theta = 3.4, \alpha = 0.8$。

中可见，给定其他条件不变时，增加网络效应会增加市场垄断程度，增加非对称规制程度则会降低市场垄断程度。比较不同子图还可以发现，增加产品兼容程度、提升外部商品质量都会降低市场集中度。

(a) $v_0=\infty$, $\lambda=0$

(b) $v_0=0$, $\lambda=0$

(c) $v_0=-\infty$, $\lambda=0.25$

(d) $v_0=0$, $\lambda=0.25$

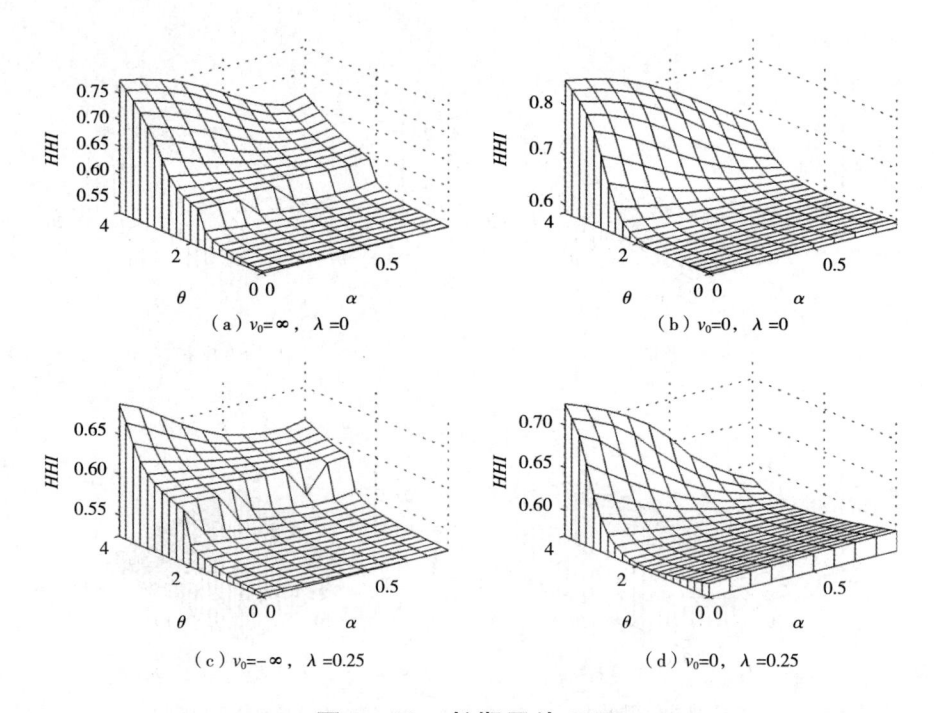

图 3-10 长期平均 *HHI*

三 影响机制

由前文可知，非对称规制对市场倾翻具有抑制作用。为了考察非对称规制的影响机制，本书计算了在分享均衡与倾翻均衡下，略微增加非对称税的影响。图 3-11 描绘了当非对称规制税从 0 增加到 0.1% 时，不同均衡下企业的价格变化与极限分布的变化。其中图 3-11（a）、图 3-11（c）是分享均衡，$\theta=2$，图 3-11（b）、图 3-11（d）是倾翻均衡，$\theta=3.4$。其他参数设定与图 3-2、图 3-3 相同。

在分享均衡中，当非对称规制税略微增加时，企业的价格会有所提升 [见图 3-11（a）]。其中较小的企业价格提升较少，较大

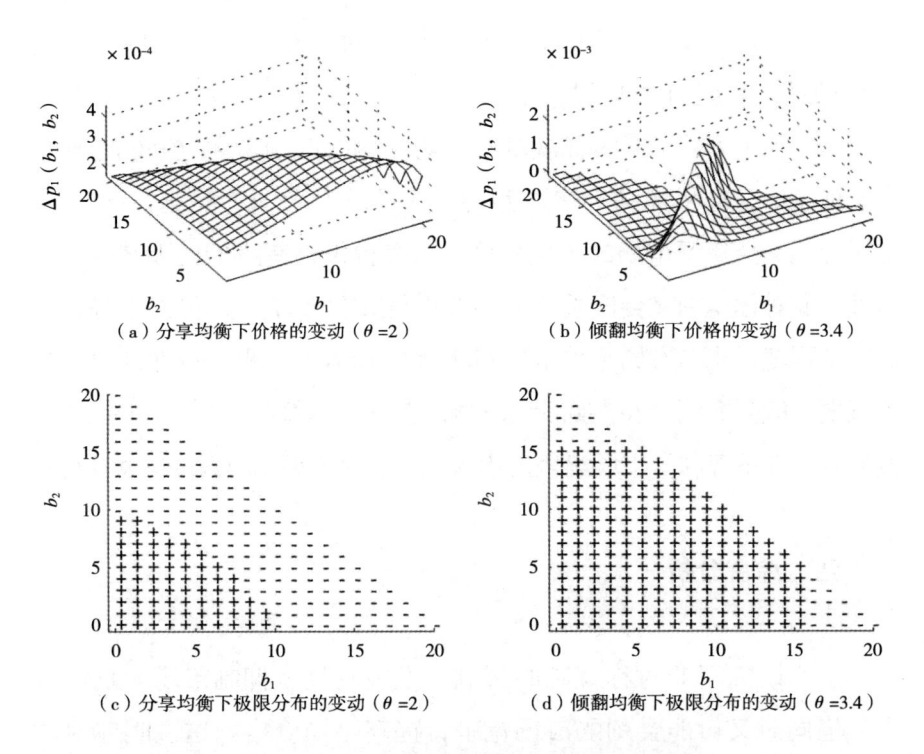

(a) 分享均衡下价格的变动（$\theta=2$）

(b) 倾翻均衡下价格的变动（$\theta=3.4$）

(c) 分享均衡下极限分布的变动（$\theta=2$）

(d) 倾翻均衡下极限分布的变动（$\theta=3.4$）

图 3-11　非对称规制税略增的影响

注：$v_0=0$，$\lambda=0$。

的企业价格提升较大。中等规模企业的提价又高于大企业。这说明非对称规制会削弱企业的投资性定价动机，增加营利性定价动机。图 3-11（c）表明，增加非对称规制税会压缩市场规模。

在倾翻均衡下，非对称规制税的效果则截然不同。从图 3-11（b）中可以看出，在对角线附近，企业的价格提升非常大，呈山脊状。相比之下，其他区域的价格变动则比较平缓。比较图 3-11（a）与图 3-11（b）的坐标轴可以发现，倾翻均衡的对角线区域价格变动达到 10^{-3} 数量级。在分享均衡与倾翻均衡的其他点，价格的变动则只有 10^{-4} 数量级。对角线上的山脊状凸起暗示，非对称规制会显著地削弱企业的价格战，这对阻止市场倾翻有很大影响。图 3-11（d）显示市场均衡略微向对角线移动了一些，表明市场倾翻的程度有所减弱。

图 3-11 表明，非对称规制对市场倾翻的抑制是通过削弱企业的投资性定价动机和提高价格达到的。这样就产生一个问题。一方面，非对称规制会降低市场的垄断程度，这使得价格有降低的趋势。另一方面，非对称规制又会削弱企业的投资性定价动机，这可能会降低市场竞争程度，使得市场平均价格有上升的趋势。企业投资性定价动机的减弱可能会抵消减少垄断带来的益处。在非对称规制下，市场集中度的降低并不等同于市场竞争的增强，与非对称规制政策的本意相悖。

四　综合分析

上文研究了非对称规制的影响，发现它具有抑制市场倾翻的效果，但同时又可能会削弱市场竞争，提高平均价格。这说明非对称规制有一定的负面影响。前文的研究是在为数不多的几种参数设定下进行的，为了研究其他市场竞争局面下非对称规制的影响，本节计算了一万余种参数设定下的均衡，研究在其中增加非对称规制税的影响。本节计算这些均衡的极限分布下的统计量，然后研究在这些均衡中非对称规制税增加 0.1 的效果。具体参数设定是 $v_0 \in \{-\infty, 0\}$，$\theta = \{0, 0.2, \cdots, 4\}$，$\alpha \in \{0, 0.1, \cdots, 0.8\}$，$\lambda = \{0, 0.25, 0.5\}$，$\delta \in \{0.06, 0.1, 0.15\}$，$m \in \{10, 15, 20\}$，共计 10206 种均衡。

表 3-1 描绘了增加非对称规制税对市场均衡的影响。其含义是，当非对称规制税率增加 10% 时，在这些均衡中，某种指标下降的均衡个数占全部均衡的百分比。从中可以看出增加非对称规制税对均衡的平均影响。表中给出长期平均 HHI、长期平均价格、消费者剩余、生产者剩余和社会总剩余的变化，并根据不同的网络效应强度与外部商品质量进行细分。

表 3–1　非对称规制税略增的影响

	θ	长期平均 HHI	长期平均价格	消费者剩余	生产者剩余	社会总剩余
$v_0 = -\infty$	[0,4]	93.20	1.51	99.22	4.08	86.50
$v_0 = 0$	[0,4]	32.00	5.58	100.00	5.02	99.92
$v_0 = -\infty$	[0,1)	96.13	0.00	100.00	0.00	90.45
	[1,2)	94.07	0.99	98.93	0.74	82.55
	[2,3)	91.77	1.40	99.09	2.96	86.17
	[3,4]	91.22	3.29	98.90	11.18	86.76
$v_0 = 0$	[0,1)	0.00	0.00	100.00	0.00	100.00
	[1,2)	9.14	0.00	100.00	0.00	100.00
	[2,3)	40.66	2.96	100.00	2.14	100.00
	[3,4]	70.51	17.08	100.00	15.78	99.73

注：$\alpha + 0.1$，使非对称规制税略增。

从 HHI 的变动可见，在多数情况下，增加非对称规制会降低市场集中度。这说明非对称规制具有抑制市场倾翻的作用。唯一的例外是当外部商品质量为零，网络效应位于 [0，1) 的时候。这是因为这种情况下该市场缺乏发展前景，本节的非对称规制已经退化为一种单纯的补贴措施。

从平均市场价格的变动可见，多数情况下，非对称规制都会提升市场的平均价格。但是随着网络效应的增加，价格降低的均衡的比例在不断增加。这说明随着网络效应的增强，非对称规制抑制市场倾翻、增加市场竞争、降低价格的效应逐渐地超过非对称规制抑制企业投资性定价动机、增加价格的效应。从表 3–1 中可见，平均而言，非对称规制会导致市场价格上升。这一结果证实了本书的猜想：虽然非对称规制能够降低市场垄断程度，但这并不必然意味着市场竞争程度的提升。由于非对称规制削弱了企业的投资性定价动机，市场竞争的激烈程度反而可能降低。

为了研究非对称规制对社会福利的影响，表中给出非对称规制增加对消费者剩余、生产者剩余和社会总剩余的影响。其中社会总剩余 = 消费者剩余 + 生产者剩余 + 非对称规制税收（或补贴）。从中可见，非对称规制对消费者的影响要大于对生产者的影响。在表 3-1 中，消费者剩余几乎总是下降的，生产者剩余受到的影响反而比较小。其原因有两点。首先，在一个具有网络效应的寡头竞争市场中，消费者需求是缺乏弹性的，因此征税的负担被转嫁在消费者身上。其次，非对称规制对市场倾翻的抑制限制了产品网络的规模，这会降低消费者效用。由于市场需求缺乏弹性，非对称规制对生产者的影响反而比较小。由此可见，非对称规制程度加深对社会总福利的影响是不定的。在缺乏外部市场竞争 $v_0 = -\infty$ 时，某些情况下增加非对称规制程度会增加社会的总福利。当网络效应位于 [2, 3) 和 [3, 4] 时，有 86.17% 和 86.76% 的均衡不应当增加非对称规制税率，其他情况下增加税率可以增进社会总福利。在 $v_0 = 0$ 时，由于已存在较强的外部市场竞争，非对称规制几乎没有存在的必要。此时实行非对称规制，无论是对社会总福利，还是对消费者福利，都是有害的。因此在外部商品市场充分发展的情况下，没有实施非对称规制政策的必要。本节的研究可总结如下。

结论 3-5 非对称规制能够削弱企业之间的价格竞争，阻止市场倾翻。其负面影响是在长期中提高市场平均价格，降低市场效率。由于网络效应增强了寡头企业的市场势力，导致消费者需求缺乏弹性，大部分的规制成本被转嫁于消费者，而企业受到的影响则比较小。

第七节 小结

本章研究了非对称规制对网络产业的动态影响。研究发现规制有助于阻止市场倾翻，但是会削弱市场竞争，导致企业的短期机会主义行为，提高市场的平均价格。由于网络效应导致需求缺乏弹性，大部分规制成本被转嫁于消费者，因此政策制定者有必要对规制采取更为审慎的态度。

在研究方法方面，本章采用 Ericson – Pakes 框架的多状态变量马尔科夫动态模型，避免了传统两期静态模型的终端效应。与目前应用较广的单状态变量动态模型相比，本章的方法可以处理多于两家企业的情形，并且避免了单状态变量的"零和博弈"缺陷。在计算方法方面，本章同时采用了 Pakes – McGuire 算法与 Backward Recursion 方法，使得计算出的均衡更为稳健，减轻了多重均衡的影响，使本章的分析建立在更加稳固的基础上。

未来有几个方向还需进一步深入研究。一是消费者的后继购买。在电信、打印机等市场中，消费者的购买行为由一次初始购买和多次后继购买组成。在模型中加入企业对后继耗材、服务的定价，加入消费者对后继服务价格的预期，对于研究这些市场具有重要的意义。此外，由于研发创新在网络产业中拥有重要的地位，因此在模型中考虑企业间的研发竞争，将创新纳入分析，具有一定的意义。但是，同时考虑网络产业中的研发竞争与价格竞争需要增加企业状态空间维数，这给模型计算与分析带来一定困难。如何调和这两者的关系，还需更深入的研究。

第四章 网络产业中的转移成本与兼容政策
——以号码携带政策为例

第一节 引言

前一章已指出，在网络产业中，用户规模是市场竞争的一个重要因素。受需求面规模经济、售后市场等因素影响，一种产品的市场竞争力常常与用户规模呈正向关系。如果某种商品拥有较高的市场份额，抑或消费者预期该商品会拥有较高的市场份额，那么它将更容易得到消费者的青睐。此外，消费者在更换产品品牌时，有时需要承担一定的转移成本。譬如，电脑用户从 Windows 操作系统转向 Linux 或 Mac OS 时需要重新学习系统操作、购置应用软件。手机用户在变更运营商时需将新电话号码告知相关联系人，如果不同运营商采用不同手机制式，消费者还需购置新的手机终端。

很多时候，网络效应与转移成本都受技术驱动，具有相同的成因。产品专利、知识产权常常同时引发网络效应与转移成本，导致二者并存。譬如，对微软 Word 文档格式的知识产权保护会阻止其他企业开发兼容的软件。一方面，这给 Word 用户与其他办公软件用户交换文档带来不便，产生显著的网络外部性。另一方面，

Word 用户在转向其他办公软件时会面临原有文档不可用的问题，存在高额的转移成本。因此，文档格式的知识产权既是网络效应的成因，同时又会引发转移成本的产生或提高①。现实中二者并存的情况非常普遍，譬如 Shy（2001）认为转移成本是区分网络产业与其他产业的核心特征之一。

最近，许多行业的监管机构都在讨论降低转移成本的政策，希望借此促进市场竞争。譬如，全球已有超过 40 个国家实施电话号码可携政策，欧盟的金融监管机构在讨论银行账号可携政策②（ECAFSS，2006）。在办公软件行业，开放文档格式③在世界范围内迅速发展，于 2006 年成为 ISO 国际标准，并被荷兰、巴西、南非等国作为国家标准。

这些政策能够成功实施的前提是降低转移成本会促进市场竞争（传统的研究支持这一观点）。但是，如果存在强烈的网络效应，那么降低转移成本是否会促进竞争，现有研究对此所知不多。本章利用 Ericson – Pakes 研究范式，并借鉴 Chen，Doraszelski 等（2009）与 Chen（2010）的模型，构建了一个动态网络产业模型，其中包含转移成本。本书的边际贡献有以下几点。首先，本书发现转移成本与市场支配的关系是非单调的。高额转移成本会保护弱势企业、阻止市场倾翻，温和的转移成本则会加剧市场倾翻。因此，盲目实施降低转移成本的政策未必会促进市场竞争。其次，本书发现一种混合均衡，其中存在临界质量现象④。这一发现调和了

---

① 对早期 Word 文件格式，其他办公软件可通过反向工程与之兼容。从 Word 2007 开始，微软改变了原来的不开源政策，力推 OOXML 规范作为开放文档标准，并于 2008 年成为 ISO 标准。
② Account Number Portability，容许客户在更换银行时保留原有账号。
③ Open Document Format，其宗旨是长期保存文档数据，使用户访问不受软件品牌、版本差异的影响。
④ 企业超过临界规模后，将逐步垄断整个市场的现象。Suleymanova 与 Wey（2008）在单期静态理性预期均衡中发现此现象。

Suleymanova 与 Wey（2008）及 Chen（2010）的研究，将其统一于一个框架内。最后，与单独实施降低转移成本的政策相比，本书发现结合促兼容政策可促进市场竞争。利用这一结论，可以解释号码携带在中国实施滞后的部分原因。

本章之后的章节安排如下。第二节回顾了现有关于转移成本的研究文献。第三节构建了一个包含转移成本的动态网络产业模型，描述均衡的定义与计算过程。第四节对市场均衡加以归类，研究参数设定与均衡类型的关系。第五节研究转移成本对市场支配的影响机制。第六节回顾 2000 年后中国移动通信市场中的政策历程，对号码携带政策实施迟缓做出一个解释。第七节是全文的总结。

第二节 研究背景

如果消费者需要前后不同时间购买的商品互相兼容，在更改产品品牌时感到不便，就会出现转移成本。制度经济学认为转移成本是由合约不完全引起的。在信息完全的情况下，交易双方可通过一揽子合约将商品序列打包，作为一种新的交易品进行议价。因此，如果能签订完善的长期合约，转移成本并不会影响市场均衡与竞争效率。但由于未来的不确定性，现实中这种长期合约并不多见。在企业难以对未来的产品质量、价格做出可信承诺时，转移成本就成为一个不容忽视的问题。

经济学界对转移成本的研究，最早可追溯到 Selten（1965）的"需求惯性"概念。此后关于转移成本的研究形成两种趋势：一种趋势尝试从实证角度衡量转移成本，衡量它对市场的影响程度；另一种趋势尝试建立理论模型，分析转移成本的内在影响机制。对于这些研究，Klemperer（1995），Farrell 与 Klemperer（2007）做了比较全面和系统的回顾。

关于电信业转移成本的实证研究集中在两个方面，一是转移成本的测度，二是转移成本对市场竞争的影响。例如，Lee，Kim（2006）调查了 MNP[①] 对韩国电信业的影响，发现 MNP 降低了消费者的转移成本，但由于申请过程烦琐、余额不可转移等因素，仍然存在相当高的转移成本。Shin（2006）研究了美国的 MNP 政策，发现 MNP 政策实施后仍存在相当高的转移障碍。Grzybowski（2008）研究了英国移动电话行业中影响转移成本的消费者个体因素，发现年龄与闲暇时间对转移成本影响较大。Viard（2007）研究了美国的 800 免费电话号码携带政策，发现号码携带显著降低了免费电话服务（Toll-free Service）的资费水平。Grzybowski（2005）发现 MNP 导致欧盟地区移动通信资费水平下降。

关于电信业转移成本理论研究也有两种不同的流派。一些研究从产权分配与激励机制的角度入手，譬如 Gans，King 与 Woodbridge（2001）研究 LNP[②] 政策的实施策略，发现通过合适的产权分配方案可提高 LNP 的实施效率。另一些研究则从博弈论的角度出发，研究监管政策对企业竞争策略的影响。譬如，Buehler 与 Haucap（2004）研究了电信业存在网间价格歧视时 MNP 政策的影响，发现价格歧视会导致消费者无知，增加通话成本。

传统的研究大多忽略了网络效应与转移成本共存的现象：研究转移成本的文献通常假定网络效应为零，研究网络效应的文献则暗含转移成本是零或无穷大的假定[③]。这些分别研究二者的文献发现，虽然网络效应与转移成本都会增强大企业的优势地位，但它们对市场均衡的影响截然不同。一般而言，转移成本使得大企业侧重

[①] Mobile Number Portability，移动电话号码携带。
[②] Local Number Portability，本地固定电话号码携带。
[③] 譬如 Mitchell，Skrzypacz，2006；Llobet，Manove，2006；Cabral，2009。

盘剥被锁定的现有用户，其高额定价策略类似于温和的"肥猫"。[①]与此同时，小企业则采取低价策略争夺用户。整体市场保持较平衡的状态，不同企业的实力差异不大。网络效应的影响则截然相反，它会促使大企业采取积极的扩张战略，其低价策略有如"恶犬"[②]，对其他企业造成严重的威胁。由于强烈的网络效应，小企业难以与之抗衡。市场结构出现倾翻，最终形成"领导者—追随者"的市场形式。在高转移成本的产业中，多企业分享市场是稳定的均衡状态，高网络效应产业的常态则是产品标准化，由一种商品占据大部分市场。

由于网络效应与转移成本对市场均衡的影响相互背离，一个自然的问题是能否利用转移成本降低网络产业中的市场倾翻倾向。这需要研究二者之间的协同作用。目前这方面的文献较少，仅有 Suleymanova 与 Wey（2008），Doganoglu 与 Grzybowski（2009）和 Chen（2010）。Suleymanova 与 Wey（2008）采用单期静态 Bertrand 模型，发现转移成本与网络效应的强度之比是决定市场均衡的唯一因素，高额转移成本会导致市场分割。但这一结论似乎难以令人信服。譬如，该文的自然推论是同比缩放转移成本与网络效应不影响市场均衡，这与经验研究不一致[③]。Doganoglu 与 Grzybowski（2009）采用两期静态模型，认为强烈的网络效应与适中的转移成本有助于降低价格，提出通过征收转移税增进消费者福利[④]。这两篇文献都采用确定性的比较静态模型。由于静态模型不便于分析市场长期演化，Chen（2010）的研究采用了动态随机马尔科夫模型，

---

① 特殊情况下转移成本也会压低市场价格。参见 Cabral, 2008; Doganoglu, 2010。
② "肥猫"与"恶犬"一说源自 Fudenberg, Tirole, 1984, 后被广泛采用。
③ 很难想象同时将转移成本与网络效应缩小 1000 倍，使两者非常微弱时，市场仍然保持相同的均衡。
④ 本书不赞同这一观点。据本书研究，该文所述的低价均衡是一种价格战均衡，难以长期维持。

发现网络效应与外部市场是影响转移成本效应的重要因素。该文发现转移成本对市场支配的影响是非单调的，高额转移成本会维护市场稳定，适中的转移成本则会加剧市场倾翻。这些研究表明，转移成本与网络效应的协同影响较为复杂，并非简单地算术加总。

本书注意到现有研究忽略了一个重要的影响因素——产品兼容。在政策实践中，促进产品兼容与降低转移成本都是广泛应用的规制政策。促兼容政策使得小企业和大企业的网络能够互相渗透，让小企业部分分享大企业的网络优势。降低转移成本可以减轻消费者的锁定，增加消费者流动。因此，研究这两种政策的协同效应具有重要的现实意义。

第三节 模型设定与均衡计算

一 模型设定

为了研究网络效应、转移成本与产品兼容的协同影响，本节建立一个包含转移成本的动态寡头价格竞争模型。模型的框架基于 Ericson 与 Pakes（1995）的研究，并借鉴了 Chen，Doraszelski 等（2009）及 Chen（2010）的研究。本模型与前一章的动态网络效应模型较为相似。不同之处在于引入消费者忠诚与转移成本。模型的详细设定如下。

（一）市场结构与企业决策

假定市场中有 $N \geqslant 2$ 家企业，分别记为 $i = 1, 2, \cdots, N$。假设每家企业只生产一种商品，记企业 i 的产品为商品 i。记商品 i 的用户基数为 b_i，它是企业的状态变量。所有企业的用户基数向量

$b \equiv (b_1, b_2, \cdots, b_N)$ 构成整个产业的市场结构。记 M 是消费者的人口规模。如果假定每位消费者至多拥有一件商品,不考虑同时拥有多件商品的情况,那么市场结构满足 $\Omega = \{b \mid b_i = 1, \cdots, M; \sum_{i=1}^{N} b_i \leq M\}$。

给定市场结构 b,企业决定销售价格 p_i,记 $p \equiv (p_1, \cdots, p_N)$ 是全体企业的价格向量。为了简化分析,假定企业规模报酬不变,并进一步假定边际成本为零,因此企业的利润等于产品销量乘以售价。

由于消费者可能会选择不购买或购买替代市场的商品,所以引入外部商品的概念。记外部商品的下标 $i = 0$。假定外部商品不存在网络效应,并且其定价是非策略性的,恒有 $p_0 = 0$。

(二) 市场需求

假定每一期有一位新用户进行购买,并假定他最多购买一件商品,或不购买任何商品。消费者的选择受产品质量、价格、网络效应、转移成本等多种因素的影响。产品本身的质量会影响消费者选择,优秀的产品对消费者的吸引力更大。商品售价对消费者需求有负面影响,在其他条件不变时,价格低廉的商品销量更高。网络效应也会影响消费者的偏好,一种商品越为普及,使用该商品越加方便。不同商品的兼容程度也会影响消费者的喜好。其他条件不变时,增加几种商品的兼容程度会使这些商品的用户同时受益。

转移成本也会影响消费者的购买决策。由于转移成本的存在,消费者的购买历史会影响未来的消费。现实中有多种类型的转移成本,它可能是由于商品物理属性产生的,譬如租房市场中的租客搬迁;或者是合约性的,譬如解除合约的违约金;使用商品所需的专项技能也会产生转移成本,譬如使用 QWERTY 键盘的打字员在更换 Dvorak 键盘后需要重新练习打字。Farrell 与 Klemperer (2007) 将转移成本分为学习成本 (Learning Cost) 与交易成本 (Transactional

Cost)。对于学习成本,它仅在消费者第一次购买一种商品时出现,而交易成本则与近期购买行为有关。例如,如果消费者首先购买商品 A,之后购买商品 B,第三次又购买商品 A。如果转移成本是学习成本,那么第三次购买时消费者已经学习过商品 A 的使用方法,无须重新学习;如果转移成本是交易成本,则第三次购买时消费者仍需忍受额外的不便。对于学习成本性的转移成本,其成本形成受消费者购买序列的影响;交易成本性的转移成本则具有马尔科夫性质,当期的转移成本只受近期购买的影响,与更久远的购买历史无关。

为了简化分析,本模型仅考虑交易成本性的转移成本。本书称商品 r 拥有一位消费者的忠诚(Customer Royalty),如果他近期购买了商品 r。用户忠诚会影响购买决策。如果商品 A 的忠诚用户购买商品 B,需要付出额外的成本。在购买行为发生后,他将变为商品 B 的忠诚用户。如果详细记录每一位消费者的用户忠诚,会使得市场状态空间非常庞大。为了降低状态空间维数,本书借鉴 Chen(2010)的思想:一种商品的用户忠诚与用户基数有关。用户基数越大,忠诚用户也会越多。假定用户忠诚是与用户基数成正比的随机变量,一位消费者忠诚于商品 i 的概率是 $\Pr\{r = i\} = b_i/M$,其中 M 是消费者的总人口数。例如,对于新进入市场的企业,其忠诚用户占消费者总数的比率为 0;如果企业垄断了整个市场,其忠诚用户的比率则为 100%。

根据上述分析,本书设定形式如下的线性可加效用函数。记 U_{ri} 代表一位忠诚于商品 r 的用户购买商品 i 得到的效用,有

$$U_{ri} = \begin{cases} v_i + \theta g(b_i + \lambda \sum_{j \neq i} b_j) - 1\{r \neq i, r \neq 0\}k - p_i + \varepsilon_{ri} & i \neq 0 \\ v_0 + \varepsilon_{r0} & i = 0 \end{cases}$$

(4-1)

式(4-1)的第一行代表消费者购买内部商品得到的效用,

第二行代表购买外部商品的效用。v_i 代表商品的基础质量。为了简化分析，本书假定所有内部商品的基础质量无差异，并将其标准化为零。$\theta g(b_i + \lambda \sum_{j \neq i} b_j)$ 代表商品的网络质量，反映网络效应对消费者效用的影响。其中 θ 是网络效应系数，代表网络外部性的强度。b_i 反映企业自身用户基数对网络效应的影响，$\lambda \sum_{j \neq i} b_j$ 则反映了其他企业用户基数对企业 i 的影响。$\lambda \in [0,1]$ 代表不同商品的兼容性。0 代表完全不兼容，1 则代表完美兼容。假定 $g(\cdot)$ 是单调递增的函数，不妨设 $g(\cdot) \in [0,1]$。$-p_i$ 代表消费者因货币减少损失的效用。价格的系数为 -1，含义是将 1 单位货币的效用标准化为 1，即给定其他条件不变，消费者多支付 1 单位货币会减少 1 单位的效用。

式（4-1）中的变量 k 代表消费者更换产品品牌时的转移成本。式（4-1）假定转移成本是固定不变的，不更换品牌的成本为 0，若更换则为 k。转移成本前的指标函数有几层含义。指标函数中的 $r \neq i$ 表明，如果消费者忠诚于商品 i，之前购买了这一种商品，那么再次购买商品 i 时没有发生不同商品间的转移，无须承担转移成本。$r \neq 0$ 的含义是，如果消费者之前未购买内部商品，在第一次购买内部商品时也无须付出转移成本。此外，式（4-1）第二行说明，如果消费者之前曾购买某一内部商品，现在选择不购买内部商品，亦无须承担转移成本。因此消费者在内部商品与外部商品之间互相切换时，不会产生转移成本，只有在不同的内部商品之间进行切换时才需承担转移成本。式（4-1）中设定，外部商品不具备网络效应、价格恒为零，并且转入或转出外部商品市场无须承担转移成本。因此消费者选择不购买得到的效用是基础质量加随机扰动。如令 $v_0 = -\infty$，则市场规模固定，完全不存在外部市场。如令 $v_0 = \infty$，则市场规模内生，消费者可以选择不购买。

ε_{ri} 代表随机因素对消费者偏好的影响。假定对于不同的 r 与

i,有 ε_{ri} 互相独立,且服从第一类极值分布(Type I Extreme Value Distribution)。因此忠诚于商品 r 的消费者购买商品 i 的概率

$$\varphi_{ri}(b,p) = \frac{\exp(\theta g(b_i + \lambda \sum_{j \neq i} b_j) - 1\{r \neq i, r \neq 0\}k - p_i)}{\exp(v_0) + \sum_{j=1}^{N} \exp(\theta g(b_j + \lambda \sum_{h \neq j} b_h) - 1\{r \neq j, r \neq 0\}k - p_j)} \quad (4-2)$$

其中,$i = 1, \cdots, N$。式(4-2)对 r 取期望,可得给定市场结构与价格时,商品 i 的平均市场份额

$$\varphi_i(b,p) = E_r[\varphi_{ri}(b,p)] = \sum_{l=0}^{N} \Pr\{r = l\} \varphi_{ri}(b,p) \quad (4-3)$$

(三) 转移概率

市场的动态演化由两股力量驱动。一股力量是前文的市场需求;另一股力量是原有用户的流失。本模型沿用第三章的用户流失设定,假定用户流失是由产品折旧或损毁引起的[①]。消费者手中的商品以一定概率随机地折旧或损毁,记折旧率为 δ。假定不同消费者手中商品的折旧互相独立,因此企业 i 的用户基数不减少的概率为 $(1-\delta)^{b_i}$。作为近似,不妨假定在一期内最多流失一单位用户[②],用户基数变动服从下述过程:

$$\Pr(b_i' \mid b_i, q_{ri}) = \begin{cases} (1-\delta)^{b_i} & b_i' = b_i + q_{ri} \\ 1-(1-\delta)^{b_i} & b_i' = b_i + q_{ri} - 1 \end{cases} \quad (4-4)$$

其中,q_{ri} 为当期新增用户数,有

[①] 此处用户流失的概念与通常的理解略有差异。如果一位消费者在原有商品损毁后又购买了同一商品,通常不认为这是用户流失。本模型则记其为有一位用户流失,同时新增一位用户。

[②] 此假定借鉴了 Chen, Doraszelski 等(2009)的研究。

$$\Pr(q_{ri}) = \begin{cases} \varphi_{ri} & q_{ri} = 1 \\ 1 - \varphi_{ri} & q_{ri} = 0 \end{cases}$$

为了避免模型在边界附近溢出，需要对模型施加边界约束。当 $\sum_{i=1}^{N} b_i = M$ 时，如果内部商品成功销售且所有企业均无用户流失，会出现溢出的情况。为满足边界条件，约定此时会发生强制折旧。强制折旧的分摊根据企业的用户基数确定，企业 i 的折旧概率为 $b_i / \sum_{j=1}^{N} b_j$。

二 马尔科夫精炼均衡

给定企业 i 及其竞争对手的定价策略 $p_i(b)$ 与 $p_{-i}(b)$，它未来的期望收益

$$W_i(b, p_i(b), p_{-i}(b)) = E_r(\varphi_{ri}(b, p_i, p_{-i}) p_i + \beta \sum_{j=0}^{N} \varphi_{rj}(b, p_i, p_{-i}) \bar{V}_{ij}(b)) \tag{4-5}$$

其中，

$$\bar{V}_{ij}(b) = \sum_{b'} \Pr(b' \mid b, q_j = 1) V_i(b')$$

$\bar{V}_{ij}(b)$ 的含义是已知当前的产业结构为 b，且商品 j 成功销售后，企业 i 未来的期望收益。式（4-5）的含义是给定竞争对手的定价策略，企业 i 需要决定产品的最优价格，最大化自身收益。式（4-5）中加号左侧的部分代表当前的本期收益，加号右侧的部分代表未来平均收益的贴现值。此处假定企业并不知道每位消费者的忠诚情况，无法进行价格歧视，因此企业只考虑期望收益[①]。给定

[①] 蒋传海（2010）在两期静态模型中考虑了价格歧视的情况。

对手的定价策略，企业面临如下最大化问题①：

$$V_i(b, p_{-i}(b)) = \max_{p_i} W_i(b, p_i, p_{-i}(b)) \qquad (4-6)$$

求解此 Bellman 方程，可得给定竞争对手定价策略时企业 i 的最优应对策略。如果所有的企业都能正确地预测到竞争对手的定价策略，并采取最优的应对策略，则模型达到马尔科夫精炼均衡。正式定义如下。

定义 4-1 给定所有企业的用户基数 b，本模型的马尔科夫精炼均衡定价函数是同时满足下述 N 个方程的函数 $p(b)$：

$$\begin{aligned} p_1(b) &= \arg\max_{p_1} W_1(b, p_1, p_{-1}(b)) \\ &\vdots \\ p_N(b) &= \arg\max_{p_N} W_N(b, p_N, p_{-N}(b)) \end{aligned} \qquad (4-7)$$

均衡的一阶条件是：

$$\begin{aligned} E_r\{ &-\varphi_{ri}(b, p_i, p_{-i}^t(b))(1-\varphi_{ri}(b, p_i, p_{-i}^t(b)))[p_i + \beta \bar{V}_{ii}^t(b)] \\ &+ \varphi_{ri}(b, p_i, p_{-i}^t(b)) + \beta \varphi_{ri}(b, p_i, p_{-i}^t(b)) \\ &\sum_{j \neq i} \varphi_{rj}(b, p_i, p_{-i}^t(b)) \bar{V}_{ij}^t(b) \} = 0 \end{aligned} \qquad (4-8)$$

与上一章相同，本章只考虑对称、匿名的纯策略均衡。为了使结果更为稳健，本书同时采用 Pakes – McGuire 算法与 Backward Recursion 方法计算均衡。与前一章相比，本章的计算负担有所增加。一方面，本模型需要计算消费者忠诚的期望，这增加了计算负担。另一方面，Pakes – McGuire 算法在计算本模型时收敛性不佳。在转移成本较大（$k > 2.2$）时可能不收敛，并且收敛失败频率随着转移成本增大不断增加，在转移成本为 3 时基本上不收敛，但此

---

① 一种推广是交换计算最优化与期望的次序，容许价格歧视。

时 Backward Recursion 方法仍保持稳健[①]。详细计算过程如下。

(一) Pakes – McGuire 算法

首先，假定所有的企业都采取零定价策略。即对任意的产业结构 b，有 $p_i(b) = 0$，其中 $i = 1, \cdots, N$。在这一策略函数下，可知所有企业的期望值函数均为零，有 $V_i(b) = 0$。以此策略函数与期望值函数作为迭代的初值，记为 $p_i^0(b)$、$V_i^0(b)$。

假设已经进行了 t 次迭代，得到 $p_i^t(b)$、$V_i^t(b)$。此时，对给定的其他企业的策略函数 $p_{-i}^t(b)$，企业 i 面临下面的最大化问题：

$$V_i^{t+1}(b) = \max_{p_i} \sum_{r=0}^{N} \Pr\{r\} (\varphi_{ri}(b, p_i, p_{-i}^t(b)) p_i + \beta \sum_{j=0}^{N} \varphi_{rj}(b, p_i, p_{-i}^t(b)) \bar{V}_{ij}^t(b)) \quad (4-9)$$

其中 $\bar{V}_{ij}^t(b) = \sum_{b'} \Pr(b' \mid b, q_j = 1) V_i^t(b')$。

对式 (4-9) 求导，得

$$\sum_{r=0}^{N} \Pr\{r\} \{-\varphi_{ri}(b, p_i, p_{-i}^t(b))(1 - \varphi_{ri}(b, p_i, p_{-i}^t(b)))$$
$$[p_i + \beta \bar{V}_{ii}^t(b)] + \varphi_{ri}(b, p_i, p_{-i}^t(b)) + \beta \varphi_{ri}(b, p_i, p_{-i}^t(b))$$
$$\sum_{j \neq i} \varphi_{rj}(b, p_i, p_{-i}^t(b)) \bar{V}_{ij}^t(b)\} = 0$$

$$(4-10)$$

给定用户基数 b、其他企业的策略 $p_{-i}^t(b)$ 与近似的期望值函数 $V_i^t(b)$，式 (4-10) 是一个单变量非线性方程组。利用数值方法求解，可得企业 i 的新的策略函数 $p_i^{t+1}(b)$ 与值函数 $V_i^{t+1}(b)$。利用对称性与匿名性，可以得到其他企业在 $t+1$ 次迭代时的均衡策略与期望值函数 $p_{-i}^{t+1}(b)$ 与 $V_i^{t+1}(b)$。

[①] 近万次模拟中仅出现 2 次收敛失败。

重复上述迭代过程,直至$\|V_i^{t+1}(b) - V_i^t(b)\|$足够小,以此时的策略函数$p_i^{t+1}(b)$作为博弈的均衡,期望值函数$V_i^{t+1}(b)$作为博弈的均衡值函数。

(二) Backward Recursion 方法

在博弈的初始状态,企业处于博弈的最后一期。由于终端效应,未来的收益$V_i^0(b) = 0$。以这一期望值函数作为迭代的初值。其中上标0代表企业距离"世界末日"的时间。据此企业可以算出向前逆推一期的价格$p_i^1(b) = 0$,和相应的期望值函数$V_i^1(b) = 0$,$i = 1, \cdots, N$。计算过程如下。

假设当前已经向前逆推了t期,计算得到$V_i^t(b)$。此时对给定的$p_{-i}^{t+1}(b)$,企业i面临下面的优化问题:

$$V_i^{t+1}(b) = \max_{p_i} \sum_{r=0}^{N} \Pr\{r\}(\varphi_{ri}(b, p_i, p_{-i}^t(b))p_i + \beta \sum_{j=0}^{N} \varphi_{rj}(b, p_i, p_{-i}^t(b))\bar{V}_{ij}^t(b)) \quad (4-11)$$

其中$\bar{V}_{ij}^t(b) = \sum_{b'} \Pr(b' | b, q_j = 1) V_i^t(b')$。

式(4-11)的一阶条件是

$$\sum_{r=0}^{N} \Pr\{r\} \{-\varphi_{ri}(b, p_i, p_{-i}^{t+1}(b))(1 - \varphi_{ri}(b, p_i, p_{-i}^{t+1}(b)))$$
$$[p_i + \beta \bar{V}_{ii}^t(b)] + \varphi_{ri}(b, p_i, p_{-i}^{t+1}(b)) + \beta \varphi_{ri}(b, p_i, p_{-i}^{t+1}(b))$$
$$\sum_{j \neq i} \varphi_{rj}(b, p_i, p_{-i}^{t+1}(b)) \bar{V}_{ij}^t(b) \} = 0$$

$$(4-12)$$

对于$i = 1, 2, \cdots, N$,式(4-12)同时成立。求解这一多元非线性方程组,可得全体企业在前推一期的定价策略$p^{t+1}(b)$。将其带入值函数,可得$V^{t+1}(b)$。重复上述迭代步骤至收敛,就得到有限期博弈的无穷极限。

利用对称性与匿名性，无须计算所有 $b \in \{b \mid b_i = 0, 1, \cdots, M; \sum b_i \leq M\}$ 格点上的新策略函数，只需计算其中的一部分格点，再由对称性得到其他格点的取值。譬如，在双寡头时只需计算子状态空间 $b \in \{b \mid b_i = 1, 2; \sum b_i \leq M; b_2 \leq b_1\}$ 中的价格函数 $p(b) = (p_1(b), p_2(b))$，对于 $b_2 > b_1$ 的格点由 $p(b_2, b_1) = (p_2(b_1, b_2), p_1(b_1, b_2))$ 可得。

（三）参数设定

本模型中不同参数的组合方式繁多。由于本书的目的在于研究产品兼容下网络效应与转移成本的协同效应，所以选取网络效应强度 θ、转移成本 k 与兼容度 λ 作为核心参数。对于网络效应强度，本节设定 $\theta = \{0, 0.2, \cdots, 4\}$。从完全不存在网络效应的 $\theta = 0$，到网络效应很强的 $\theta = 4$，共 21 种情况。对于转移成本，本节设定 $k = \{0, 0.2, \cdots, 3\}$，共 16 种情形[①]。其中，0 代表不存在转移成本。对于兼容性，本节考虑了 $\lambda = \{0, 0.1, \cdots, 0.9\}$ 10 种情况，其中，0 代表不同产品完全不兼容。随着 λ 增加，产品兼容性不断增加；当 λ 等于 1 时，不同商品达到完美兼容，不同品牌的网络效应可完全共享。

对于外部市场竞争，现有文献的处理方法各不相同。Suleymanova 与 Wey（2008）及 Doganoglu 与 Grzybowski（2009）完全不考虑外部市场的存在，Chen（2010）则认为外部市场竞争是影响均衡的重要因素。本书认为完全忽略外部市场不符合实际，但网络产业通常缺少外部竞争，否则监管机构也无须对其规制。因此下文的模拟基于外部竞争较弱，但并非完全不存在竞争的情况。本书设定外部商品质量 $v_0 = -5$，此外还尝试了 v_0 位于 $-4 \sim -1$ 的数

[①] 此处借鉴了 Chen（2010）的研究。设定最高的转移成本小于网络效应，使消费者效用可以为正，转移会发生。

种情形。

网络效应函数 $g(\cdot)$ 的设定为 $g(x) = \min\{\frac{x}{m}, 1\}$，其中 m 是不大于 M 的参数。当 $m = M$ 时，$g(\cdot)$ 是线性函数；当 $m < M$ 时，$g(\cdot)$ 是凹函数。对于参数 m，下文的模拟以 $m = 20$ 为主。本书亦模拟了 m 等于 10 和 15 的情况，发现这不会影响本书的主要结论。

下列参数在模拟中始终不变：企业数 $N = 2$、消费者人口规模 $M = 20$、折旧率 $\delta = 0.06$、贴现率 $\beta = \frac{1}{1.05}$。本书计算了不同参数设定下市场需求的平均价格弹性。下文的图 4-1 至图 4-3 中，自价格弹性为 $-0.75 \sim -0.44$，与现有实证文献较为接近。

第四节 均衡的类型

为了研究不同网络效应、转移成本对市场竞争的影响，本书计算了数千种参数组合下的市场均衡，发现这些均衡可归纳为四种类型。一种是倾翻均衡（Tipping Equilibrium），其中存在大企业垄断市场的趋势。对于这一均衡，第三章已经进行了较为详细的分析。与前文不同的是，本模型存在两种不同的市场分享均衡，分别是渐升均衡（Rising Equilibrium）与峰形均衡（Peaked Equilibrium）。渐升均衡即前一章的分享均衡，在网络效应温和时出现；峰形均衡则由高额转移成本引发。虽然二者都会形成多企业分享市场的局面，但其形成机制不同。此外，本书还发现了一种分享与倾翻共存的均衡，其市场演化趋势与初始市场结构有关，不妨称其为混合均衡。

这四种均衡综合了现有文献的研究成果。渐升均衡与倾翻均衡在 Chen，Doraszelski 等（2009）和 Chen（2010）中有所涉及，峰形均衡的概念由 Chen（2010）提出。Suleymanova 与 Wey（2008）发现了临界质量效应（Critical Mass Effect），可视为混合均衡的一个雏形。

一　渐升均衡与倾翻均衡

在前一章中已经提到，市场分享与倾翻是网络产业的两种基本均衡。温和的网络效应会导致分享，强烈的网络效应则会导致倾翻。在企业分享市场的渐升均衡中，市场结构趋于企业实力较平衡的状态，不同企业的用户基数存在趋同倾向。倾翻均衡的特点是市场存在产品标准化倾向，容易形成一种商品主导市场的局面。由于第三章已对这两种均衡进行较为详细的分析，在此仅做一简单回顾。

图 4-1 描述了存在转移成本时渐升均衡与倾翻均衡的定价函数与极限分布。其中，图 4-1（a）、图 4-1（b）是分享均衡的价格与极限分布，图 4-1（c）、图 4-1（d）是倾翻均衡的价格与极限分布。两种均衡的参数差别在于转移成本 k 分别为 0 和 1，其他的参数设定均相同，分别是网络效应 $\theta = 1.6$、产品兼容 $\lambda = 0$、外部商品质量 $v_0 = -5$。

由图 4-1 可知，渐升均衡中，大企业定价较高，小企业定价较低 [见图 4-1（a）]，企业间的价格差异较小。长期中，市场结构向较平衡的方向发展，极限分布呈现较平衡的单峰结构 [见图 4-1（b）]。倾翻均衡中，在企业实力相近时存在激烈的价格战，出现价格沟壑 [见图 4-1（c）]。价格战结束后，获胜的一方作为领导者，占据绝大部分市场，落败的一方作为追随者，极限分布呈

(a) 渐升均衡的价格

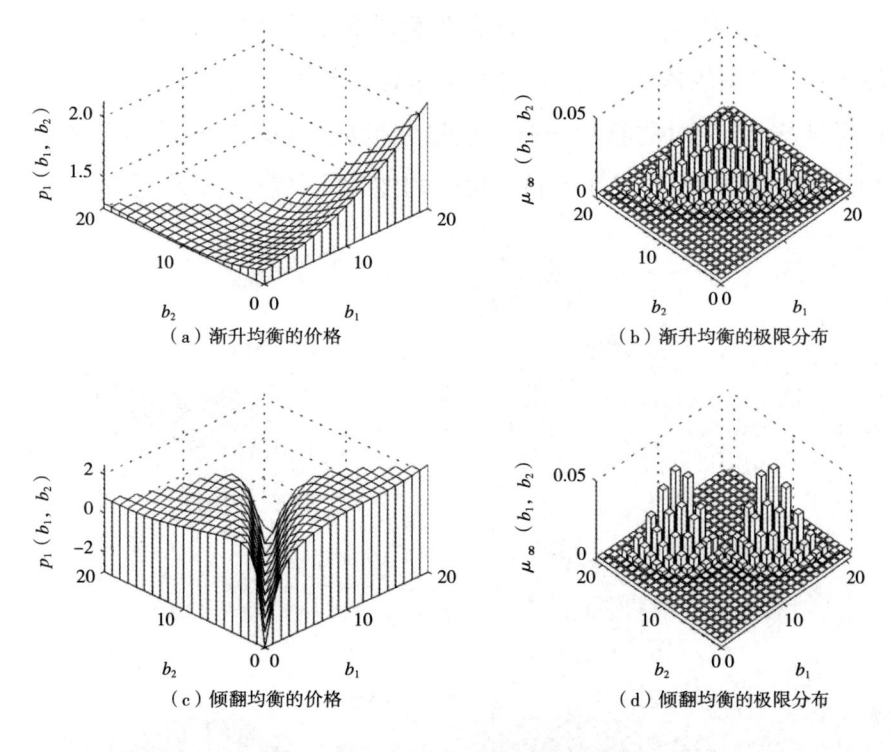

(b) 渐升均衡的极限分布

(c) 倾翻均衡的价格

(d) 倾翻均衡的极限分布

图 4-1　渐升均衡与倾翻均衡

注：$\theta = 1.6$，$\lambda = 0$，$v_0 = -5$，$k = 0/1$（上侧/下侧）。

不平衡的双峰结构 [见图 4-1 (d)]。值得注意的是，图中当转移成本由 0 增加为 1 时市场均衡由渐升均衡转变为倾翻均衡，说明此时增加转移成本导致了市场倾翻。

二　峰形均衡

转移成本的引入产生了一种与渐升均衡成因迥异的分享均衡，Chen（2010）称之为峰形均衡。它的特点是市场分割：消费者锁定于某一商品，很少选择购买其他商品；企业高价盘剥被锁定的忠诚用户，不会展开激烈的竞争。

图 4-2 描述了峰形均衡的典型特征，其中图 4-2（a）至图 4-2（f）依次为企业 1 的价格函数、销售概率、期望值函数、市场结构 25 期时的瞬时分布、极限分布及其平均运动趋势。图 4-2 的参数与图 4-1 基本相同，唯一的变化是转移成本增至 2。

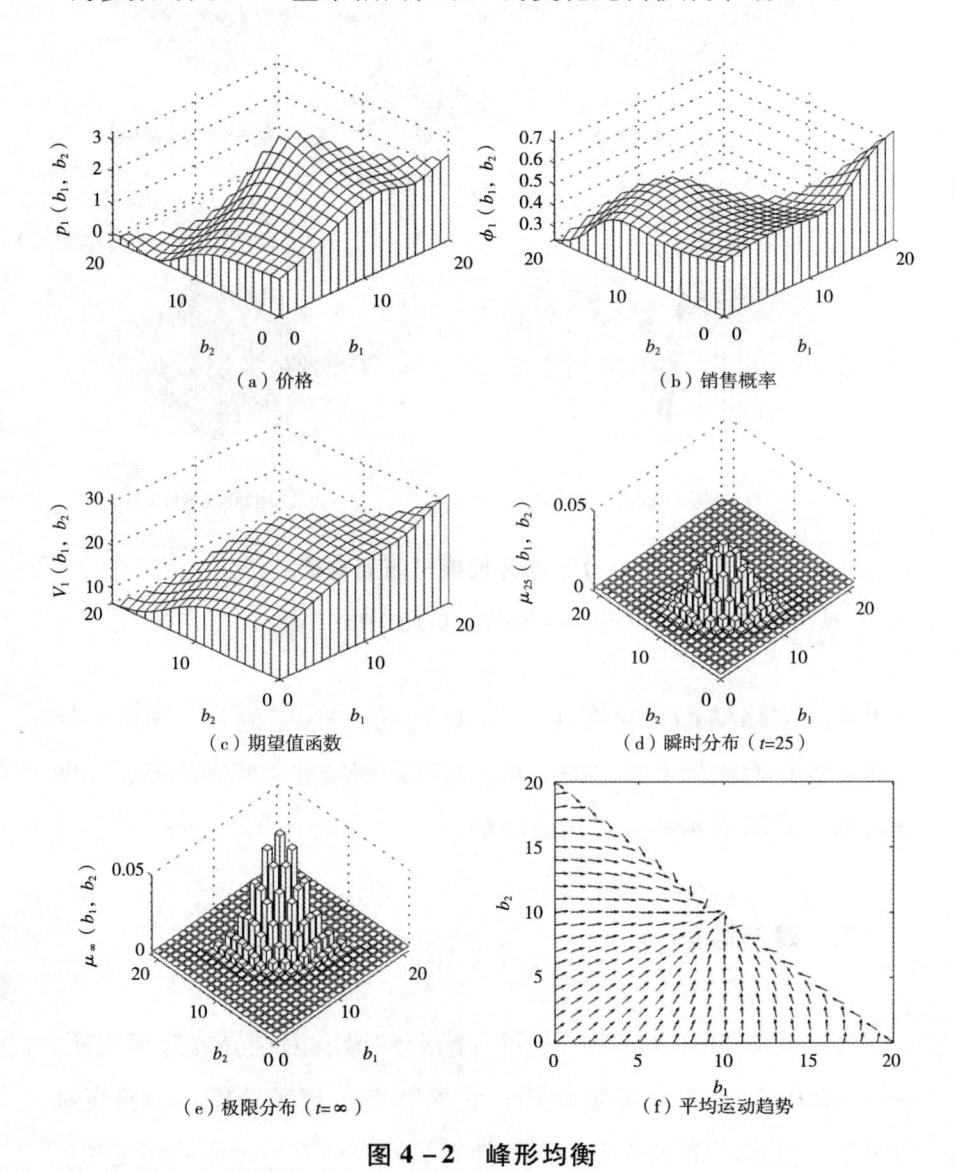

(a) 价格

(b) 销售概率

(c) 期望值函数

(d) 瞬时分布（$t=25$）

(e) 极限分布（$t=\infty$）

(f) 平均运动趋势

图 4-2 峰形均衡

注：$\theta = 1.6$，$k = 2$，$\lambda = 0$，$v_0 = -5$。

由图 4-2 (a) 可见，在峰形均衡的对角线上，企业的市场势力相近。此时，企业的竞争并不激烈，两家企业各占据近一半的市场份额，每家企业都拥有相当数量的忠诚用户。由于赢取竞争对手的忠诚用户相当困难，不同企业的竞争并不激烈。所有企业都采取高价策略盘剥被锁定的用户，而不是低价赢取对手的用户，形成一种默契合谋的局面。当市场结构略微偏离对角线时，小企业会迅速降价，避免用户进一步流失。与此同时，大企业仍然采取高价策略，以获取高额利润。在图 4-2 (a) 中，当市场结构由 (10, 10) 移动到 (11, 9) 和 (12, 8) 时，小企业的价格由 3.08 迅速降至 2.59 与 1.84；大企业的价格则由 3.08 微升至 3.24，又降至 3.12，变动幅度较小。

由图 4-2 (b) 可见，在偏离对角线的位置，不同企业的市场势力出现差距。由于小企业积极降价，大企业消极应对，所以小企业的销量较高，大企业较低。这种销量上的差距会增加小企业的用户，减少大企业的用户，使得市场结构返回对角线。

图 4-2 (c) 的期望值函数说明了小企业迅速降价的原因。在偏离对角线的时候，小企业的损失要远大于大企业的获利。譬如，当市场结构由 (10, 10) 移至 (11, 9) 和 (12, 8) 时，大企业的期望值函数由 26.49 增至 27.15 与 27.26，增幅分别为 0.66 和 0.77。与此同时，小企业的期望值函数则由 26.49 降至 25.14 和 23.18，降幅分别为 1.35 和 3.31。由于大企业收益的增幅很小，小企业却要蒙受很大的损失，所以小企业会采取激进的低价策略争夺用户，大企业却不愿降价争夺市场。

图 4-2 (d)、图 4-2 (e) 描述了市场结构从 (0, 0) 出发，经历 25 期与无限期后市场结构的概率分布。从中可见，市场的动态演化趋向于多企业分享市场的情况，极少出现单一企业垄断市场的情形。图 4-2 (f) 描绘了市场结构的平均运动趋势，其中市场

结构在向企业实力较为均衡的方向移动。

比较图 4-2 (e) 与图 4-1 (b), 可知峰形均衡与渐升均衡的区别。在峰形均衡中,转移成本与用户锁定是维持市场分享的重要因素;在渐升均衡中,市场分享的原因则是温和的网络效应。虽然两种均衡都是分享均衡,但与渐升均衡相比,峰形均衡的企业实力更为平衡。在图 4-1 的渐升均衡中,长期平均 HHI 是 0.56,图 4-2 则为 0.52。说明与渐升均衡相比,峰形均衡更为稳定。

比较图 4-1 和图 4-2 中的三种均衡,可以发现当转移成本由 0 上升为 1,又增至 2 的时候,市场均衡经历了分享—倾翻—分享的过程。在此过程中其他参数均保持不变,只有转移成本发生了变化。这说明转移成本与市场均衡的关系是非单调的。强烈的转移成本会阻止市场倾翻,适中的转移成本则会加剧市场倾翻。

三 混合均衡

当网络效应与转移成本都比较强烈时,会出现分享与倾翻并存的局面,不妨称之为混合均衡。它的特点是市场演化趋势与初始状态有关。如果不同企业的实力相近,混合均衡会呈现峰形均衡的特征;如果不同企业的实力差距较大,就会出现市场倾翻。图 4-3 描绘了混合均衡的特征。图中网络效应 $\theta = 3$、转移成本 $k = 2.4$,其他参数的设定与图 4-1、图 4-2 相同。

在混合均衡中,由于转移成本较高,企业在实力相近时的竞争较为缓和 [见图 4-3 (a)]。当市场结构略微偏离对角线、市场势力出现小幅差异时,较弱的小企业为了扭转逆境会迅速降价。与此同时,由于高额的转移成本,大企业难以攫取小企业的市场份额,

(a) 价格

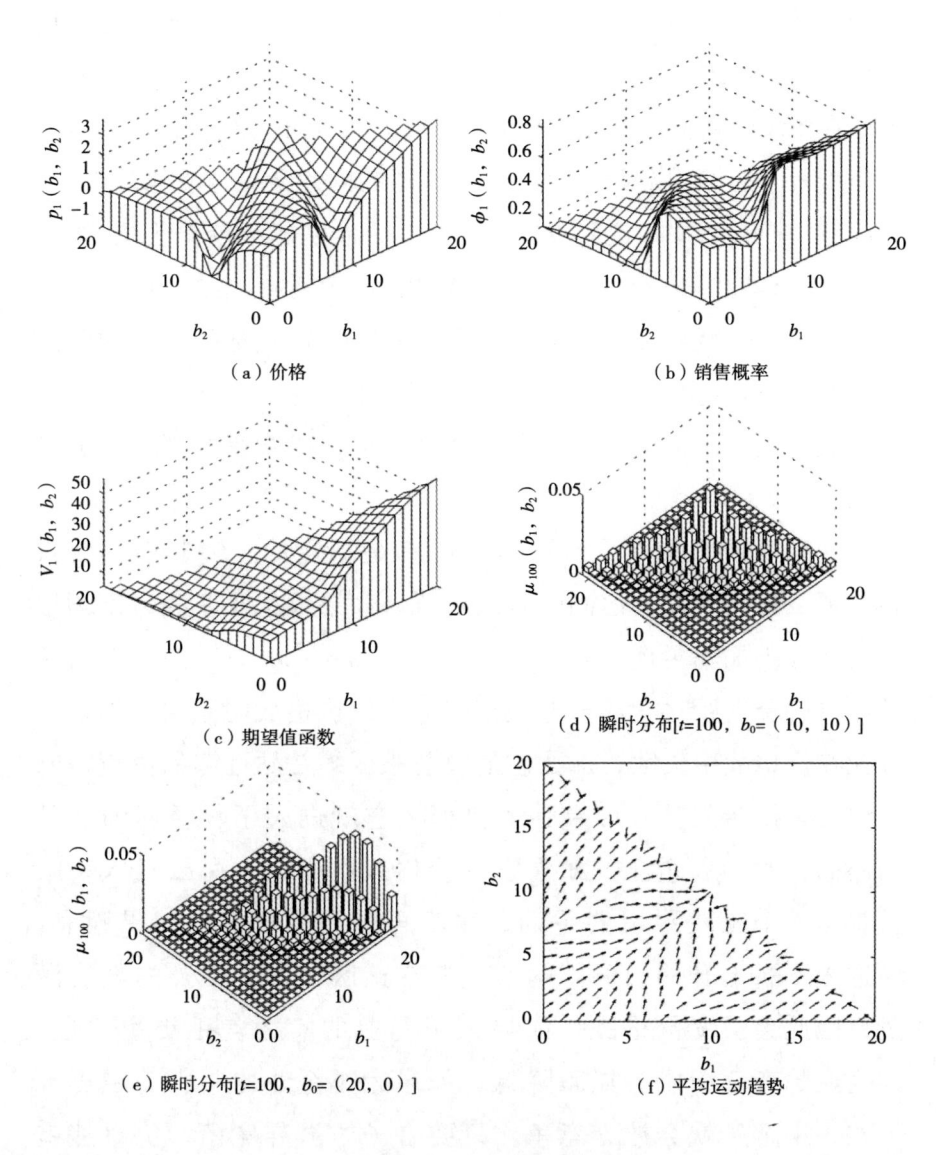

(b) 销售概率

(c) 期望值函数

(d) 瞬时分布[$t=100$, $b_0=(10, 10)$]

(e) 瞬时分布[$t=100$, $b_0=(20, 0)$]

(f) 平均运动趋势

图 4-3　混合均衡

注：$\theta = 3$，$k = 2.4$，$\lambda = 0$，$v_0 = -5$。

因此不会积极展开价格攻势。由图 4-3（b）可见，当市场均衡略微偏离对角线时，较弱一方的销量较高，大企业的销量较低，市场均衡呈均值回复趋势。整体而言，在对角线附近，混合均衡的市场演化趋势与峰形均衡相似。

在市场结构偏离对角线较大时，情况发生了变化。此时大企业已经积累了足够的市场份额，由于强烈的网络效应，价格战爆发。在网络规模与用户锁定双重优势之下，大企业积极展开价格攻势，希望将小企业逐出市场，独享垄断收益。较小的企业为了自保，更是将价格降至边际成本以下。图4-3（a）价格函数的两条鸿沟反映了大小企业在价格战中的行为。由图4-3（b）可见，在价格战爆发后，由于大企业大幅降价，小企业原有的销售优势迅速消失。

受随机因素影响，价格战的胜负是不定的。倘若小企业获胜，那么市场结构会返回对角线附近；如果大企业获胜，市场结构将会向更加不平衡的角点方向移动。图4-3（c）的期望值函数可以解释在距对角线一定距离时才爆发价格战的原因。如果小企业在价格战中失败，那么它的收益被压缩在贴近零的位置，未来很难再扭转局势；如果胜利，那么它就进入了收益逐渐上升的斜面。对于大企业，如果它在价格战中失败，那么其未来收益也是一个比较平坦的平面，很难再进一步扩张；如果胜利，则进入不断上升的斜面。两家企业在此区域都有强烈的降价激励，因此会引发价格战。如果大小企业的实力差距更小一些，大企业的竞争激励会显著降低；如果大小企业的实力差距再大一些，小企业就会放弃竞争。只要有一方放弃竞争，价格战就不会爆发。

图4-3（d）与图4-3（e）描绘了市场结构从不同初值出发，经历100期后的瞬时分布。从中可见，混合均衡的市场演化存在比较严重的路径依赖。如果初始市场结构较为平衡，那么经历一段时间后市场结构仍处于比较平衡的状态。如果初始市场结构是市

场支配，那么长时间后市场结构仍是独占垄断的情形。

图4-3（f）描绘了市场结构的平均运动趋势。从中可见，市场结构的运动方向与初始状态联系紧密。如果初始市场结构在对角线附近，那么市场会向对角线方向运动；如果初始市场结构较不对称，那么市场演化的方向则是独占垄断。Suleymanova 与 Wey（2008）在单期非随机模型中发现了这种现象，称之为临界质量。他们采用确定性模型，因此市场演化路径是固定的。本模型引入随机因素，因此市场演化路径不是一成不变的，更加贴近实际情况。

四 均衡的分布情况

在图4-1与图4-2中，当转移成本由0增至2时，市场均衡经历了分享—倾翻—分享的过程。这说明转移成本的影响是非单调的。为了研究不同转移成本与网络效应对均衡的影响，本节计算了不同参数下的市场均衡，并将其汇总于表4-1。表中列举了不同参数设定下的均衡类型，其中字母 R、T、P、M 分别代表渐升、倾翻、峰形、混合四类均衡。对于过渡性的均衡，表中同时标注了多种均衡符号[①]。表中的行、列对应不同的网络效应与转移成本。表中用上横线标识了每一列中长期平均 HHI 最高的均衡，用下横线标识了 HHI 最低的均衡，它们标识了给定网络效应强度时，市场垄断程度最高/最低时的转移成本水平。表中的兼容性 $\lambda = 0$，外部商品质量 $v_0 = -5$。

[①] 倾翻均衡的特征非常明显，很容易与其他均衡区分。但渐升均衡与峰形均衡、峰形均衡与混合均衡之间的界限则比较模糊。

表 4-1 均衡的类型

k \ θ	0.0	0.2	0.4	0.6	0.8	1.0	1.2	1.4	1.6	1.8	2.0	2.2	2.4	2.6	2.8	3.0	3.2	3.4	3.6	3.8	4.0
0.0	R	R	R	R	R	R	R	R	R	T	T	T	T	T	T	T	T	T	T	T	T
0.2	R	R	R	R	R	R	R	R	R	T	T	T	T	T	T	T	T	T	T	T	T
0.4	R	R	R	R	R	R	R	R	R	T	T	T	T	T	T	T	T	T	T	T	T
0.6	R	R	R	R	R	R	R̄	R	T	T	T	T	T̄	T	T	T	T	T	T	T	T
0.8	R	R	R	R	R̄	R	R	T	T̄	T	T	T	T	T	T	T	T	T	T	T	T
1.0	R	R	R	R	R	R	R	R	R	R	T	T	T	T	T	T	T	T	T	T	T
1.2	R	R	R	R	R	R	R	R	R	R	T	T	T	T	T	T	T	T	T	T	T
1.4	R	R	R	R	R	R	R	R	R	R	P	P	PM	T	T	T	T	T	T	T	T
1.6	RP	RP	RP	RP	RP	RP	RP	RP	RP	RP	P	P	PM	PM	M	T	T	T	T	T	T
1.8	RP	RP	RP	RP	RP	RP	RP	RP	RP	RP	P	P	PM	PM	M	TM	T	T	T	T	T
2.0	RP	RP	RP	RP	RP	RP	RP	RP	RP	RP	P̄	P	PM	PM	M	M	M	TM	T	T	T
2.2	RP	RP	RP	RP	RP	RP	RP	RP	RP	P	P	P	PM	PM	M	M	M	M	T	TM	T
2.4	RP	RP	RP	RP	RP	RP	RP	RP	P	P	P	P	PM	PM	M	M	M	M	M	M	TM
2.6	RP	RP	RP	RP	RP	RP	RP	RP	P	P	P	P	PM	PM	M	M̄	M	M	M	M	M
2.8	R̄P	R̄P	RP	R̄P	RP	RP	RP	RP	P	P	P	P	PM	PM	M	M	M	M	M	M	M
3.0	RP	RP	RP	RP	RP	RP	RP	RP	P	P	P	P	PM	PM	M	M	M	M	M	M	—

注：$\lambda=0$，$v_0=-5$。R、T、P、M 分别代表渐升、倾翻、峰形、混合四类均衡；上横线与下横线分别标识每一列中长期平均 HHI 最高与最低的均衡。

表 4-1 中的市场均衡可大致分为四个区域。表格左上方是 R 区域，此时网络效应与转移成本都比较微弱，出现渐升均衡；右上方是 T 区域，网络效应强烈但转移成本较低，出现倾翻均衡；左下方是 P 区域，网络效应较弱但转移成本强烈，出现峰形均衡；右下方是 M 区域，网络效应与转移成本都非常强烈，出现混合均衡。

表 4-1 说明，在网络效应不同时，变动转移成本对市场产生的影响是不同的。当网络效应较弱（$\theta \leq 1.2$）时，无论转移成本如何变化，都不会出现市场倾翻。在这一区域，降低转移成本会使市场均衡由峰形均衡逐渐转变为渐升均衡。此时的产业不存在市场倾翻的威胁，对竞争的不利影响主要在于转移成本。高额的转移成本会弱化市场竞争，提高价格。例如，当网络效应是 0.6 的时候，如果转移成本从 3 降低至 2，1，0，那么市场的长期平均价格①会由 2.83 降至 2.38，1.74，1.75。市场价格降低，消费者福利增加。这与传统的关于转移成本的研究是一致的。

当网络效应较强（$\theta \geq 2.4$）时，很容易出现市场倾翻。此时如果转移成本较低，由于大企业产品的网络效应较强，小企业的用户会纷纷购买大企业的商品，市场趋于垄断；如果存在高额转移成本，那么小企业的用户会被锁定。而如果大小企业的用户差距不是太大，市场结构仍然能够保持平衡；如果大企业的用户数达到临界质量，就会出现市场倾翻。因此，强网络效应、高转移成本的市场呈现混合均衡的形式，强网络效应、低转移成本的市场则是倾翻均衡。这说明在网络产业中，高额的转移成本能够维护市场稳定。在表 4-1 中，T 区域与 M 区域的界限是向右下方延伸的对角线，说

---

① 计算方法是先计算某一市场结构点的加权平均价格（以销售概率为权重），再以市场的极限分布为权重计算整个市场的长期平均价格。

明随着网络效应的增强，需要更高的转移成本维护市场稳定。给定网络效应强度，市场垄断程度并非随着转移成本降低单调增加。表4-1中的上横线标识表明，转移成本在0.8左右时市场垄断程度最高，而不是在转移成本为0时。这说明，转移成本对市场支配的影响是非单调的。高额转移成本会减轻小企业用户流向大企业的趋势，有助于维护市场稳定；温和的转移成本则会加剧市场倾翻。

当网络效应适中（$1.4 \leq \theta \leq 2.2$）时，转移成本对市场均衡的影响也是非单调的。譬如，在表4-1中网络效应等于1.4和1.6时，如果不存在任何转移成本，市场均衡是渐升均衡。如果逐渐增加转移成本，首先会导致市场倾翻，然后会形成市场分享的峰形均衡。表4-1中用上横线标识出 HHI 最高点对应的转移成本也说明，当转移成本适中时，市场的垄断程度最高。下文探讨转移成本对市场均衡的影响机制。本节的发现可以总结为以下两点。

结论 4-1 当网络效应较弱时，如果转移成本较低，市场呈渐升均衡；如果转移成本较高，市场呈峰形均衡。当网络效应强烈时，高昂的转移成本会阻止市场倾翻，形成混合均衡或峰形均衡；其他情况下则会出现倾翻均衡。

结论 4-2 转移成本与市场均衡的关系是非单调的。高昂的转移成本会阻止市场倾翻，适中的转移成本则会加剧市场倾翻。

结论4-2与Doganoglu与Grzybowski（2009）的观点差异较大。他们认为，强烈的网络效应与适中的转移成本会压低市场价格，增加消费者福利。因此他们提出应当征收转移税，以形成这一均衡。但是根据结论4-2，在这种情况下市场会形成倾翻均衡。本书认为，他们所述价格降低的现象应该出现于本书中提到的价格战爆发的时候。这种价格战不会长久维持，因此他们描述的并不是一种稳定的均衡。由于他们采用确定性的比较静态模型，所以未能对均衡稳定性与长期演化进行深入探讨。

第五节 影响机制

一 转移成本的影响机制

有两种因素影响市场演化：新增销售与产品折旧。其中，产品折旧的影响相对独立与稳定，市场均衡变动的主因是销售的变化。因此，分析转移成本对市场均衡的影响，首先需要分析它对销售的影响。Chen（2010）对产品不兼容时转移成本对销售的影响进行了详尽的研究，其思想在引入产品兼容后仍然适用。

增加转移成本对销售的影响包括直接效应与间接效应两个方面。一方面，改变转移成本会直接影响消费者效用，从而影响产品销售；另一方面，它还会影响企业的定价策略，间接影响销售。这两种效应可表述如下。记 $\varphi_i = E_r(\varphi_{ri})$ 是企业的平均销售概率［参见式（4-3）］，并记 $\varphi = (\varphi_1, \cdots, \varphi_N)$ 是所有企业的期望销售向量，可以将销售函数写成转移成本的函数，形式如下：

$$\varphi(k^c, p(k^c, V'(k^f)))$$

其中，$k^c(k) = k$、$k^f(k) = k$ 分别代表当前与未来的转移成本。$V'(\cdot)$ 是次期期望值函数，它是一个 $(M+1)^N$ 维矩阵。上式的含义是给定其他条件不变，当期销售是本期的转移成本与定价策略的函数[①]。定价策略又受当期与未来的转移成本的影响。其中，未来的转移成本通过影响未来的期望值函数影响定价策略。采取这种表

[①] 由于设定消费者缺乏远见，未来的转移成本不会直接影响当期销售。

述方式是为了区分改变转移成本的短期与长期效应。上式对 k 求导，可得式（4-13）：

$$\begin{aligned}\frac{d\varphi}{dk} &= \frac{\partial\varphi}{\partial k^c}\frac{\partial k^c}{\partial k} + \frac{\partial\varphi}{\partial p}\Big[\frac{\partial p}{\partial k^c}\frac{\partial k^c}{\partial k} + \frac{\partial p}{\partial V'}\frac{\partial V'}{\partial k^f}\frac{\partial k^f}{\partial k}\Big] \\ &= \underset{N\times 1}{\frac{\partial\varphi}{\partial k^c}} + \underset{N\times N}{\frac{\partial\varphi}{\partial p}}\Big[\underset{N\times 1}{\frac{\partial p}{\partial k^c}} + \underset{N\times(M+1)^N}{\frac{\partial p}{\partial V'}} \cdot \underset{(M+1)^N\times 1}{\frac{\partial V'}{\partial k^f}}\Big]\end{aligned} \quad (4-13)$$

式（4-13）为了计算矩阵对矩阵的导数，重新排列了高维矩阵 V'，将其变形为一维向量。式（4-13）解释了转移成本对产品销售的影响机制。从中可见，转移成本对销售的影响可分为直接效应与间接效应两部分。式（4-13）中第二行首个加号左侧的 $\partial\varphi/\partial k^c$ 是企业未调整定价策略时，转移成本变动的直接影响；右侧的部分则是通过价格机制传导的间接影响。

转移成本的直接影响有两方面。第一，增加转移成本会增加现有用户的锁定程度。由于大企业的用户比较多，这将增强大企业的竞争优势。Chen（2010）称其为网络固化效应，含义是企业用户网络的稳固性得到增强。第二，增加转移成本会降低商品质量。这会降低消费者的购买意愿，让一些消费者选择购买外部市场的商品，因此具有市场压缩效应。市场压缩效应的大小可通过下式衡量

$$\sum_{i=1}^{N}\frac{\partial\varphi_i}{\partial k^c} = -\frac{\partial\varphi_0}{\partial k^c} < 0$$

比较上式与式（4-2）、式（4-3）可知，市场压缩效应与外部商品质量 v_0 密切相关。如果外部商品缺乏吸引力，由于消费者缺少其他选择，增加转移成本不会导致消费者外流至外部市场。如果外部商品竞争力较强，增加转移成本则会导致内部市场萎缩。此外，网络效应也是影响市场压缩效应的一个因素。在网络效应较

大、内部市场商品质量较高时，增加转移成本不会导致大量用户流入外部市场。反之则会导致大量用户外流。

增加转移成本的间接影响也包括两个方面，分别对应式（4-13）中括号内相加的两项。括号内的第一项是当前转移成本 k^c 增加对价格的影响。如果固定未来的转移成本，当前的转移成本 k^c 上升会增加目前用户的锁定程度。锁定程度增加会降低消费者对价格上升的敏感程度，因此会强化企业抬高价格、盘剥锁定用户的动机。这种影响会减少市场竞争的激烈程度，因此文献中称这种现象为"肥猫"效应。括号内的第二项是未来转移成本 k^f 的增加对企业定价策略的影响。如果固定当前的转移成本 k^c，增加未来的转移成本 k^f，则会增加未来用户的锁定程度。这会激励企业降低价格、谋求未来竞争优势，使得市场竞争的激烈程度增加，因此文献中称其为"恶犬"效应。

综上而言，增加转移成本有四种影响。市场压缩效应会导致整个市场趋于萎缩。网络固化效应与"恶犬"效应会增加大企业的竞争优势，增加市场垄断的可能性。"肥猫"效应会导致企业抬高价格，削弱市场竞争。变动转移成本的整体影响与这些效应的相对强度有关。在表4-1中，当转移成本较低时，网络固化效应与"恶犬"效应占优，因此增加转移成本会加大市场集中度。在转移成本较高时，"肥猫"效应占优，因此增加转移成本会降低市场集中度。这一发现可总结如下。

结论4-3 转移成本的变动具有四种影响，其中，市场压缩效应会导致整个市场趋于萎缩；网络固化效应与"恶犬"效应会增加市场倾翻倾向；"肥猫"效应会削弱市场竞争，阻止市场倾翻。高额的转移成本导致"肥猫"效应占优，有助于维护市场平衡，阻止市场倾翻；适中的转移成本使得"恶犬"效应与网络固化效应占优，加剧市场倾翻。

二 促兼容政策的影响

由前文的分析可知,当网络效应强烈时,高额的转移成本有助于维护市场势力平衡,阻止市场倾翻。如果此时实施降低转移成本的政策,会导致市场失衡。但是高额转移成本会削弱市场竞争,影响市场效率。由于促兼容政策会使小企业分享大企业的网络效应,一个自然的想法是,如果结合实施促兼容政策与降低转移成本的政策,或许可以既促进竞争,又避免市场失衡。为了研究这一问题,本书计算了不同兼容性与转移成本下的长期平均 HHI,研究它们对垄断程度的影响。

图4-4描绘了不同网络效应下,产品兼容与转移成本对市场长

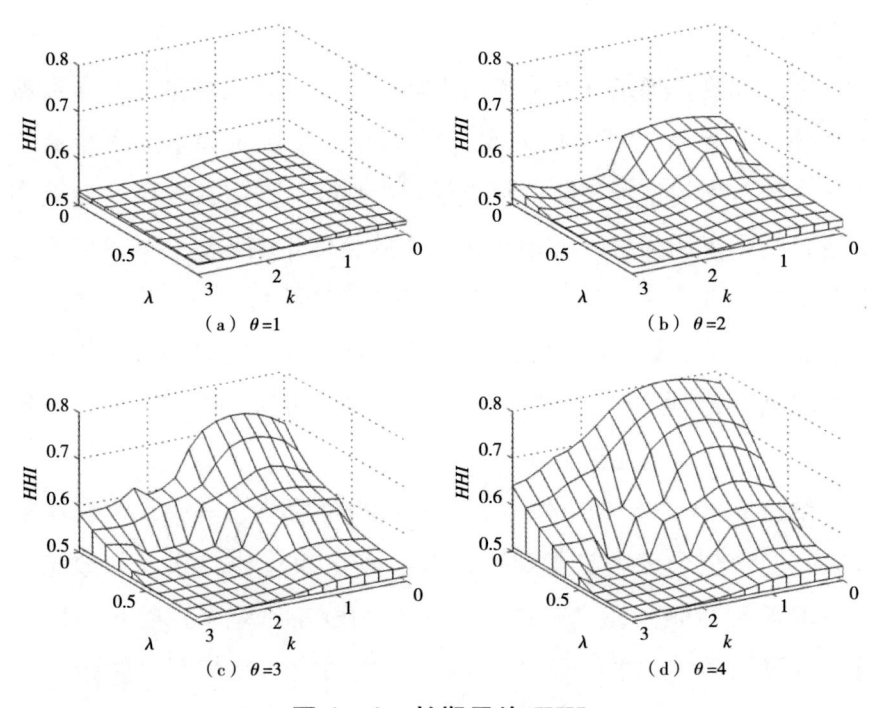

图4-4 长期平均 HHI

注:$v_0 = -5$。

期平均集中度的影响。从中可见，产品兼容对市场集中的影响是单调的，长期 HHI 随兼容程度的上升而下降。转移成本对集中度的影响则是非单调的。整体而言，在转移成本比较小（$k<1$）时，增加转移成本可使 HHI 上升；当转移成本在 1 左右时，市场垄断程度最高；在转移成本比较大时，增加转移成本则可以降低市场垄断程度。

图 4-5 描绘了图 4-4 中长期 HHI 的等高线。图中左下方区域的 HHI 最高，向右方或上方移动时，集中度呈下降趋势。由图 4-5 可见，整体上，兼容性与转移成本的等高线是从左上方向右下方延伸的形状①。在图中，如果单独实施降低转移成本的政策，市场

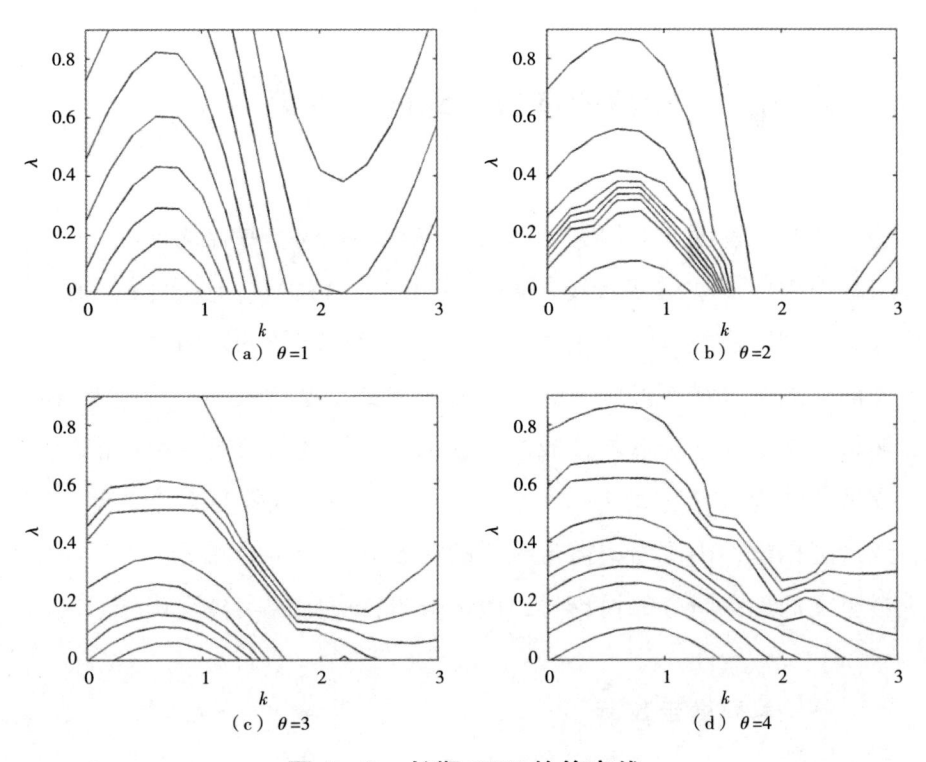

图 4-5　长期 HHI 的等高线

注：$v_0 = -5$。

---

① 除了图中左侧转移成本很小和右侧转移成本非常高的区域。

均衡会向左方移动,穿越等高线时会导致市场集中度上升。此时,政策制定者需要权衡降低转移成本的其他益处——消费者锁定减轻、剩余增加等——与市场垄断程度上升的利弊。但是,如果结合实施促兼容与降低转移成本的政策,市场均衡会沿着等高线向左上方移动,则可以在享受两种政策的益处时,避免市场垄断程度上升的弊端。这一发现可以总结如下。

结论 4-4 在网络效应强烈的市场中,单独实施降低转移成本的政策会加剧市场倾翻。结合实施促兼容政策与降低转移成本的政策则既可以促进市场竞争,又能够避免市场倾翻。

第六节 转移成本与号码携带政策

上文从理论角度研究了网络效应与转移成本并存的市场。在现实经济中,移动通信市场同时呈现出两种特性。一方面,互联互通、网间价格歧视等因素使得通信市场存在较强的网络效应;另一方面,消费者在更换服务商时可能需要更改电话号码,面临较高的转移成本。为了降低转移成本,各国家或地区监管机构都在推行号码携带政策(参见表4-2)。一个值得注意的现象是,与其他国家或地区相比,中国号码携带政策的实施有近十年的滞后。本节将结合上文的理论研究,讨论号码携带政策在中国的实施现状与原因。

一 号码携带政策

号码携带政策是一种常见的降低转移成本的规制政策。传统上,电话号码的所有权属于运营商,消费者仅拥有号码的使用权。如果消费者终止服务,例如注销账户或长期欠费,运营商有权收回

表 4-2 各国家或地区 MNP 的实施情况

实施时间	国家或地区
1997	新加坡
1999	英国、荷兰、中国香港
2000	西班牙、瑞士
2001	瑞典、丹麦、挪威、澳大利亚
2002	比利时、意大利、德国、葡萄牙
2003	芬兰、卢森堡、爱尔兰、法国
2004	希腊、奥地利、斯洛文尼亚、塞浦路斯、立陶宛、波兰、匈牙利、美国、韩国
2005	爱沙尼亚、拉脱维亚、马耳他

资料来源：Buehler, Dewenter et al., 2006。

号码资源。例如，在中国移动通信市场，运营商可在用户欠费停机 90 天后收回手机号码，转售他人。如果消费者更换服务商，必须放弃原有的电话号码，面临高额的转移成本。对于个人用户，更换号码时需将新号码告知相关联系人；对于商业用户，更换号码的代价则更为高昂——商用电话号码是企业的一项无形资产，常常出现在产品包装、电话黄页、电视广告上，更换号码意味着需要重新印刷产品包装、刊登广告，需要投入大量资金。由于成本高昂，即使其他运营商的服务与资费更有吸引力，用户也不会轻易更换运营商。根据盖洛普民意调查，美国 80% 的个人用户和 90% 的商业用户都不愿更换电话号码（Gans, King et al., 2001）。

20 世纪 80 年代后，光纤、程控交换机等技术革新给电信行业带来巨大的冲击，其自然垄断特性有所改变。世界各国纷纷开放电信市场，其中一项重要的竞争政策是号码携带（Number Portability）。号码携带又称号码可携或携号转网，它使得消费者可以在更换运营商的同时保留原有号码，大幅降低了消费者的转移成本。它分为本地固定电话号码携带（Local Number Portability，LNP）

与移动电话号码携带（Mobile Number Portability，MNP）。为了规范号码携带政策的实施，监管机构通常会对办理该业务的手续费进行限价，并限制业务办理的时间期限。例如，欧盟各国对手续费的最高限价约为 10 欧元。在美国和澳大利亚，消费者申请后 2~3 小时即可完成号码携带，英国、中国香港等地则需数天[①]。

在美国，联邦通信委员会[②]从 1993 年开始在 800 免费电话服务中推行号码携带（Viard，2007），于 1997 年推行 LNP，于 2004 年实施 MNP。英国电信办公室[③]于 1997 年实施 LNP，于 1999 年实施 MNP。香港电讯管理局[④]于 1995 年实施 LNP，于 1999 年实施 MNP，于 2009 年非强制性开放固话与手机之间的号码可携。迄今为止，全球已有超过 40 个国家或地区推行号码携带政策。表 4-2 列举了部分国家与地区 MNP 的实施情况。

那么，号码携带政策在中国内地的实施情况如何？

二 中国号码携带政策的实施时机分析

在中国电信市场，一个引人注目的现象是号码携带政策[⑤]实施的长期滞后。自 20 世纪 90 年代起，世界各国纷纷放松电信规制，引入市场竞争，其中的一项重要政策是号码携带。全球最早由新加坡于 1997 年率先实施移动号码携带政策，迄今已有超过 60 个国家或地区实施该政策，其中有市场经济体制比较完善的发达国家与地区，如澳大利亚（2001）、美国（2004），也有巴西（2007）、印度

---

① 数据引自 Buehler，Haucap，2004；Buehler，Dewenter，Haucap，2006。
② The Federal Communications Commission，FCC。
③ The Office of Telecommunications，OFTEL。后改组为通信办公室，OFCOM。
④ The Office of the Telecommunications Authority，OFTA。
⑤ 包括移动号码携带政策与固话号码携带政策。由于手机市场的高速发展与固话市场的衰退，下文主要分析移动号码携带政策。

（2011）等发展中国家与地区。号码携带政策可有效地促进市场竞争，增进市场效率，被国际电信联盟（International Telecommunication Union）认为是电信业有效竞争的标准之一。

与号码携带在全球的迅速开展相比，它在中国的实施则较为滞后。在 2003 年，《电信法（草案征求意见稿）》首先提出实施号码携带的构想；2010 年 11 月，工信部在天津、海南启动号码携带试点；2013 年 9 月，工信部计划在江西、湖北和云南三省扩大试点。经过近十年的理论探索与实际试点，至今仍未全面展开。与此相对，中国许多用户都同时拥有多个手机号码，"双卡双待"手机（Dual SIM Mobile Phone）也因此受到广大消费者青睐，这种现象在相当程度上是消费者的号码携带需求无法得到满足的变通之举。号码携带实施滞后的原因非常复杂，有设施改造成本、政企同盟关系、运营商利益冲突等。但除此之外，是否还有其他客观原因？

本书认为，中国的号码携带政策目标包括两个层面：一是促进市场竞争，提升电信服务质量，增进消费者福利等一般性长期目标；二是维护市场力量均衡，抑制中国移动"一家独大"的中期具体目标。截至 2013 年 9 月，中国移动、中国联通与中国电信的用户数分别为 7.5 亿、2.7 亿和 1.9 亿，市场力量严重失衡。暂缓号码携带政策的原因之一在于监管机构担心这将导致其他运营商的用户大量流向中国移动，加剧市场结构失衡[1]。而本书认为，上述担忧可以通过与其他电信政策的联动配合加以解决。

前文的理论研究发现：如果兼容度较低，贸然降低转移成本可能产生反竞争效果，因此促兼容政策的实施应先于降低转移成本政策，而产品兼容又包含多个维度。根据 Cabral（2009）关于网络效应的成因分析，可将产品兼容分为三类：一是与需求面规模经济相

---

[1] 一种次优备选方案是"单向号码携带"政策（陈剑、夏大慰，2009）。

关的兼容；二是与互补产品市场或售后市场相关的兼容；三是与价格歧视相关的（不）兼容。对于网络产业，实施降低转移成本政策的先决条件是市场在以上三方面均达到较高兼容程度。

表4-3整理了2000年至今工业和信息化部（工信部，原信息产业部）针对移动通信市场出台的一系列政策。它们可归为四类：促进互联互通、减轻差别定价、规范互补产品市场，以及号码携带。表4-3表明，监管部门的整体政策实施顺序是首先促进互联互通与减轻差别定价，其次试行号码携带政策，间插施行规范互补产品市场政策，这恰与本书的理论分析一致。在以上四种政策中，前三种政策的目的分别是改善三种不同的兼容性：互联互通可以促进电信网络融合，改善第一类兼容；规范定制话机市场可以改善第二类兼容；减轻差别定价可以改善第三类兼容。在21世纪初，移动通信业的互联互通情况不佳，且存在差别定价，处于网络效应强、（一、三类）兼容度低的情况。此外，号码不可携亦导致高转移成本。根据结论4-3，此时高转移成本有助于阻止市场倾翻。在这一背景下，监管部门首先推行互联互通与减轻差别定价的政策，推后实施号码携带。由结论4-4可知，这一政策实施顺序有利于市场良性竞争。反之，如果监管机构过早推行号码携带政策，严重的互联互通障碍和差别定价将导致弱势运营商用户大量流失，加剧市场失衡。

对于号码携带政策的最佳实施时机，上述分析也有一定参考价值。表4-3显示，截至2006年，互联互通障碍、语音通话业务的差别定价问题已基本解决；短信业务的差别定价问题也于2008年得到解决。鉴于互联互通在电信业的基础性地位，以及语音通话与短信业务在移动通信业务中的主要地位，本书认为上述问题的解决标志着实施号码携带政策的时机已基本成熟，推迟实施不利于促进市场良性竞争。

表 4-3　2000 年以来中国移动通信市场的部分监管政策

时间	事件	影响
2001~2002 年	信息产业部发布《公用电信网间互联管理规定》《电信网间互联争议的解决办法》《电信网间互联争议处理办法》,多次就互联互通问题召开各级会议	互联互通↑
2002 年 5 月	中国联通与中国移动用户在全国范围内实现短信息互联,可以互相收发短信息	互联互通↑
2003 年 9 月	《电信法(草案征求意见稿)》中提出,电信业务经营者应当按照电信主管部门的规定为电信用户提供号码携带服务	号码携带—
2004 年 11 月	信产部与国家发改委联合发布《关于通信网内网外差别定价问题的通知》,要求暂停审批新的通话费网内网外差别定价的资费方案	差别定价↓
2004 年年底	关于互联互通纠纷的新闻报道基本消失,互联互通问题基本解决	互联互通↑
2005 年 1 月	手机与小灵通实现短信互通	互联互通↑
2005 年 7 月	中国移动和中国联通先后发布《关于移动网话音业务网内优惠问题的通知》,为消除网内、网际语音通话差别定价铺平道路	差别定价↓
2006 年 10 月	信产部发布《信息产业部关于保障移动电话用户资费方案选择权的通知》,容许消费者在同一运营商的不同套餐间实现号码携带	号码携带—
2007 年 5 月	中国移动与中国联通实现 MMS 彩信互通	互联互通↑
2008 年 5 月	工业和信息化部、国家发改委和财政部发布《关于深化电信体制改革的通告》,电信业重组。中国电信收购中国联通的 CDMA 业务,进入移动通信行业	竞争主体↑
2008 年 11 月	工信部与国家发改委联合发布《关于取消短消息业务网内网间差别定价有关问题的通知》,要求 2009 年 1 月 15 日前实现 SMS 短信网内网间统一定价	差别定价↓
2010 年 4 月	工信部发布《移动电话机定制管理规定》,规定定制话机不得锁定特定运营商网络	互补产品↓
2010 年 11 月	工信部发布《关于启动天津、海南移动用户号码携带试验的通知》,试点号码携带政策	号码携带—

续表

时间	事件	影响
2012年4月	因违反无差别定价政策,工信部叫停中国联通"随意打"业务	差别定价↓
2013年9月	根据《网间移动电话用户号码携带扩大试验总体方案》,工信部计划在江西、湖北、云南三省进行号码携带扩大试验	号码携带—

注:"↑"、"↓"和"—"分别代表政策影响为上升、下降和不变。
资料来源:监管机构相关文件、上市公司公告与新闻报道,并经作者整理。

第七节 小结

本章研究了转移成本与网络效应的协同作用。文中构建了一个动态寡头价格竞争模型,并计算其马尔科夫精炼均衡。通过数值模拟,本章发现存在网络效应时,转移成本对市场支配的影响是非单调的:高额转移成本会导致用户锁定,抑制市场倾翻;适中的转移成本会刺激企业争夺市场支配地位,加剧市场倾翻。此外,结合实施促兼容政策与降低转移成本的政策能够减轻市场倾翻倾向,并能增大企业竞争力度,增加消费者福利。

从这一角度出发,本章研究了移动通信市场的号码携带政策。本章发现2006年之前存在较高的互联互通障碍与网间价格歧视,网络效应强烈且网络兼容不佳,因此实施号码携带政策的时机不够成熟。2008年后,这两个问题已得到较好的解决,应当尽快推行号码携带。

本章的边际贡献有以下几点。第一,本章从转移成本与产品兼容的角度分析转移成本的影响。由于促兼容与降低转移成本的政策被广泛采用，分析其协同效应具有较强的现实意义。第二，本章在动态模型中发现临界质量现象，调和了 Suleymanova 与 Wey（2008）及 Chen（2010）的研究。第三，本章发现 Doganoglu 与 Grzybowski（2009）中的低价均衡并不稳定，他们提出的征收转移税的政策建议有待商榷。

未来的研究有三个方向。第一，本模型假定不存在价格歧视。如果企业可以区分已锁定与未锁定用户并分别定价，其影响有待进一步研究。第二，Suleymanova 与 Wey（2008）及 Doganoglu 与 Grzybowski（2009）在静态模型中考虑了消费者远见，如何将其扩展至动态模型也是一个有意义的问题。第三，文中分析了转移成本变化的四种效应，它们的相对强度决定了市场均衡。如何在更一般的情形下比较这些效应的强弱，推导参数设定与市场均衡的关系，还需要进一步研究。

第五章 一种估计连续策略博弈的两阶段方法

第一节 引言

在前几章中,笔者梳理了动态 EP 框架的模型设定与均衡的计算方法。利用这些工具,本书研究了网络产业中的非对称规制政策,以及转移成本与网络效应的协同影响。在应用产业组织研究中,动态均衡的计算只是硬币的一个面;硬币的另一面是模型参数的计量估计。由于沉重的计算负担与多重均衡问题,动态博弈模型的估计一直是 NEIO 领域的一个难题,直到最近几年才取得突破性的进展。

动态博弈的计量估计技术是由 Rust(1987)及 Hotz 与 Miller(1993)等构建的单一个体动态规划模型的估计技术演化而来的。Rust(1987)首先提出较为直观的嵌套固定点估计方法(The Nested Fixed Point Method),用以研究单体动态规划问题[①]。它包含三个步骤。首先,根据给定的模型参数,计算动态模型的均衡。其次,比较实际发生的均衡与理论计算的均衡,构造合适的目标函数,

---

① Rust(1994)对此有详细的介绍。

度量两种均衡间的"距离"。最后，对不同的参数取值多次重复前两个步骤，搜寻合适的参数，以最小化理论均衡与实际数据的距离。嵌套固定点法的不足是需要多次进行耗时的均衡计算，并且需要从多重均衡中挑选实际发生的均衡。由于计算负担较重，它主要用于处理单个体动态规划问题，很少用于处理多个体动态博弈。采用该方法开展动态博弈经验研究的文献也不多，仅有 Gowrisankaran 与 Town（1997）和 Benkard（2004）。这一领域的研究长期进展缓慢。

最近，一些文献[①]提出的两阶段估计策略避免了计算均衡的问题，取得了突破性的进展，相关的研究呈井喷之势出现。这些研究的估计算法与适用范围各有不同，但都采取了两步估计的策略。第一步，用非参数方法估计局中人的策略函数、支付函数与状态转移概率。第二步，把第一步的结果代入博弈的均衡，理性化（Rationalize）局中人行为以估计结构参数。Ryan（2006）贴切地用"What"与"Why"描述这两步：第一步，……简单地描述了在不同的状态下，企业在做什么；第二步，……复原参数，解释企业为什么这样做。与嵌套固定点法相似，两阶段估计策略的思想也起源于单体动态规划研究中 Hotz 与 Miller（1993）提出的 CCP（Conditional Choice Probability）估计方法。

有时局中人的选择是离散集，例如"在位者—进入者博弈"；更多的时候则需考虑连续策略，譬如企业在决定产量、设定价格或投资研发时。一种处理连续策略的方法是离散化，例如 Pakes，Ostrovsky 等（2007）的市场进入模型把进入者的初始投资离散化为多重进入位置（Multiple Entry Locations）。但对更复杂的博弈，这种办法处理效果不佳。另一种处理方法是 Benkard，Bajari 等

---

① Aguirregabiria, Mira, 2007; Bajari, Hong et al., 2009; Benkard, Bajari et al., 2007; Jofre-Bonet, Pesendorfer, 2003; Pakes, Ostrovsky et al., 2007; 等等。

(2007) 提出的估计连续策略博弈。在他们的模型中,私有信息只影响策略的离散部分(进入及退出),不影响策略的连续部分(投资)。该文采用局部线性方法估计投资策略。Ryan (2006) 则用参数化的 (S, s) 规则估计投资策略。而由于均衡策略与市场结构的关系通常是非线性的,这种参数化方法可能存在模型误设。

本书考虑了私有信息影响连续策略这一更为实际的情形。在这种情况下,由于连续策略函数的部分解释变量不可观测,因此通常采用的非参数方法——例如 Benkard, Bajari 等 (2007) 的局部线性方法——不再适用。为了解决这一问题,本书采用非参数分位数回归估计策略函数。这使得模型既容许私有信息影响策略的连续部分,又避免了模型误设。它的实现过程如下:首先,用非参数分位数回归估计局中人的策略函数,并对给定的参数,通过模拟积分计算期望支付函数;其次,把估计的期望支付函数代入贝叶斯—纳什均衡不等式,用模拟最小距离的方法估计结构参数。与离散策略博弈相比,连续策略博弈的估计存在一些障碍。譬如,期望支付函数依赖于未知的结构参数,给定结构参数又需要对收益函数做多重积分,而离散策略博弈则可利用 CCP 方法方便地予以计算;连续博弈估计算法的实现较为复杂,不像离散策略博弈的估计过程可通过向量化转化为易于实现的矩阵运算。例如,Bajari, Hong 等 (2009) 的离散算法可由 STATA 等标准统计软件实现。由于这些问题的存在,现有研究多数偏重于离散策略,对连续策略的关注则比较少。本书的一些处理策略,如引入非参数分位数回归、借由数值积分计算期望值函数等,对推动连续策略的研究有一定参考价值。

本章之后的章节安排如下。第二节设定一个一般化的模型并定义其均衡。第三节讨论模型的识别条件与估计策略,其中着重分析了多重均衡的影响。第四节以寡头古诺模型为例,通过数值实验检验该估计量。最后是本章的小结。

第二节 理论模型

一 模型设定

假设有有限位选手参加博弈，记为 $i = 1, 2, \cdots, N$。设局中人 i 的状态变量（或向量）为 $s_i \in S_i$，其中 S_i 代表所有可能的状态。s_i 是离散或连续变量，或同时包含两者。在产业组织研究中，s_i 可以代表资本存量、边际成本、产能、技术水平等一个或多个企业指标。定义向量 $s = (s_1, \cdots, s_N) \in S$ 代表所有局中人的状态，其中 $S = \prod_i S_i$。假定 s 是共同知识，为所有局中人所知，也可以被研究者观测到。由于 s 刻画了市场竞争态势，在产业组织研究中常称其为市场结构。定义 $s_{-i} = (s_1, \cdots, s_{i-1}, s_{i+1}, \cdots, s_N)$ 是除了局中人 i 以外所有其他局中人的状态。

假定全体局中人同时行动。设局中人 i 的行动 $a_i \in A_i$，其中 A_i 包含所有可行的行动。a_i 可以是离散变量，譬如市场进入或退出；它也可以是连续变量，譬如投资金额或广告投放量。记 $a = (a_1, \cdots, a_N)$ 是全体局中人的行动，$a \in A$，其中 A 是全体局中人的行动集。记 $a_{-i} = (a_1, \cdots, a_{i-1}, a_{i+1}, \cdots, a_N)$ 是除 i 以外所有其他局中人的行动。

设 ε_i 是局中人 i 的个体冲击。它是局中人 i 的私有信息，不为其竞争对手和研究者所知，这样就形成一个不完全信息博弈。Gallant，Hong 等（2008）和 Bajari，Hong 等（2008）对 ε_i 可被竞争对手观察到，但不能被研究者观测到的完全信息博弈有进一步的研究。假定对不同的局中人 i，ε_i 互相独立，且服从支撑（Support）为 Ω_i 的分布 $G_i(\cdot \mid s)$。记 $\varepsilon = (\varepsilon_1, \cdots, \varepsilon_N)$，$\varepsilon_{-i} = (\varepsilon_1, \cdots, \varepsilon_{i-1}, \varepsilon_{i+1}, \cdots, \varepsilon_N)$。在实证研究中，一些宏观经济因素可能导致个体冲击相关，但假设它们相关会带来一些技术问题。若假定扰动相关，且局中人了解这种相关性，那么理性的局中人会根据自己的私有信息推断其竞争对手私有信息的分布。这会使得局中人信念的形成机制异常复杂，因此本章保留独立分布的假定[1]。

给定市场结构、全体局中人的私有信息及其行动，即可计算出每位局中人的支付。设局中人 i 的效用函数[2]为 $u_i(a, s, \varepsilon_i; \theta)$，其中 θ 是结构参数，且我们应注意到效用函数中不含 ε_{-i}。局中人 i 为了追求高收益，会依据市场公开信息 s 与私有信息 ε_i 做出理性的决策。为简单起见，本章只考虑纯策略博弈[3]。设局中人 i 的策略函数为 $\sigma_i(s, \varepsilon_i) : S \times \Omega_i \to A_i$，全体局中人的策略 $\sigma(s, \varepsilon) = (\sigma_1, \cdots, \sigma_N)$ 是 $S \times \Omega_1 \times \cdots \times \Omega_N \to A$ 的映射。记 $\sigma_{-i}(s, \varepsilon_{-i})$ 是除 i 以外所有其他选手的策略。

二 均衡条件

设局中人 i 关于其竞争对手行动的信念（Belief）是 $\sigma_{-i}(a_{-i} \mid s)$。在此信念下，$i$ 的期望收益是[4]

$$U_i^e(a_i, s, \varepsilon_i; \sigma_{-i}) = \int u_i(a_i, a_{-i}, s, \varepsilon_i) \, \sigma_{-i}(a_{-i} \mid s) \, d a_{-i}$$

---

[1] 一些文献提出几种方法处理这种相关。例如 Aguirregabiria 与 Mira（2007）容许存在观测不到的固定效应；Bajari，Hong 等（2009）则引入市场波动（影响支付的）效应（Market Specific Payoff Effect）。
[2] 下文交替使用收益、利润、效用或支付的说法表示局中人所得。
[3] Bajari，Hong 等（2008）考虑了混合策略。
[4] 为简洁起见，此处及后文在不影响文意时将略去表达式中的 θ。

上式通常称为基于选择的值函数，这是因为局中人 i 的不同行动会影响 $U_i^c(\cdot)$。局中人 i 的目标是

$$\max_{a_i} U_i^c(a_i, s, \varepsilon_i; \sigma_{-i})$$

达到均衡时，每一位局中人关于其他局中人行动的信念与其真实策略相吻合，或者说每一位局中人都正确地预测到其他人的行为模式。因此有如下的均衡定义。

定义 5–1　给定状态 s 与个体冲击 ε，模型的贝叶斯—纳什均衡策略是同时满足下述 N 个方程的向量值函数 $\sigma(s, \varepsilon)$。

$$\begin{aligned}
\sigma_1(s, \varepsilon_1) &= \arg\max_{a_1} U_1^c(a_1, s, \varepsilon_1; \sigma_{-1}) \\
\sigma_2(s, \varepsilon_2) &= \arg\max_{a_2} U_2^c(a_2, s, \varepsilon_2; \sigma_{-2}) \\
&\vdots \\
\sigma_N(s, \varepsilon_N) &= \arg\max_{a_N} U_N^c(a_N, s, \varepsilon_N; \sigma_{-N})
\end{aligned} \quad (5-1)$$

均衡时局中人 i 的期望支付被市场结构与私有信息间接决定，有

$$U_i^e(s, \varepsilon_i; \sigma) = E_{\varepsilon_{-i}}[u_i(\sigma_i(s, \varepsilon_i), \sigma_{-i}(s, \varepsilon_{-i}), s, \varepsilon_i)] \quad (5-2)$$

与基于选择（行动）的值函数相对，式（5-2）称为状态收益函数或事前收益函数（Ex ante Value Function）。二者的区别类似于消费者理论中直接效用函数与间接效用函数的区别。

对研究者而言，估计模型参数时可以不考虑信念的形成机制，仅假定局中人理性，且均衡已达到。因此有另一种等价的均衡定义：

定义 5–2　假设对任意的局中人 i、状态 s、私有信息 ε、任意的备择策略 $\sigma_i{}'$，都有不等式

$$U_i(s, \varepsilon_i; \sigma) \geqslant U_i(s, \varepsilon_i; \sigma_i{}', \sigma_{-i}) \quad (5-3)$$

若式（5-3）成立，则称模型达到贝叶斯—纳什均衡，相应的策略 $\sigma(s, \varepsilon)$ 称为均衡策略。其中 $U_i(s, \varepsilon_i; \sigma) = E_{\varepsilon_{-i}}[u_i(\sigma(s, \varepsilon), s, \varepsilon_i)]$。

$U_i(\cdot)$ 与 $U_i^e(\cdot)$ 的不同在于 $U_i^e(\cdot)$ 中包含局中人的信念，$U_i(\cdot)$ 则未对局中人信念做任何限定。

第三节　两阶段估计

一　多重均衡

估计模型之前，有必要先对多重均衡问题作一讨论。满足式（5-1）或式（5-3）的均衡策略 σ 可能不唯一，即存在多重均衡。它是博弈中的一个普遍现象，给均衡计算与模型估计带来许多困难。对具有单一均衡的模型可通过构造压缩映射，反复迭代计算其均衡；对多重均衡模型则可以利用连续同伦方法（Homotopy Continuation Method）计算不同的均衡；对于一般化的博弈模型，目前还没有方法可计算出全部的均衡或确定均衡的数目（Doraszelski and Pakes，2007）。

多重均衡对模型估计的影响是多方面的。第一个问题在于数据生成过程（DGP）。多重均衡导致同一样本中不同的观测可能源于不同的均衡，而研究者无法区分哪一次观测来自哪一重均衡。为了避免这一问题，本章假定如下。

假定 5-1　均衡选择假定：DGP 生成的样本数据来源于同一个均衡。

这一假定容许模型存在多重均衡，但要求 DGP 有一致的均衡挑选机制。Aguirregabiria 与 Mira（2007）等亦有相同的假定[①]，

[①] 例如 Aguirregabiria 与 Mira（2007），Benkard，Bajari 等（2007），Pakes，Ostrovsky 等（2007），Bajari，Chernozhukov，Hong 与 Nekipelov（2009），Bajari，Hong 等（2009），等等。

Aguirregabiria 与 Mira（2008）则提出一种放松假定 5-1 的估计方法。

即使 DGP 满足假定 5-1，多重均衡仍给均衡的计算带来困难，使模型难以预测。假设研究者知道模型参数，并能计算出全部的均衡，但究竟哪一个均衡会发生是难以预测的。出于这一原因，任何需要计算均衡的估计方法——例如嵌套固定点方法——都难以实现。若采用嵌套固定点方法估计模型，在存在多重均衡时，研究者难以判断把哪一个均衡代入目标函数。由于嵌套固定点方法需要计算一组博弈的均衡，即使真实的模型不存在多重均衡，估计过程仍可能遇到多重均衡。本章的两阶段估计策略不需计算均衡，因此避免了挑选均衡的难题，这是该方法的最大优点之一。

二 第一阶段：估计策略函数并计算期望支付函数

第一阶段估计的目的是从观测到的局中人行为推断局中人的均衡策略函数与支付函数，解决 Ryan 所说的"What"问题。本章假定研究者可以观测到局中人所处的状态及其在该状态采取的行动，但观测不到局中人的收益，即研究者拥有 (a,s) 的数据。在产业组织研究中，这意味着企业的市场势力、生产能力或技术水平等状态变量是可观测的，企业的投资、广告等行为也可以观测到。这一假设由离散选择模型扩展而来，被许多文献采用。利用 $a\mid s$ 的经验分布，研究者就可以估计出局中人的策略。

估计模型的第一个问题是识别。本模型的识别包含两个方面，第一阶段的估计要求收益函数可识别，第二阶段的估计则要求结构参数可识别。下文先讨论收益函数的识别，结构参数的识别留待下一小节讨论。由于局中人依据收益的相对大小采取行动，所以缩放收益函数不会改变局中人的策略。又因观测数据中只包含行动而没有收益,所以收益的绝对大小无法识别。因此,需对收益函数进行标准化,以保证它可识别。本章的处理方法是标准化个体冲击。

估计模型的第二个问题是上文没有限定收益函数的具体函数形式。有些函数不具有好的状态——行为关系,不适合作为收益函数。一个极端的例子是常数收益函数,它对应的均衡策略是整个行动集。下述假定可保证收益函数具有良好的性质。

假定 5 - 2 单调选择假定:$u_i(\cdot)$ 二阶可微,且有 $\dfrac{\partial^2 u_i}{\partial a_i \partial \varepsilon_i} > 0$。

假定 5 - 2 由 Benkard,Bajari 等(2007)提出,适用于连续策略博弈。此前在离散策略博弈研究中,通常假定个体冲击关于不同的局中人以及同一局中人的不同行动独立分布。再结合加性可分(Additive Separability)假定,可保证个体冲击的确影响局中人决策。但连续策略博弈的行动集并非有限集,因此无法套用这两个假定,而是改用单调选择假定。

由 Topkis 单调定理可知,如果收益函数满足假定 5 - 2,则 $\sigma_i(s,\varepsilon_i)$ 关于 ε_i 单调递增。由单调性可知 $\sigma_i(\cdot)$ 关于 ε_i 可逆,记为 $\varepsilon_i = \sigma_i^{-1}(a_i;s)$。

$$F_i(a_i \mid s) = \text{Prob}\{\sigma_i(s,\varepsilon_i) \leq a_i \mid s\}$$

上式右侧对 $\sigma_i(\cdot)$ 取反函数,由 ε_i 的累计分布函数是 $G_i(\cdot)$,可得 $F_i(a_i \mid s) = G_i(\sigma_i^{-1}(a_i;s) \mid s)$,等式两侧对 $F_i(\cdot)$ 取反函数,可得

$$\sigma_i(s,\varepsilon_i) = F_i^{-1}(G_i(\varepsilon_i \mid s) \mid s) \qquad (5-4)$$

式(5-4)中的 $G_i(\cdot)$ 在收益函数标准化后是已知函数。根据式(5-4),只要估计出 a_i 的条件分布函数的反函数 $\hat{F}_i^{-1}(\cdot)$,即可估计出均衡策略函数:

$$\hat{\sigma}_i(s,\varepsilon_i) = \hat{F}_i^{-1}(G_i(\varepsilon_i \mid s) \mid s) \qquad (5-5)$$

有两种非参数方法可以估计 $F_i^{-1}(\cdot)$，一种方法是先估计条件概率分布函数，再计算其反函数，另一种方法是检查函数法（Check Function Approach）[1]。本书采用检查函数方法。我们注意到条件分布 $a_i \mid s$ 的维数是 $N \cdot \dim(s) + 1$。如市场中企业较少，且企业的状态结构较简单，完全的非参数方法是可行的。反之则有"维数诅咒"的问题，需利用半参数等方法。通常均衡策略关于市场结构的条件分布是非线性的，因此参数方法容易出现模型误设。

下面采用局部多项式分位数回归估计 $F_i^{-1}(\cdot)$，它的局部常数形式如下：

$$\hat{F}_i^{-1}(\alpha \mid s) = \arg\min_{a_i} \sum_{j=1}^{T} \rho_\alpha(A_{ij} - a_i) W_h(S_j, s) \qquad (5-6)$$

其中，$i = 1, 2, \cdots, N$，代表不同的局中人。式（5-6）中各变量与函数的含义分别 j 代表不同的观测，T 代表样本容量。S_j 是第 j 次观测到的市场结构，A_{ij} 是局中人 i 在第 j 次观测中的行动。$\rho_\alpha(v) = v(\alpha - 1(v \leq 0))$，是检查函数。$W_h(S_i, s) = \prod_{k=1}^{N} h_k^{-1} \omega((S_{ik} - s_k)/h_k)$，其中 $\omega(\cdot)$ 是核函数。

估计得到全体局中人的策略函数后，对给定的结构参数 θ，把估计的策略函数与 s、ε 代入 $u_i(\cdot)$，即可得一次博弈的收益，再对 ε_{-i} 积分就可以计算出事前收益函数。由于研究者观测不到私有信息，所以无法检验式（5-3）的均衡是否发生。但式（5-3）对 ε_i 取期望后仍然成立，因此在均衡时研究者可以观测到下面的不等式：

---

[1] 参见 Li, Racine, 2007。

$$V_i(s;\sigma;\theta) \geq V_i(s;\sigma_i',\sigma_{-i};\theta) \qquad (5-7)$$

对任意的 i、s 和策略 σ_i' 都成立,其中 $V_i(s;\sigma;\theta) = E_\varepsilon[u_i(\sigma(s,\varepsilon),s,\varepsilon_i;\theta)]$。上式是一个 N 重积分,不易直接计算。因此本书对 ε 抽样,利用模拟积分方法计算 $V_i(\cdot)$,计算公式如下:

$$\hat{V}_i(s;\sigma;\theta) = \sum_{n=1}^{N_v} u_i(\sigma(s,\varepsilon_n),s,\varepsilon_{in};\theta) \qquad (5-8)$$

其中,N_v 是抽样次数。可以利用一些方差减小技术加快模拟积分的收敛速度。譬如后文的数值模拟采用对偶抽样(Antithetic Draws)减小方差。

三 第二阶段:估计结构参数

通过第一阶段的估计,本节得到对局中人行为模式的一个描述。第二阶段估计的目标是恢复模型参数,理性化局中人行为,解决 Ryan 所说"Why"的问题。定义集合

$$\Theta_0(\sigma) = \{\theta \mid \text{对}\ \forall s,i,\sigma_i',\theta\ \text{满足式}(5-7)\} \qquad (5-9)$$

是使得 σ 为均衡策略的参数集。如果 Θ_0 是单点集,说明存在唯一的结构参数使得观测到的局中人行为是理性的。如果 Θ_0 包含不止一个点,说明使模型理性化的参数不唯一,无法识别。本节仅讨论 Θ_0 是单点集时的估计[1]。

Ackerberg,Benkard 等(2007)指出,有三种方法可用于第二阶段的估计。一种方法是不等式估计[2]。不等式方法搜寻合适的参

---

[1] 即使结构参数不可识别,也可以从中获取一些有用的信息。Benkard,Bajari 等(2007)对此提出一种界估计方法(Bounds Estimation)。

[2] Pakes,Porter,Ho 与 Ishii(2006)对此有更详细的讨论。

数向量，使得在该参数下观测到的策略生成的值函数不小于任意备选策略生成的值函数。另一种方法是矩估计。给定参数的估计，矩方法利用模拟值函数计算平均策略，再拟合计算出的平均策略与第一阶段估计出的策略。还有一种不同的矩估计方法是拟合每一个状态下策略分布的非参数估计与模拟值函数预测的策略分布。

下文的估计采用均衡不等式方法，首先介绍一下其思想。在真值 θ_0 处，对任意局中人 i、任意状态 s 和任意备选策略 σ_i'，有不等式（5-7）成立。随机抽取 N_I 个三元组 (i,s,σ_i')，可得 N_I 个包含待估参数的不等式，真值 θ_0 必须同时满足这些不等式。对足够大的 N_I，解出满足这一不等式组的 θ，就得到结构参数的估计。由于式（5-7）中的均衡策略函数未知，所以采用第一阶段估计的策略函数代替。直接求解不等式方程组比较困难，因此利用这一不等式组构造模拟最小距离估计量，将其转化为最优化问题。下面是这一思路的正式表述。

设 $x = (i,s,\sigma_i')$，χ 是 x 的支撑。定义

$$g(x;\theta) = V_i(s;\sigma_i,\sigma_{-i};\theta) - V_i(s;\sigma_i',\sigma_{-i};\theta)$$

设 $\theta_0 \in \Theta_0$，易知 $\forall x$，有 $g(x;\theta_0) \geq 0$。定义目标函数

$$Q(\theta) = \int (\min\{g(x;\theta),0\})^2 dH(x) \qquad (5-10)$$

其中 H 是 x 的分布。由 $g(x;\theta_0) \geq 0$ 恒成立，可知

$$\theta_0 = \arg\min Q(\theta)$$

为了计算 $Q(\cdot)$，首先用第一阶段估计的 $\hat{\sigma}$ 替换 $g(\cdot)$ 中真实的策略函数，记为 $\dot{g}(x;\theta)$。其次从 χ 中随机抽取 $\{X_k, k=1,\cdots,N_I\}$，计算式（5-10）的模拟对应

$$Q_{N_I}(\theta) = \frac{1}{N_I}\sum_{k=1}^{N_I}(\min\{\hat{g}(X_k;\theta),0\})^2 \qquad (5-11)$$

对足够大的 N_I，搜寻最小化式（5-11）的 θ，就可以估计出结构参数

$$\hat{\theta} = \arg\min Q_{N_I}(\theta)$$

上述过程需对不同的 θ 多次计算 $V_i(\cdot)$。一个有用但非必需的假定是，收益函数为参数的线性函数，即，

假定5-3 收益函数关于参数是线性的，可分解为基函数（Basis Function）$\Phi_i(\cdot)$ 与参数 θ 的内积

$$u_i(a,s,\varepsilon_i;\theta) = \Phi_i(a,s,\varepsilon_i) \cdot \theta \qquad (5-12)$$

增加这一假定后，在计算收益函数时，只需计算一次基函数 $\Phi_i(\cdot)$。之后把不同的 θ 代入式（5-12），即可快速地计算出一组参数下博弈的收益 $V_i(\cdot)$。假定5-3可以节约很多计算时间，因此被 Benkard，Bajari 等（2007），Bajari，Hong 等（2009），Ryan（2006）等采用。

至此已得到结构参数的估计，但还需进一步计算标准误。上述估计过程中容易产生误差的有三处。首先，第一阶段的非参数分位数回归会产生误差。其次，用模拟积分计算期望收益函数会引起误差。最后，在模拟最小距离估计中，用抽样的有限个均衡不等式代替无穷多的均衡条件也会带来误差。最终参数估计的误差由这三部分误差累积而成。Benkard，Bajari 等（2007）证明，如果在第一阶段获得策略函数的一致且渐进正态的参数估计，则第二阶段的模拟最小距离估计是一致且渐进正态的，他们亦求得此时估计量的渐进方差矩阵。对于策略函数的估计是非参数的情形，这一模拟最小距离估计的大样本性质仍未得到合适的证明。由于最终的参数估计的误差组成比较复杂，在实证研究中，采用 Bootstrap 或 Subsampling 方法计算标准误较为简便实用。

第四节 蒙特卡洛实验

为了检验这一估计方法,本节以寡头古诺模型为例,进行蒙特卡洛实验。具体的模型设定如下。

假设有一个同质商品寡头市场,其中有 N 家企业。它们生产相同的产品,并以同样的价格出售。企业决定生产数量 q_i,市场出清价格 p 则受总产出和需求的影响。为简单起见,假定企业规模报酬不变,平均生产成本 $AC_i = mc_i - \varepsilon_i$。其中,边际成本 mc_i 是共同知识,可以被所有的企业观察到,ε_i 则是影响企业成本的私有信息。本节考虑了两种情形,一种情形是正态分布,另一种是均值为零的均匀分布。设反需求函数为 $p = P_0 - \alpha \sum_{i=1}^{N} q_i$,其中 P_0 和 α 是大于 0 的参数。设 P_0 足够大,以保证出清价格为正。经简单计算得到企业的利润函数

$$\pi_i(q, mc, \varepsilon_i) = (P_0 - \alpha \sum_{j=1}^{N} q_j - mc_i + \varepsilon_i) \cdot q_i \quad (5-13)$$

在这一产量博弈中,企业的状态变量、行动和私有信息分别是 mc_i、q_i 和 ε_i。利润 $\pi_i(\cdot)$ 则是博弈的支付函数。假定企业采取线性对称策略,通过待定系数法可计算出此模型的一个均衡。均衡产量

$$q_i^*(mc, \varepsilon_i) = \frac{1}{\alpha} \cdot (\frac{P_0}{N+1} - \frac{N}{N+1} mc_i + \frac{1}{N+1} \sum_{-i} mc_{-i} + \frac{1}{2} \varepsilon_i)$$

$$(5-14)$$

其中 $i = 1, 2, \cdots, N$。把式(5-14)代入式(5-13),即可算出单次博弈的支付,积分即得期望支付函数。在估计过程中,本节假定研究者只知道利润函数式(5-13)的函数形式,而不知道均衡产量式(5-14)的函数形式。实际上,在实证研究中多数情况

下均衡策略函数是没有解析形式的。这也是两阶段估计的第一阶段通常为非参数估计的原因。

下面估计这一古诺模型。为了考察不同样本容量下本估计方法的表现，分别设 $T = \{50,100,200,400\}$，每种情况各进行 500 次实验。所有实验均采用同一 DGP。在一次实验中，首先由 DGP 随机生成含 T 个观测的样本数据，其次用两阶段法估计此样本的结构参数。重复这一过程，得到 500 个参数的估计。最后计算这些参数估计的均值、RMSE（均方根误差，Root Mean Square Error）与置信区间等统计量。

详细的参数设定如下。设市场中有 $N = 2$ 家企业，分别记为 $i = 1,2$。记 $t = 1,2,\cdots,T$，代表不同的观测。设定模型参数 $P_0 = 25, \alpha = -1$[①]。企业的边际成本数据 mc_{it} 由 $[5,10]$ 的均匀分布随机生成。私有信息 ε_{it} 分两种情形，一种情形是服从 $[-0.5,0.5]$ 的均匀分布，另一种情形是标准正态分布。假定它关于不同的 i、t 互相独立。

均衡产量数据 q_{it} 由式（5-14）的线性对称策略计算得到。这一模型也许还存在其他均衡，但 DGP 中未考虑。因此这一 DGP 生成的数据全部源自同一个均衡，满足假定 5-1。经简单计算可知，利润函数式（5-13）满足单调选择假定（假定 5-2），并且是参数的线性函数（假定 5-3）。因此该模型满足全部三条假定，适用本估计方法。

程序实现采用 Matlab 软件，其中有几点细节需略加说明。对于式（5-6）的分位数回归，由于检查函数不光滑，拟牛顿法等优化方法失效，因此本节采用免梯度（Derivative-free）的单纯形搜索方法（Simplex Search Method）求解最优化问题。回归采用标准正态核，带宽由拇指规则确定。式（5-8）的模拟积分采用对偶抽样以

[①] 这与前文略有不同。前文的反需求函数中 α 前是减号，而在编程时写作加号，因此相差一个负号。

加速收敛。模拟积分次数由研究者自主决定，本节分别设 (N_I,N_v) = (100,40) 和 (N_I,N_v) = (200,200)。前者耗时少，后者则较为精确。

表 5-1 与表 5-2 列举了均匀分布与正态分布下的试验结果，列出了参数估计的均值、RMSE、5% 和 95% 分位点。由表 5-1 可见，此估计有良好的小样本表现。首先观察参数 P_0 的估计。对于 (100, 40) 的情况，样本容量为 50 时均值略偏小，随着样本增大逐渐贴近真值。RMSE 不断减小，置信区间也越来越窄。对于 (200, 200) 的情况，样本容量为 50 时估计的均值略微偏大，并随着样本量增大逐渐减小。RMSE 与置信区间也不断减小。α 估计的变化趋势与之相似。略有不足的是，在样本容量是 400 时，参数 P_0 的 5% 分位点等于 23.7143，比样本容量是 200 时的 5% 分位点 23.7157 略小。总体而言，在 (100, 40) 时，这一估计已有较高的精度，(200, 200) 时则更加精确。我们注意到在模拟积分次数是 (200, 200)、样本容量是 50 的情况下，其 RMSE 也比 (100, 40)、样本容量是 400 的情况小。这说明此时，估计误差的很大一部分在于模拟积分。在表 5-2 的正态分布中，估计的结果仍然保持稳健，说明此估计方法有一定抵御模型误设的能力。

表 5-1 实验结果（均匀分布）

样本量	参数	$N_I=100, N_v=40$				$N_I=200, N_v=200$			
		均值	RMSE	5%	95%	均值	RMSE	5%	95%
50	P_0	23.0824	2.6961	20.5443	26.5498	25.3943	1.4632	23.2685	27.9862
	α	-0.8940	0.1528	-1.0939	-0.7458	-1.0238	0.0840	-1.1767	-0.9018
100	P_0	23.4579	2.2191	21.0964	26.5588	25.3079	1.1743	23.6811	27.4163
	α	-0.9150	0.1254	-1.0952	-0.7821	-1.0189	0.0684	-1.1408	-0.9214
200	P_0	23.9049	1.9229	21.5602	26.5804	25.2433	1.0472	23.7157	26.8758
	α	-0.9401	0.1095	-1.0993	-0.8060	-1.0146	0.0602	-1.1065	-0.9237
400	P_0	24.2480	1.7132	22.0969	26.8814	25.2197	0.9465	23.7143	26.7189
	α	-0.9595	0.0978	-1.1055	-0.8354	-1.0131	0.0544	-1.1018	-0.9286

表 5-2 实验结果（正态分布）

样本量	参数	$N_1=100, N_v=40$ 均值	RMSE	5%	95%	$N_1=200, N_v=200$ 均值	RMSE	5%	95%
50	P_0	22.9479	3.0067	19.7463	26.9563	25.3877	2.0754	22.4214	28.9591
	α	-0.8853	0.1705	-1.112	-0.7045	-1.0232	0.1181	-1.2318	-0.8542
100	P_0	23.8061	2.3467	20.6462	27.3032	25.4983	1.7298	23.0057	28.3881
	α	-0.9336	0.1326	-1.1331	-0.754	-1.0296	0.0984	-1.1956	-0.8862
200	P_0	24.8583	2.1846	21.5627	28.6152	25.6928	1.4802	23.502	28.0016
	α	-0.9938	0.1239	-1.2095	-0.8046	-1.0405	0.0849	-1.1711	-0.9122
400	P_0	25.5123	2.0904	22.335	28.9472	25.8331	1.4826	23.9038	27.839
	α	-1.0302	0.1202	-1.2302	-0.8498	-1.0484	0.0846	-1.1615	-0.937

第五节 小结

本章提出一种不完全信息连续策略博弈的两阶段估计方法。与现有文献相比，该方法有几点优势。首先，本章通过第一阶段的非参数分位数回归，可以处理私有信息影响策略连续部分的情形。在分析企业的投资或定价行为时，忽略这一影响可能会导致错误的结果。其次，本估计方法仅对模型施加很少的约束，只要求满足均衡选择假定、单调选择假定与模型可识别要求，并未限定具体函数形式，因此适用范围较广。再次，本方法不需计算均衡，可大大节省计算时间，并减轻了多重均衡对估计的影响。最后，本方法既适用于离散状态博弈，也适用于连续状态博弈。

文中仍有一些问题有待解决。模拟实验表明这一估计有良好的小样本表现，但由于估计过程比较复杂，其大样本性质仍未得到合适的证明。对第一阶段有一致且渐进正态（CAN）的参数估计的情况，Benkard，Bajari 等（2007）证明其渐进分布是 CAN 的。但对非参数的第一阶段，其大样本性质如何仍需进一步研究。

第六章 结论与展望

第一节 主要结论

不完全竞争市场中企业之间的动态策略竞争是产业组织研究的一个重要问题。囿于研究手段，传统文献大多采用简单的两期静态模型等工具研究这些动态问题。近年来，用于动态分析的研究工具有了长足的发展。本书追踪动态 IO 研究前沿，系统地总结了相关研究，并利用这些工具分析了网络产业的两个具体问题：非对称规制与转移成本。本书的工作可以分为理论与应用两个方面。

在理论方面，本书对动态企业策略竞争的研究脉络进行了梳理。现有关于动态 IO 的研究可分为三个方面：研究范式、均衡计算与模型估计。在动态研究范式中，基于 MPE 思想的 EP 框架较为成熟，应用也比较广泛。本书以此框架为基准，梳理了各研究文献间的脉络关系，分析其模型设定的异同与缘由。之后，本书对现有的 MPE 计算方法加以总结归纳。现有的 MPE 计算方法有 Pakes – McGuire 算法、随机迭代算法、Backward Recursion 方法、同伦延拓方法等，每种算法又有多种扩展形式。本书讨论了这些 MPE 计算方法的思想背景、实现过程与适用范围。对于动态估计，本书讨论了最近兴起的两阶段估计策略。由于现有文献较少关注私有信息在企业策略竞争中的影响，本书提出一种连续策略两阶段估计方法。通过引入非参数分位数回归，本方法可处理企业私有信息对估计的影响。

由于动态 IO 研究是一个比较新的领域，相关的研究、算法散见于各文献之中，缺少系统的介绍与总结，在国内还鲜有人使用这些工具。本书对这一系列方法进行详细的介绍，并加以横向比较，且在 Matlab 环境下编程实现。这对促进国内在这一领域的研究有一定意义。

在应用方面，本书研究了网络产业中两个重要的政策问题。一个问题是非对称规制政策对网络产业的影响，另一个问题是转移成本与网络效应的协同影响。

通过对非对称规制政策的动态模拟，本书发现规制有助于阻止市场倾翻，但是会削弱市场竞争，导致企业的短期机会主义行为，提高市场的平均价格。长期中规制会抬高市场平均价格。由于需求缺乏弹性，大部分规制成本被转嫁于消费者。因此，非对称规制成本的主要承担者是消费者，政策制定者有必要对非对称规制采取审慎的态度。

在转移成本与网络效应协同效应的研究中，本书构建了一个包含转移成本的动态寡头模型。数值模拟后发现存在网络效应时，转移成本对市场支配的影响是非单调的。高额转移成本会导致用户锁定，抑制市场倾翻；适中的转移成本则会刺激企业争夺市场支配地位，加剧市场倾翻。此外，结合实施促兼容政策与降低转移成本的政策能够减轻市场倾翻倾向，并且增大企业竞争力度、增加消费者福利。利用这一结论，本书分析了中国移动通信市场号码携带政策实施滞后的原因。

第二节　未来的研究方向

动态 IO 研究是一个比较新的领域，仍有很多问题需要进一步研究。以下分理论和应用研究两方面讨论。

在理论方面，动态 IO 研究的研究技术仍不够完善，存在一些问题。MPE 的计算存在两个重要问题：计算负担与多重均衡。它们限制了研究者建模的自由度，不利于研究复杂的问题。此外，现有的均衡计算方法也存在一些不足，例如当前使用最为广泛的 Pakes–McGuire 算法，其收敛性仍然缺乏理论支撑。本书为了摆脱对单一算法的依赖，就同时采用 Pakes–McGuire 算法与 Backward Recursion 方法计算均衡，增强稳健性。如何对这些算法进行改进、增加其收敛性，或者推导算法的收敛条件，还需要进一步的研究。数值方法的采用对于模型分析亦有不利影响，不便于从特定均衡推广至一般情形。对于动态模型的估计，最近兴起的两阶段估计策略避免了计算均衡，能大幅减轻计算负担。但是两阶段估计策略的效率比较低，标准误较大。如何提高估计效率，也是一个需要深入研究的问题。

在应用研究方面，也存在两个问题。一是微观数据的收集，二是制度背景的差异。IO 模型的结构估计需要利用微观企业数据，目前国内的微观数据还不够充足，积累微观资料是未来 IO 研究的一个重要任务。此外，东西方的制度差异也是一个重要的影响因素。NIO 与 NEIO 研究范式的基本假设是企业利润最大化，并以此为基础构建博弈模型。而在中国这一假设还需商榷。中国的国有企业存在明显的多目标最大化现象，在进行商业运营的同时还具有非商业的政策目标。国企与政府之间又存在复杂的委托—代理关系，一些央企的行政级别高达副部级，以致监管部门难以对其进行有效监管。更深入的研究需要引入这些制度因素。

附录一 | 长期平均 HHI 与消费者剩余的计算

本附录描述了第三、第四章中长期平均 HHI 与消费者剩余的计算方法。

长期平均 HHI 的计算分为两步。第一步计算所有可能出现的市场结构的 HHI，计算公式是 $HHI(b) = \sum_{i=1}^{N}(b_i / \sum_{j \neq 0} b_j)^2$。第二步是以市场极限分布作为权重，进行加权：

$$\text{长期平均 } HHI = \sum_b \mu_\infty(b) \cdot HHI(b)$$

为了避免分母为零，约定市场结构（0, 0）的 HHI 是 $1/M$。上式得到的 HHI 只反映了市场非对称程度，与市场的绝对规模无关。对于规模很小，但极度非对称的市场结构，会得到很高的集中度。例如（1, 0）、（2, 1）的 HHI 分别是 1 与 5/9。本书还考虑了另一种计算 HHI 的方式，是 $\sum_{i=1}^{N}(b_i/M)^2$。但这种方式计算出的 HHI 不一定位于 [$1/M$, 1]。权衡利弊，本书选择第一种方法计算 HHI。

平均消费者剩余的计算公式与平均 HHI 的相似，也是首先计算所有市场结构点的消费者剩余，其次利用极限分布作为权重进行加权平均。某一市场结构点的消费者剩余可用下式计算：

$$\ln(\exp(v_0) + \sum_{i=1}^{N}\exp(\theta g(b_i + \lambda \sum_{j \neq i} b_i) - p_i))$$

上式的推导参见 Train（2003）。Chen，Doraszelski 等（2009）采用另一种方法计算动态模型的消费者剩余。其思想是从某一市场结构点开始，将未来各期的期望消费者剩余贴现到当期，计算其总和。该方法的优点是经济含义较直观，其不足是这种方法计算的消费者剩余与初始市场结构有关，不同初值出发计算的剩余不同，不便于比较不同均衡下的垄断程度。本方法的优点是每个均衡只对应一个 HHI 指标，便于不同均衡间进行比较。

附录二 第五章古诺模型的计算

下文计算了第五章中古诺模型的线性对称均衡。此处线性的含义是第 i 个企业的策略是所有企业的边际成本 mc 和企业 i 的私有信息 ε_i 的线性函数（含有截距）。对称性的含义是对任意 i、j，有 $\sigma_i(mc_i, \varepsilon_i, mc_{-i}) = \sigma_j(mc_j, \varepsilon_j, mc_{-j})$。若该博弈存在线性均衡，本方法可以计算出均衡的解析解。若模型不存在线性均衡，本方法也可以得到均衡的线性近似解，精确的解则需通过数值方法求得。

由线性和对称性，企业的策略函数可以写成下面的形式

$$\sigma_1 = a_0 + a_1 mc_1 + a_2 mc_2 + \cdots + a_N mc_N + b\varepsilon_1$$
$$\sigma_2 = a_0 + a_2 mc_1 + a_1 mc_2 + \cdots + a_N mc_N + b\varepsilon_2$$
$$\vdots$$
$$\sigma_N = a_0 + a_N mc_1 + a_2 mc_2 + \cdots + a_1 mc_N + b\varepsilon_N$$

其中 $a_0, a_1, \cdots, a_N, b$ 是待定系数。

不失一般性，把上式中企业 $i = 2, \cdots, N$ 的线性策略代入企业 1 的支付函数中，得

$$\begin{aligned}\pi_1 = q_1 \cdot \{&P_0 - \alpha q_1 - mc_1 + \varepsilon_1 - \alpha \cdot \\ &[a_0(N-1) + mc_1(a_2 + \cdots + a_N) + mc_2(a_1 + a_2(N-2)) + \\ &\cdots + mc_N(a_1 + a_N(N-2)) + b(\varepsilon_2 + \cdots \varepsilon_N)]\}\end{aligned}$$

企业 1 的目标是最大化期望支付

$$\Pi_1(mc, a_1, \varepsilon_1) = E_{\varepsilon_{-1}}[\pi_1(mc, a_1, \varepsilon_1; \sigma_{-1}(mc, \varepsilon_{-1}))]$$

通常，计算上式右侧的 $N-1$ 重积分比较困难。如果私有信息的分布满足 $E_{\varepsilon_{-i}}[\pi_i(\cdot, \varepsilon_{-i})] = \pi_i(\cdot, 0)$，则可简化这一期望的计算。在私有信息服从均值为零的独立均匀分布时，这一条件可以得到满足，有

$$\begin{aligned}\Pi_1(mc, a_1, \varepsilon_1) = q_1 \cdot \{&P_0 - \alpha q_1 - mc_1 + \varepsilon_1 - \alpha \cdot [a_0(N-1) + \\ & mc_1(a_2 + \cdots + a_N) + mc_2(a_1 + a_2(N-2)) + \\ & \cdots + mc_N(a_1 + a_N(N-2))]\}\end{aligned}$$

假定 P_0 足够大，以保证最优产量是内点解。上式对产量求导可得企业 1 的均衡产出

$$\begin{aligned}q_1^* = \frac{1}{2\alpha}\{&P_0 - mc_1 + \varepsilon_1 - \alpha \cdot \\ & [a_0(N-1) + mc_1(a_2 + \cdots + a_N) + mc_2(a_1 + a_2(N-2)) + \\ & \cdots + mc_N(a_1 + a_N(N-2))]\}\end{aligned}$$

这一步是该方法的关键，若其结果具有非线性形式，说明该博弈没有线性对称均衡。理论上，这种待定系数法也可以用于计算二次（或其他函数形式）的均衡。关键在于给定其他企业的策略是二次函数，这一步解出的最优策略必须有相同的函数形式，否则说明不存在该函数形式的均衡。对待定的系数进行比较，得到方程组

$$\begin{aligned}2\alpha a_0 &= P_0 - \alpha a_0(N-1) \\ 2\alpha a_1 &= -1 - \alpha(a_2 + \cdots a_N) \\ 2\alpha a_2 &= -\alpha[a_1 + a_2(N-2)] \\ &\vdots \\ 2\alpha a_N &= -\alpha[a_1 + a_N(N-2)] \\ 2\alpha b &= 1\end{aligned}$$

求解方程组得

$$a_0 = \frac{P_0}{\alpha(N+1)}, a_1 = -\frac{N}{\alpha(N+1)}, \cdots, a_N = \frac{1}{\alpha(N+1)}, b = \frac{1}{2\alpha}$$

由此可知企业 1 的策略函数是

$$\sigma_1(mc,\varepsilon_1) = \frac{1}{\alpha} \cdot \left(\frac{P_0}{N+1} - \frac{N}{N+1}mc_1 + \frac{1}{N+1}\sum_{-1}mc_{-1} + \frac{1}{2}\varepsilon_1\right)$$

对称地,其他企业的均衡产量也有相似的形式。把均衡产量代入利润函数即得到企业的均衡利润函数。

附录三 第三章的源代码

本附录为第三章的 MPE 计算程序，包含 Pakes – McGuire 与 Back Recursion 两种计算方法。计算均衡的过程包含 5 个文件。mainfile.m 文件是程序的主函数，eqcal.m 是计算均衡的过程，statcal.m 文件计算长期 *HHI*、平均弹性等统计量，drawplot.m 文件的作用是绘制瞬时分布、运动趋势等图形，dypath.m 文件的作用是计算动态产业路径。

除 eqcal.m 文件以外，Pakes – McGuire 算法与 Back Recursion 方法计算程序的其他 4 个文件相近，只需进行小幅修改即可互用。

文件 1 主程序 mainfile.m

```
function [ ] = mainfile ( )
% 一个包含 NE tax，lambda 的动态模型。
%
% 统一寻址方式，消费者数目从 0 -〉 M，[i, j] 的 basement
在矩阵 [i+1, j+1] 位置上
tic;
```

```
global alpha beta delta theta  M q0 lambda errornum gm
% gm is m in g (.)

M = 20; % Max User Number,因此有 M + 1 种状态
gm = 20; % max m in g (.)
% alpha = 0.0; % Tax rate [0, 1]
% alpha = alpha/M; % Rescale a * bi/M
beta = 1/1.05; % Discount Rate [0, 1]
% delta = 0.06; % Departure Rate 用户流失率 [0, 0.2]
% lambda = 0.0; % Compatbility [0, 1]
% theta = 2.2;% Network Effects
% k = 1;% Switching Costs
% N = 2;% Number of firm, No Use
% q0 = 0; % Outside Good's Quality    [ - Inf, 0] exp ( - inf) = 0;
errornum = 0; % Error Counter

% Loop
xalpha = 0.8: 0.001: 0.8; %xa, 1
xlambda = 0.0: 0.1: 0.0; %xl, 1
xdelta = 0.06: 0.02: 0.06; %xd, 1
xtheta = 3.4: 1.4: 3.4;% xt, 1
xq0 = zeros (1, 1); % xq, 2
xq0 (1) = 0;
% xq0 (1) = 0;

for xq = 1: numel (xq0)
```

```
            q0 = xq0(xq);
        for xd = 1: numel(xdelta)
            delta = xdelta(xd);
            dname = ['qo' num2str(q0) 'delta' num2str(delta, '%1.3f')];
            mkdir(dname);
            for xl = 1: numel(xlambda)
                lambda = xlambda(xl);
                for xa = 1: numel(xalpha)
                    alpha = xalpha(xa)/M;
                    for xt = 1: numel(xtheta)
                        theta = xtheta(xt);
                        %   Compute eqilibrium
%                        eqcal();
%                        statcal();
                        % drawplot
                        drawplot();
%                        tempdrawplot2();
%                        tempdrawplot3();
                        % dynamic path
                        dypath();
                    end
                end
            end
        end
end
```

```
% count time
totaltime = toc/3600;
disp ('Total Time');
disp (totaltime);

% Dispplay any error
disp ('Error count');
disp (errornum);

end
```

文件 2　Pakes – McGuire 算法的 eqcal. m

```
function eqcal ()
% Compute Eq
% output = pstar, vstar

global alpha   delta   theta M q0 lambda errornum
global vold pold vnew pnew   pstar vstar   profit astax
```
% 普通的子函数禁止改变 Global，只有在无返回的函数才可以改变，需事先声明
```
% O = = old, N = = new, V = = V (), P = = Price ()

tol = 1e – 2; % tol level
maxi = 1e3; % max iteration number

% Set initial value
```

```
vold = zeros ( M + 1, M + 1);
% i + j > M is Nan
for bi = 0: M
    for bj = 0: M
        if bi + bj > M
            vold ( bi + 1, bj + 1)  = nan;
        end
    end
end
pold = vold;
vnew = vold;
pnew = pold;
% only for set memory
profit = vold;
astax = vold;

ix = 1; % iteration number
while ix < maxi
    contract ( );
    norm = max ( max ( abs ( vnew – vold) ) );
    avgnorm = nanmean ( nanmean ( abs ( vnew – vold) ) );
    if mod ( ix, 20 )  = = 0
        fprintf ( '  % 2d    Sup norm:% 8.4f         Mean norm:% 8.4f \ n', ...
            ix, norm, avgnorm);
    end
    if norm < tol | | avgnorm < tol * 0.001
```

```
        break;
    end
    vold = vnew;
    pold = pnew;
    ix = ix + 1;
end

% check price norm
pricenorm = max(max(abs(pnew - pold)));
if pricenorm > 1e - 2
    errornum = 1;
    disp('Price norm too big');
end
if ix > = maxi - 1
    errornum = 1;
    disp('Do not converge, increase iteration number');
end


pstar = pnew;
vstar = vnew;

% save
% 几个原则: 1. 不经常变化的参数在前 alpha < theta
% 2. 防止参数碰到 2.0 时自动略去 0。
temptheta = num2str(theta, '%1.3f');
tempalpha = num2str(alpha * M, '%1.3f');
templambda = num2str(lambda, '%1.3f');
```

dname = ['qo' num2str(q0) 'delta' num2str(delta, '%1.3f')];

if strcmp(computer, 'PCWIN')
    save([dname '\' 'CP' templambda 'Tax' tempalpha 'Net' temptheta '.mat'], ...
        'pstar', 'vstar');
elseif strcmp(computer, 'GLNXA64')
    save([dname '/' 'CP' templambda 'Tax' tempalpha 'Net' temptheta '.mat'], ...
        'pstar', 'vstar');
end

end
% - - - - - - finish main Calculation - - - - - - - -

function contract()
% iteration
% Implicit output = pnew, vnew
global alpha beta M
global pold vnew pnew
global viib vijb viob

for bi = 0: M
    for bj = 0: M - bi
        pjo = pold(bj + 1, bi + 1);
        viib = vii(bi, bj);

```
                        vijb = vij(bi, bj);
                        viob = vio(bi, bj);
                        % FOC
                        pin = findzerosi(bi, bj, pjo);
                        pnew(bi+1, bj+1) = pin;
                        vnew(bi+1, bj+1) = sharei(bi, bj, pin, pjo)
*pin*(1-2*alpha*(bi-0.5*M))…
                            +beta*sharei(bi, bj, pin, pjo) *viib…
                            +beta*sharei(bj, bi, pjo, pin) *vijb…
                            +beta*(1-sharei(bi, bj, pin, pjo) -
sharei(bj, bi, pjo, pin)) *viob;
              end
         end
     end


% nested function
function pin = findzerosi(bi, bj, pjo)
% FOC
global alpha beta theta M q0 lambda viib vijb viob gm

% return best price
pin = fzero(@foc, 1);

         function y = foc(pi)
              expi = exp(theta*min((bi+lambda*bj)/gm, 1)
-pi);
              expj = exp(theta*min((bj+lambda*bi)/gm, 1)
```

- pjo);

Ai = (pi - 1) * (1 - 2 * alpha * (bi - 0.5 * M)) + beta * (viib - vijb);

Bi = (pi - 1) * (1 - 2 * alpha * (bi - 0.5 * M)) + beta * (viib - viob);

y = (1 - 2 * alpha * (bi - 0.5 * M)) * expi - Ai * expj - Bi * exp(q0);

end

end

% cal vii
function y = vii(bi, bj)
% i win
global   delta   M vold

% 4 case bi' = bi | bi - 1, bj' = bj | bj - 1
ri = (1 - delta)^bi;% Prob bi' = bi - 0
rj = (1 - delta)^bj;
% 处理边界效应
% l h = = low, high
bih = bi + 1   + 1;
bil = bi   + 1;
bjh = bj   + 1;
bjl = max(bj - 1, 0)   + 1;
temp = 0.5;
if bi + bj > 0

```
        temp = bi/ (bi + bj);
    end
    y = temp * ri * rj * vold (bih - (bih + bjh = = M + 3), bjh) ⋯
        + (1 - temp) * ri * rj * vold (bih - ((bih + bjh = = M + 3) && (bjh = = 1)), bjh - ((bih + bjh = = M + 3) && (bjh ~ = 1))) ⋯
        + (1 - ri) * rj * vold (bil, bjh) ⋯
        + ri * (1 - rj) * vold (bih - (bih + bjl = = M + 3), bjl) ⋯
        + (1 - ri) * (1 - rj) * vold (bil, bjl);
end


function y = vij (bi, bj)
% j win
global   delta   M vold

ri = (1 - delta) ^bi;% Prob bi' = bi - 0
rj = (1 - delta) ^bj;
% 处理边界效应
% l h = = low, high
bih = bi    + 1;
bil = max (bi - 1, 0)    + 1;
bjh = bj + 1    + 1;
bjl = bj    + 1;
temp = 0.5;
if bi + bj > 0
    temp = bi/ (bi + bj);
```

end

y = (1 - temp) * ri * rj * vold (bih, bjh - (bih + bjh == M + 3)) ...

+ temp * ri * rj * vold (bih - ((bih + bjh == M + 3) && (bih ~ = 1)), bjh - ((bih + bjh == M + 3) && (bih == 1))) ...

+ (1 - ri) * rj * vold (bil, bjh - (bil + bjh == M + 3)) ...

+ ri * (1 - rj) * vold (bih, bjl) ...

+ (1 - ri) * (1 - rj) * vold (bil, bjl);

end

function y = vio (bi, bj)

% outside win

global delta vold

ri = (1 - delta)^bi;% Prob bi' = bi - 0

rj = (1 - delta)^bj;

% 处理边界效应

% l h == low, high

bih = bi + 1;

bil = max (bi - 1, 0) + 1;

bjh = bj + 1;

bjl = max (bj - 1, 0) + 1;

y = ri * rj * vold (bih, bjh) ...

+ (1 - ri) * rj * vold (bil, bjh) ...

+ ri * (1 - rj) * vold (bih, bjl) ...

+ (1 - ri) * (1 - rj) * vold (bil, bjl);

```
end


function y = sharei ( bi, bj, pi, pj )
% i's market share
global theta q0 lambda gm


y = exp ( theta * min ( ( bi + lambda * bj) /gm, 1) - pi ) /...
    ( exp ( q0 ) + exp ( theta * min ( ( bi + lambda * bj ) /gm,
1) - pi) ...
      + exp ( theta * min ( ( bj + lambda * bi ) /gm, 1) - pj ) ) ;
end
```

文件3 Backward Recursion 方法的 eqcal. m

```
function [ ]  = eqcal ( )
% Compute Eq
% output = pstar, vstar


global alpha beta delta  theta M q0 lambda
global vold pold vnew pnew


% O = = old, N = = new, V = = V ( ), P = = Price ( )


tol = 0. 1 ; % tol level
maxi = 1000 ; % max iteration number


% Set initial value
```

```
vold = zeros ( M + 1, M + 1 );
pold = zeros ( M + 1, M + 1 );

%  i + j > M is Nan
for bi = 0: M
    for bj = 0: M
        if bi + bj > M
            vold ( bi + 1, bj + 1 ) = nan;
            pold ( bi + 1, bj + 1 ) = nan;
        end
    end
end

% only for set memory
pold = vold;
vnew = vold;
pnew = pold;
profit = vold;
astax = vold;

ix = 1; % iteration number
while ix < maxi
    contract ( );
    norm = max ( max ( abs ( vnew - vold ) ) );
    avgnorm = nanmean ( nanmean ( abs ( vnew - vold ) ) );
    if mod ( ix, 5 ) = = 0
        fprintf ( '   % 2d    Sup norm:% 8.4f       Mean
```

```
            norm:%8.4f \ n',  …
                       ix, norm, avgnorm);
         end
         if norm < tol | |  avgnorm < tol * 0.001
             break;
         end
         vold = vnew;
         pold = pnew;
         ix = ix + 1;
end


% check price norm
pricenorm = max (max (abs (pnew - pold)));
if pricenorm > 1e - 1
    errornum = 1;
    disp ('Price norm too big, increase iteration number');
end
if ix > = maxi - 1
    errornum = 1;
    disp ('Do not converge, increase iteration number');
end


pstar = pnew;
vstar = vnew;


% save
% 几个原则: 1. 不经常变化的参数在前 alpha < theta
```

% 2. 防止参数碰到2.0时自动略去0。

temptheta = num2str(theta, '%1.3f');

tempalpha = num2str(alpha*M, '%1.3f');

templambda = num2str(lambda, '%1.3f');

dname = ['qo' num2str(q0) 'delta' num2str(delta, '%1.3f')];

if strcmp(computer, 'PCWIN')
  save([dname '\' 'CP' templambda 'Tax' tempalpha 'Net' temptheta '.mat'], ...
   'pstar', 'vstar');
elseif strcmp(computer, 'GLNXA64')
  save([dname '/' 'CP' templambda 'Tax' tempalpha 'Net' temptheta '.mat'], ...
   'pstar', 'vstar');
end

end
% - - - - - - - finish main Calculation - - - - - - -

function [] = contract()
% iteration
global alpha beta M vnew pnew

for bi = 0: M
  for bj = 0: min(bi, M - bi)
   % V() of firm i, when i/j/o make a sale

```
        vib = vii ( bi, bj) ;
        vjb = vij ( bi, bj) ;
        vob = vio ( bi, bj) ;
        % V ( ) of firm j, when i/j/o make a sale
        uib = vij ( bj, bi) ;
        ujb = vii ( bj, bi) ;
        uob = vio ( bj, bi) ;
        % FOC
            [ pin, pjn ] = findzeros ( bi, bj, vib, vjb, vob,
uib, ujb, uob) ;
            pnew ( bj + 1, bi + 1 ) = pjn;
            pnew ( bi + 1, bj + 1 ) = pin;
            vnew ( bj + 1, bi + 1 ) = sharei ( bj, bi, pjn, pin)
 * pjn * ( 1 - alpha * bj) …
                + beta * sharei ( bi, bj, pin, pjn) * uib…
                + beta * sharei ( bj, bi, pjn, pin) * ujb…
                + beta * ( 1 - sharei ( bi, bj, pin, pjn) -
sharei ( bj, bi, pjn, pin) ) * uob;
            vnew ( bi + 1, bj + 1 ) = sharei ( bi, bj, pin, pjn)
 * pin * ( 1 - alpha * bi) …
                + beta * sharei ( bi, bj, pin, pjn) * vib…
                + beta * sharei ( bj, bi, pjn, pin) * vjb…
                + beta * ( 1 - sharei ( bi, bj, pin, pjn) -
sharei ( bj, bi, pjn, pin) ) * vob;
        end
    end
```

end

% nested function

function [pin, pjn] = findzeros (bi, bj, vib, vjb, vob, uib, ujb, uob)

　　% FOC

global alpha beta theta M q0

price0 = [0, 0];

options = optimset ('Display', 'off', 'FunValCheck', 'on');

temp = fsolve (@FOC, price0, options);

pin = temp (1);

pjn = temp (2);

　　function output = FOC (pricexx)
　　　　pi = pricexx (1);
　　　　pj = pricexx (2);
　　　　expi = exp (theta * bi/M − pi);
　　　　expj = exp (theta * bj/M − pj);
　　　　Ai = (pi − 1) * (1 − alpha * bi) + beta * (vib − vjb);
　　　　Bi = (pi − 1) * (1 − alpha * bi) + beta * (vib − vob);
　　　　Aj = (pj − 1) * (1 − alpha * bj) + beta * (ujb − uib);
　　　　Bj = (pj − 1) * (1 − alpha * bj) + beta * (ujb −

uob);
    output = [0; 0];
    output(1) = (1 - alpha * bi) * expi - Ai * expj - Bi * exp(q0);
    output(2) = (1 - alpha * bj) * expj - Aj * expi - Bj * exp(q0);
  end
end

% cal vii
function y = vii(bi, bj)
% firm i' profit if i win
global delta M vold

% 4 case bi' = bi | bi - 1, bj' = bj | bj - 1
ri = (1 - delta)^bi;% Prob bi' = bi - 0
rj = (1 - delta)^bj;
% 处理边界效应
% l h = = low, high
bih = bi + 1 + 1;
bil = bi + 1;
bjh = bj + 1;
bjl = max(bj - 1, 0) + 1;
temp = 0.5;
if bi + bj > 0
  temp = bi/(bi + bj);
end

y = temp * ri * rj * vold（bih -（bih + bjh = = M + 3），bjh）…

　　　+（1 - temp）* ri * rj * vold（bih -（（bih + bjh = = M + 3）&&（bjh = = 1）），bjh -（（bih + bjh = = M + 3）&&（bjh ~ = 1）））…

　　　+（1 - ri）* rj * vold（bil，bjh）…

　　　+ ri *（1 - rj）* vold（bih -（bih + bjl = = M + 3），bjl）…

　　　+（1 - ri）*（1 - rj）* vold（bil，bjl）;

end

function y = vij（bi，bj）

% j win

global　delta　M vold

ri =（1 - delta）^bi;% Prob bi' = bi - 0

rj =（1 - delta）^bj;

% 处理边界效应

% l h = = low，high

bih = bi　 + 1;

bil = max（bi - 1，0）　　+ 1;

bjh = bj + 1　 + 1;

bjl = bj　 + 1;

temp = 0.5;

if bi + bj > 0

　　temp = bi/（bi + bj）;

end

y =（1 - temp）* ri * rj * vold（bih，bjh -（bih + bjh = = M +

3))…

    + temp * ri * rj * vold（bih－（（bih + bjh = = M + 3）&&
（bih ~ = 1）），bjh－（（bih + bjh = = M + 3）&&（bih = = 1）））…

    +（1－ri）* rj * vold（bil，bjh－（bil + bjh = = M +
3））…

    + ri *（1－rj）* vold（bih，bjl）…

    +（1－ri）*（1－rj）* vold（bil，bjl）；

end

function y = vio（bi，bj）

% outside win

global delta vold

ri =（1－delta）^bi；% Prob bi' = bi－0

rj =（1－delta）^bj；

% 处理边界效应

% l h = = low，high

bih = bi + 1；

bil = max（bi－1，0） + 1；

bjh = bj + 1；

bjl = max（bj－1，0） + 1；

y = ri * rj * vold（bih，bjh）…

  +（1－ri）* rj * vold（bil，bjh）…

  + ri *（1－rj）* vold（bih，bjl）…

  +（1－ri）*（1－rj）* vold（bil，bjl）；

end

function output = sharei（bi, bj, pi, pj）
% i's market share
global theta q0 lambda gm

output = exp（theta * min（（bi + lambda * bj）/gm, 1）- pi）/…
　　　（exp（q0）+ exp（theta * min（（bi + lambda * bj）/gm, 1）- pi）…
　　　+ exp（theta * min（（bj + lambda * bi）/gm, 1）- pj））;
end

文件4　计算均衡统计量 statcal. m

function [ ] = statcal（）
%计算均衡下的各种统计量

global alpha　delta　theta M q0 lambda

% Load data
temptheta = num2str（theta, '%1.3f'）;
tempalpha = num2str（alpha * M, '%1.3f'）;
templambda = num2str（lambda, '%1.3f'）;
dname = ['qo' num2str（q0）'delta' num2str（delta, '%1.3f'）];
if strcmp（computer, 'PCWIN'）
　　load（[dname '\' 'CP' templambda 'Tax' tempalpha 'Net' temptheta '.mat']）;

```
        elseif strcmp (computer, 'GLNXA64')
            load ([dname '/' 'CP' templambda   'Tax' tempalpha
'Net' temptheta '.mat']);
        end


        % Compute sale prob
        saleprob = compsaleprob (pstar);


        % Compute profit, one period
        [eqprofit, eqastax]  = compprofit (saleprob, pstar);


        % Compute Markov transistion Prob
        tranmx = comptranmx (saleprob);


        % Compute Move direction
        [movei, movej, moveo]  = moveforce (tranmx);


        % Compute Limiting states
        [lmdstrb, lmhhi, lmprice, lmcs, lmps, lmtax, lmts] = ...
            comptstat (saleprob, tranmx, eqprofit, eqastax, pstar);


        % Compute limiting elasticity
        [lmel, elmx]  = cmptlmel (pstar, lmdstrb);
        % save
        % 几个原则：1. 不经常变化的参数在前 alpha < theta
        % 2. 防止参数碰到 2.0 时自动略去 0。
        % 此时已经有 pstar vstar 变量，如果不写这两个变量，它们会
```

被擦除替代。

```
temptheta = num2str（theta，'%1.3f'）;
tempalpha = num2str（alpha * M，'%1.3f'）;
templambda = num2str（lambda，'%1.3f'）;
dname =［'qo' num2str（q0）'delta' num2str（delta，'%1.3f'）］;


if strcmp（computer，'PCWIN'）
    save（［dname '\' 'CP' templambda  'Tax' tempalpha 'Net' temptheta '.mat'］,…
             'pstar', 'vstar', 'saleprob', 'tranmx', 'movei',
'movej', 'moveo', 'eqprofit', 'eqastax',…
             'lmdstrb', 'lmhhi', 'lmprice', 'lmcs', 'lmps',
'lmtax', 'lmts', 'lmel', 'elmx'）;
elseif strcmp（computer，'GLNXA64'）
    save（［dname '/' 'CP' templambda  'Tax' tempalpha 'Net' temptheta '.mat'］,…
             'pstar', 'vstar', 'saleprob', 'tranmx', 'movei',
'movej', 'moveo', 'eqprofit', 'eqastax',…
             'lmdstrb', 'lmhhi', 'lmprice', 'lmcs', 'lmps',
'lmtax', 'lmts', 'lmel', 'elmx'）;
end


end
%------------finsish--------------


function saleprob = compsaleprob（pstar）
```

```
% Compute sale prob
global   M


% set size with nan
saleprob = pstar;
for bi = 0: M
    for bj = 0: M - bi
        saleprob (bi + 1, bj + 1) = …
            sharei (bi, bj, pstar (bi + 1, bj + 1), pstar (bj + 1, bi + 1));
    end
end
end


function tranmx = comptranmx (saleprob)
% Compute Markov transistion Prob
% implicit output = tranmx
global   delta   M


% 两个 21 × 21 的方阵之间的转移概率,应当是 21 × 21 – 21 × 21 的 4 – D 矩阵
% 把它平面化 reshape ( )
% 第一维放 bi0, bj0,第二维放 bi1, bj1。
% 让 3 个矩阵是具有合适维数的 nan 矩阵,再向其中填充非 nan 的数字。
tranmx = zeros ( (M + 1) ^2, (M + 1) ^2);
trani = tranmx + nan; % i have a sale
```

```
tranj = tranmx + nan; % j sale
trano = tranmx + nan; % o sale


% ind2sub/sub2ind ( ) too slow, using xind/yind/iind instead.
temp = 1: M + 1;
% ind2sub
xind = repmat (temp', [1, M + 1]);
yind = repmat (temp, [M + 1, 1]);
% sub2ind
iind = 1: (M + 1) ^2;
iind = reshape (iind, [M + 1, M + 1]);
clear temp;


% 1 ~ if sale i
for i = 1: (M + 1) ^2
    for j = 1: (M + 1) ^2
        bi0 = xind (i) - 1;
        bj0 = yind (i) - 1;
        bi1 = xind (j) - 1;
        bj1 = yind (j) - 1;
        if bi0 + bj0 > M || bi1 + bj1 > M
            trani (i, j) = 0;% case 1 位置本身不合法
        elseif abs (bi0 - bi1) >1 || abs (bj0 - bj1) >1
            trani (i, j) = 0;% case 2 超出临近的 9 格
        elseif bi1 = = bi0 - 1 || bj1 = = bj0 + 1
            trani (i, j) = 0;% case 3 排除 bi - 1, bj + 1 的
```

5 个格

```
        else % 还有 4 个格子
            ri = (1 - delta)^bi0;% Prob (bi - 0)
            % 由于 sale 与流失独立, need not bi + 1, 参考 cdh
            rj = (1 - delta)^bj0;
            if bj0 ~ = 0 && bi0 + bj0 < M % 三角形内部的点
                if bi1 = = bi0 && bj1 = = bj0 - 1
                    trani (i, j) = (1 - ri) * (1 - rj);
                elseif bi1 = = bi0 && bj1 = = bj0
                    trani (i, j) = (1 - ri) * rj;
                elseif bi1 = = bi0 + 1 && bj1 = = bj0 - 1
                    trani (i, j) = ri * (1 - rj);
                elseif bi1 = = bi0 + 1 && bj1 = = bj0
                    trani (i, j) = ri * rj;
                end
            elseif bj0 = = 0 && bi0 + bj0 < M % bj0 = 0, 但不触及斜边
                if bi1 = = bi0 % bj1 can't be - 1
                    trani (i, j) = 1 - ri;
                elseif bi1 = = bi0 + 1
                    trani (i, j) = ri;
                end
            elseif bj0 = = 0 && bi0 = = M % (M, 0) Point
                trani (i, j) = 1;% (M, 0) -> (M + 1, 0) -> (M, 0)
            elseif bi0 + bj0 = = M && bj0 ~ = 0 % 在斜边上, 但不包括端点 (M, 0)
                if bi1 = = bi0 && bj1 = = bj0 - 1
```

$$trani(i,j) = (1-ri)*(1-rj);$$
$$elseif\ bi1 ==bi0\ \&\&\ bj1 ==bj0\ \%>M\ special\ deal$$
$$trani(i,j) = (1-ri)*rj+ri*rj*bi0/(bi0+bj0);$$
$$elseif\ bi1 ==bi0+1\ \&\&\ bj1 ==bj0-1$$
$$trani(i,j) = ri*(1-rj)+ri*rj*bj0/(bi0+bj0);$$
       end
     end
    end
   end
  end

% 2 if j sale, by symmetric
for i = 1: (M + 1)^2
  for j = 1: (M + 1)^2
    bi0 = xind (i) - 1;
    bj0 = yind (i) - 1;
    bi1 = xind (j) - 1;
    bj1 = yind (j) - 1;
    tranj (i, j) = trani (iind (bj0 + 1, bi0 + 1), iind (bj1 + 1, bi1 + 1));
   end
  end

% if outside sale

```
for i = 1: (M + 1)^2
    for j = 1: (M + 1)^2
        bi0 = xind(i) - 1;
        bj0 = yind(i) - 1;
        bi1 = xind(j) - 1;
        bj1 = yind(j) - 1;
        if bi0 + bj0 > M || bi1 + bj1 > M
            trano(i, j) = 0;% case 1 位置本身不合法
        elseif abs(bi0 - bi1) > 1 || abs(bj0 - bj1) > 1
            trano(i, j) = 0;% case 2 超出临近 9 格
        elseif bi1 == bi0 + 1 || bj1 == bj0 + 1
            trano(i, j) = 0;% case 3 排除 bi + 1, bj + 1 的 5 个格
        else % 还有 4 个格子
            ri = (1 - delta)^bi0;% bi 无流失
            rj = (1 - delta)^bj0;
            if bi0 ~= 0 && bj0 ~= 0 % 在内点
                if bi1 == bi0 - 1 && bj1 == bj0 - 1
                    trano(i, j) = (1 - ri) * (1 - rj);
                elseif bi1 == bi0 - 1 && bj1 == bj0
                    trano(i, j) = (1 - ri) * rj;
                elseif bi1 == bi0 && bj1 == bj0 - 1
                    trano(i, j) = ri * (1 - rj);
                elseif bi1 == bi0 && bj1 == bj0
                    trano(i, j) = ri * rj;
                end
            elseif bi0 == 0 && bj0 == 0 % (0, 0)
```

```
                    trano (i, j) = 1;
            elseif bi0 = = 0 && bj0 ~ = 0 %  (0, x)
                if bj1 = = bj0 - 1
                    trano (i, j) = 1 - rj;
                else
                    trano (i, j) = rj;
                end
            elseif bi0 ~ = 0 && bj0 = = 0 %  (x, 0)
                if bi1 = = bi0 - 1
                    trano (i, j) = 1 - ri;
                else
                    trano (i, j) = ri;
                end
            end
        end
    end
end


% Multiply 3 cases
for i = 1: (M + 1) ^2
    for j = 1: (M + 1) ^2
        bi0 = xind (i) - 1;
        bj0 = yind (i) - 1;
        isale = saleprob (bi0 + 1, bj0 + 1);% 是矩阵，所以需要 + 1
        jsale = saleprob (bj0 + 1, bi0 + 1);
        osale = 1 - isale - jsale;
```

```
            if isnan ( isale )
                isale = 0;
                jsale = 0;
                osale = 0;
            end
            tranmx ( i, j ) = isale * trani ( i, j ) + jsale * tranj ( i, j ) + osale * trano ( i, j );
        end
    end


    % % Check trani tranj trano tranmx
    % tempi = sum ( trani, 2 );
    % tempj = sum ( tranj, 2 );
    % tempo = sum ( trano, 2 );
    % tempmx = sum ( tranmx, 2 );
    % obji = sum ( tempi );
    % objj = sum ( tempj );
    % objo = sum ( tempo );
    % objmx = sum ( tempmx );
    % disp ( 'Sum of Transisition Matrix should = 1 * N' );
    % disp ( [ obji, objj, objo, objmx ] );
    % % sum shoud = = below
    % disp ( ( 1 + M + 1 ) * ( M + 1 ) /2 );

end


function [ movei, movej, moveo ] = moveforce ( tranmx )
```

```
% Compute Move direction
global M

% ind2sub/sub2ind () too slow, using xind/yind/iind instead.
% sub2ind
iind = 1: (M + 1) ^2;
iind = reshape (iind, [M + 1, M + 1]);

movei = zeros (M + 1, M + 1) + nan;
movej = zeros (M + 1, M + 1) + nan;
moveo = zeros (M + 1, M + 1) + nan;

for bi = 0: M
    for bj = 0: M - bi
        bio = bi + 1;
        bjo = bj + 1;
        moveo (bio, bjo) = tranmx (iind (bio, bjo), iind (bio, bjo));
        if bi ~ = 0 && bj ~ = 0 && bi + bj < M    % inner Point
            movei (bio, bjo) = ...
                tranmx (iind (bio, bjo), iind (bio + 1, bjo - 1)) ...
                + tranmx (iind (bio, bjo), iind (bio + 1, bjo)) ...
                - tranmx (iind (bio, bjo), iind (bio - 1, bjo - 1)) ...
                - tranmx (iind (bio, bjo), iind (bio - 1,
```

bjo))…

－tranmx（iind（bio，bjo），iind（bio－1，bjo＋1））；

movej（bio，bjo）＝…

tranmx（iind（bio，bjo），iind（bio－1，bjo＋1）)…

＋tranmx（iind（bio，bjo），iind（bio，bjo＋1））…

－tranmx（iind（bio，bjo），iind（bio－1，bjo－1））…

－tranmx（iind（bio，bjo），iind（bio，bjo－1））…

－tranmx（iind（bio，bjo），iind（bio＋1，bjo－1））；

elseif bi＝＝0 && bj＝＝0 %（0，0）

movei（bio，bjo）＝tranmx（iind（bio，bjo），iind（bio＋1，bjo））；

movej（bio，bjo）＝tranmx（iind（bio，bjo），iind（bio，bjo＋1））；

elseif bi＝＝M && bj＝＝0 %（M，0）

movei（bio，bjo）＝－tranmx（iind（bio，bjo），iind（bio－1，bjo））…

－tranmx（iind（bio，bjo），iind（bio－1，bjo＋1））；

movej（bio，bjo）＝tranmx（iind（bio，bjo），iind（bio－1，bjo＋1））；

elseif bi＝＝0 && bj＝＝M %（0，M）

```
                    movei (bio, bjo) = tranmx (iind (bio, bjo),
iind (bio + 1, bjo - 1));
                    movej (bio, bjo) = - tranmx (iind (bio, bjo),
iind (bio, bjo - 1)) ⋯
                              - tranmx (iind (bio, bjo), iind (bio + 1,
bjo - 1));
              elseif bi = = 0 %边
                    movei (bio, bjo) = tranmx (iind (bio, bjo),
iind (bio + 1, bjo)) + ⋯
                         tranmx (iind (bio, bjo), iind (bio + 1, bjo
- 1));
                    movej (bio, bjo) = tranmx (iind (bio, bjo),
iind (bio, bjo + 1)) ⋯
                              - tranmx (iind (bio, bjo), iind (bio, bjo
- 1)) ⋯
                              - tranmx (iind (bio, bjo), iind (bio + 1,
bjo - 1));
              elseif bj = = 0 %边
                    movei (bio, bjo) = tranmx (iind (bio, bjo),
iind (bio + 1, bjo)) ⋯
                              - tranmx (iind (bio, bjo), iind (bio - 1,
bjo)) ⋯
                              - tranmx (iind (bio, bjo), iind (bio - 1,
bjo + 1));
                    movej (bio, bjo) = tranmx (iind (bio, bjo),
iind (bio, bjo + 1)) + ⋯
                         tranmx (iind (bio, bjo), iind (bio - 1, bjo
```

+1));

　　　　　　　elseif bi + bj = = M

　　　　　　　　　movei (bio, bjo) = tranmx (iind (bio, bjo), iind (bio +1, bjo – 1)) …

　　　　　　　　　– tranmx (iind (bio, bjo), iind (bio – 1, bjo)) …

　　　　　　　　　– tranmx (iind (bio, bjo), iind (bio – 1, bjo – 1)) …

　　　　　　　　　– tranmx (iind (bio, bjo), iind (bio – 1, bjo +1));

　　　　　　　　　movej (bio, bjo) = tranmx (iind (bio, bjo), iind (bio – 1, bjo +1)) …

　　　　　　　　　– tranmx (iind (bio, bjo), iind (bio, bjo – 1)) …

　　　　　　　　　– tranmx (iind (bio, bjo), iind (bio – 1, bjo – 1)) …

　　　　　　　　　– tranmx (iind (bio, bjo), iind (bio +1, bjo – 1));

　　　　　　end

　　　　end

　　end

　end

function [eqprofit, eqastax] = compprofit (saleprob, pstar)

% Compute Profit & tax function,

% Implicit Output = eqprofit, eqastax

global　M alpha

```
% set size
eqprofit = pstar;
eqastax = pstar;

for bi = 0: M
    for bj = 0: M - bi
        eqprofit (bi + 1, bj + 1) = …
            saleprob (bi + 1, bj + 1) * pstar (bi + 1, bj + 1) * (1 - 2 * alpha * (bi - 0.5 * M));
        eqastax (bi + 1, bj + 1) = …
            saleprob (bi + 1, bj + 1) * pstar (bi + 1, bj + 1) * 2 * alpha * (bi - 0.5 * M);
    end
end

end


function [lmdstrb, lmhhi, lmprice, lmcs, lmps, lmtax, lmts] = comptstat (saleprob, tranmx, eqprofit, eqastax, pstar)
% Compt Limiting Distribution, HHI, mean price, consumer surplus, etc.
global theta M q0 lambda errornum gm

% at t0 = = (0, 0)
s0 = zeros (1, (M + 1)^2);
s0 (1) = 1;
```

```
% T = inf
traninf = tranmx^16384;
temp = max(max(abs(traninf - traninf * tranmx)));
% 太多的乘方可能会产生虚数,检查是否有虚数生成。
checkinf = [min(min(isreal(traninf))), max(max(isreal(traninf))))];
if temp > 1e - 5
    disp('T is Not big enough, and checkinf');
    disp([temp, checkinf]);
    errornum = 1;
end
lmdstrb = reshape(s0 * traninf, M + 1, M + 1); % Limiting distribution

% Long run HHI
hhi = zeros(M + 1, M + 1);
for bi = 0: M
    for bj = 0: M - bi
        if bi + bj = = 0
            hhi(bi + 1, bj + 1) = 0.5;
        else
            hhi(bi + 1, bj + 1) = (bi^2 + bj^2) / (bi + bj)^2;% Ingore outside good
        end
    end
end
```

lmhhi = sum (sum (hhi. * lmdstrb)) ;

% Long run mean price
tempprice = pstar;
tempprice (isnan (tempprice)) = 0;
tempsale = saleprob;
tempsale (isnan (tempsale)) = 0;
lmprice = nansum (nansum ((tempprice. * tempsale + tempprice'. * tempsale') . / (tempsale + tempsale') . * lmdstrb)) ;
% nan sum, not very good

% Long run Consumer Surplus
csurplus = zeros (M + 1, M + 1) ;
for bi = 0 : M
    for bj = 0 : M − bi
        csurplus (bi + 1, bj + 1) = log (exp (q0) ⋯
        + exp (theta * min ((bi + lambda * bj) /gm, 1) − pstar (bi + 1, bj + 1)) ⋯
        + exp (theta * min ((bj + lambda * bi) /gm, 1) − pstar (bi + 1, bj + 1))) ;
    end
end
lmcs = sum (sum (csurplus. * lmdstrb)) ;

% Long run Producer Surplus
tempprofit = eqprofit;
tempprofit (isnan (tempprofit)) = 0;

```
lmps = sum ( sum ( ( tempprofit + tempprofit' ) . * lmdstrb ) ) ;

% Long run Gov tax
temptax = eqastax ;
temptax ( isnan ( temptax ) ) = 0 ;
lmtax = sum ( sum ( ( temptax + temptax' ) . * lmdstrb ) ) ;

% Total Welfare
lmts = lmcs + lmps + lmtax ;
end


function [ lmel, elmx ] = cmptlmel ( pstar, lmdstrb )
% 计算均衡时的价格弹性
% pstar 均衡价格 lmdstrb 极限分布
global  M

% wei fen
ddd = 0.00001 ;
pstar0 = pstar ;
% abs ( ) for price < 0
pstar1 = pstar0 + abs ( pstar0 * ddd ) ;
share0 = zeros ( M + 1, M + 1 ) ;
share1 = zeros ( M + 1, M + 1 ) ;
tanxing = zeros ( M + 1, M + 1 ) ;
for bi = 0 : M
    for bj = 0 : M − bi
        share0 ( bi + 1, bj + 1 ) = sharei ( bi, bj, pstar0 ( bi
```

+1, bj+1), pstar0 (bj+1, bi+1));

　　　　　share1 (bi+1, bj+1) = sharei (bi, bj, pstar1 (bi+1, bj+1), pstar0 (bj+1, bi+1));

　　　　　tanxing (bi+1, bj+1) = (share1 (bi+1, bj+1) /share0 (bi+1, bj+1) -1) /ddd;

　　　end

　end

lmel = sum (sum (tanxing. * lmdstrb));

elmx = tanxing;

end

function y = sharei (bi, bj, pi, pj)

% i's market share

global theta q0 lambda gm

y = exp (theta * min ((bi+lambda * bj) /gm, 1) - pi) /…

　　　(exp (q0) + exp (theta * min ((bi+lambda * bj) /gm, 1) -pi) …

　　　+ exp (theta * min ((bj+lambda * bi) /gm, 1) -pj));

end

文件5　绘图程序 drawplot. m

function [ ] = drawplot ( )

%

global alpha delta theta　M q0 lambda errornum

```
% Load data
temptheta = num2str ( theta, '%1.3f' );
tempalpha = num2str ( alpha * M, '%1.3f' );
templambda = num2str ( lambda, '%1.3f' );
dname = [ 'qo' num2str ( q0 ) 'delta' num2str ( delta, '%1.3f' ) ];
if strcmp ( computer, 'PCWIN' )
    load ( [dname '\' 'CP' templambda 'Tax' tempalpha 'Net' temptheta '.mat' ] );
elseif strcmp ( computer, 'GLNXA64' )
    load ( [dname '/' 'CP' templambda 'Tax' tempalpha 'Net' temptheta '.mat' ] );
end
colormap ( [0 0 0] );% Turn off colors
% set ( gcf, 'PaperType', 'A4' );
% set ( gcf, 'Position', [400, 100, 300, 300] );

subplot ( 3, 2, 1 );
meshz ( pstar );
% title ( ' (1) Price Function' );
title ( ' (a) 价格函数' );
xlabel ( 'b_1' );
ylabel ( 'b_2' );
zlabel ( 'p_1 ( b_1, b_2 )' );
axis tight;
view ( -45, 45 );
freezecolors;
```

```
subplot (3, 2, 2);
meshz (saleprob');
% title (' (2) Sale Probability');
title (' (b) 销售概率');
xlabel ('b_ 1');
ylabel ('b_ 2');
zlabel ('\ phi_ 1 (b_ 1, b_ 2)');
axis tight;
view (-45, 45);
freezecolors;

% subplot (3, 2, 3);
% meshz (profit');
% title (' (3) Profit Function');
% xlabel ('b_ 1');
% ylabel ('b_ 2');
% zlabel ('\ pi_ 1 (b_ 1, b_ 2)');
% axis tight;
% view (-45, 45);
% freezecolors;

subplot (3, 2, 3);
meshz (vstar');
% title (' (4) Expected Value Function');
title (' (c) 期望值函数');
xlabel ('b_ 1');
```

```
ylabel ( 'b_ 2' );
zlabel ( 'V_ 1 ( b_ 1, b_ 2)' );
axis tight;
view ( -45, 45);
freezecolors;


% compute T = 15 's prob
% at t0 = = ( 0, 0)
s0 = zeros ( 1, ( M + 1) ^2);
s0 ( 1) = 1;
% T = 25
s25 = s0 * tranmx^25;
s25 = reshape ( s25, M + 1, M + 1);
% s30 = s0 * tranmx^30;
% s30 = reshape ( s30, M + 1, M + 1);
% 对超过对角线的施加这种约束，对 bar3 函数没有影响
% for bi = 0: M
%     for bj = 0: M
%         if bi + bj > M
%             s25 ( bi + 1, bj + 1) = nan;
%         end
%     end
% end


colormap ( [1 1 1] );% Turn off colors


subplot (3, 2, 4);
```

```
bar3(s25);
% title('(5) Transient Distribution (t=15)');
title('(d) 瞬时分布 (t=25)');
xlabel('b_2');
ylabel('b_1');
zlabel('\mu_{25}(b_1,b_2)');
axis([0 21 0 21 0 0.03]);
% axis tight;
view(225,35);

% subplot(3,2,5);
% bar3(s30);
% title('(6) Transient Distribution (t=30)');
% xlabel('b_2');
% ylabel('b_1');
% zlabel('\mu_{30}(b_1,b_2)');
% axis tight;
% view(225,45);

% T=inf
subplot(3,2,5);
bar3(lmdstrb);
% title('(7) Limiting Distribution');
title('(e) 极限分布 (t=\infty)');
xlabel('b_2');
ylabel('b_1');
zlabel('\mu_\infty(b_1,b_2)');
```

```
axis ([0 21 0 21 0 0.03]);
% axis tight;
view (225, 35);

subplot (3, 2, 6);
x = 0: M;
y = 0: M;
[X, Y] = meshgrid (x, y);
% normalize
movei2 = movei./sqrt (movei.^2 + movej.^2) .* (abs (movei) + abs (movej) > 0.01);
movej2 = movej./sqrt (movei.^2 + movej.^2) .* (abs (movei) + abs (movej) > 0.01);
quiver (X, Y, movej2, movei2, 0.6, 'color', [0 0 0]);
% title ('(8) Resultant Forces');
title ('(f) 演化趋势');
xlabel ('b_1');
ylabel ('b_2');
axis tight;
clear x y X Y movei2 movej2

% Save figure
if strcmp (computer, 'PCWIN')
    saveas (gcf, …
        [dname '\' 'CP' templambda 'Tax' tempalpha 'Net' temptheta '.fig']);
    saveas (gcf, …
```

```
            [dname '\' 'CP' templambda    'Tax' tempalpha
'Net' temptheta '.tiff'] …
            , 'tiff');
    elseif strcmp (computer, 'GLNXA64')
        saveas (gcf, …
            [dname '/' 'CP' templambda    'Tax' tempalpha
'Net' temptheta '.fig']);
        saveas (gcf, …
            [dname '/' 'CP' templambda    'Tax' tempalpha
'Net' temptheta '.tiff'] …
            , 'tiff');
    end
    % tiffn = no compression, tiff = compression.
    close all;


end
```

文件 6　计算动态产业路径 dynpath.m

```
function [ ] = dypath ()
% Expected dynamic path
global alpha delta theta   M q0 lambda errornum

% Load Data
temptheta = num2str (theta, '%1.3f');
tempalpha = num2str (alpha * M, '%1.3f');
templambda = num2str (lambda, '%1.3f');
```

```
dname = ['qo' num2str(q0) 'delta' num2str(delta, '%1.3f')];

if strcmp(computer, 'PCWIN')
    load([dname '\' 'CP' templambda 'Tax' tempalpha 'Net' temptheta '.mat']);
elseif strcmp(computer, 'GLNXA64')
    load([dname '/' 'CP' templambda 'Tax' tempalpha 'Net' temptheta '.mat']);
end

T = 101;
% From (0, 0)
s0 = zeros(1, (M+1)^2);
s0(20) = 1;
% s0(16) = 1;
st = zeros(M+1, M+1, T);
% l = large s = small
lbase = zeros(T, 1);% basement
sbase = zeros(T, 1);
lprice = zeros(T, 1);% price
sprice = zeros(T, 1);
lsale = zeros(T, 1);% sale prob
ssale = zeros(T, 1);
lprofit = zeros(T, 1);% profit
sprofit = zeros(T, 1);
trand = tranmx^0;% transient distribution
```

```
temp = 1 : M + 1;
bj = repmat ( temp, M + 1, 1 );
bi = bj';
tempprice = zeros ( M + 1, M + 1 );
tempsale = zeros ( M + 1, M + 1 );
tempprofit = zeros ( M + 1, M + 1 );

for i = 0 : M
    for j = 0 : M - i
        tempprice ( i + 1, j + 1 ) = pstar ( i + 1, j + 1 );
        tempsale ( i + 1, j + 1 ) = saleprob ( i + 1, j + 1 );
        tempprofit ( i + 1, j + 1 ) = eqprofit ( i + 1, j + 1 );
    end
end

for t = 0 : T - 1 % Time 0 - > T - 1
    to = t + 1; % index 1 - > T
    st ( :,:, to ) = reshape ( s0 * trand, M + 1, M + 1 );% 瞬时分布
    % Basement Path
    lbase ( to ) = sum ( sum ( st ( :,:, to ) . * max ( bi, bj ) ) );
    sbase ( to ) = sum ( sum ( st ( :,:, to ) . * min ( bi, bj ) ) );
    % Price Path
    lprice ( to ) = sum ( sum ( st ( :,:, to ) . * ( ( bi > = bj )
```

.*tempprice+（bi<bj）.*tempprice'）））;

　　　　sprice（to）=sum（sum（st（:,:,to）.*（（bi>=bj）.*tempprice'+（bi<bj）.*tempprice）））;

　　　　% Sale Prob path

　　　　lsale（to）=sum（sum（st（:,:,to）.*（（bi>=bj）.*tempsale+（bi<bj）.*tempsale'）））;

　　　　ssale（to）=sum（sum（st（:,:,to）.*（（bi>=bj）.*tempsale'+（bi<bj）.*tempsale）））;

　　　　% profit path

　　　　lprofit（to）=sum（sum（st（:,:,to）.*（（bi>=bj）.*tempprofit+（bi<bj）.*tempprofit'）））;

　　　　sprofit（to）=sum（sum（st（:,:,to）.*（（bi>=bj）.*tempprofit'+（bi<bj）.*tempprofit）））;

　　　　%

　　　　trand=tranmx*trand;

end

xtime=0:T-1;% xlabel

% Graph 1

subplot（2,2,1）;

plot（xtime,lbase,'color',[0 0 0]）;

ylim（[0 20]）;

hold on;

plot（xtime,sbase,'- -','color',[0 0 0]）;

% title（'(a) Installed Basement'）;

title（'(a) 用户基数'）;

xlabel（'t'）;

ylabel（'b_L, b_s'）;

```
% Graph 2
subplot(2,2,2);
plot(xtime, lprice, 'color', [0 0 0]);
% ylim([-0.5 2]);
hold on;
plot(xtime, sprice, '--', 'color', [0 0 0]);
title('(b) 价格');
xlabel('t');
ylabel('p_L, p_s');
axis([0 100 0.4 1.4]);
% plot([0 100],[0 0],':') % zero line
% Graph 3
subplot(2,2,3);
plot(xtime, lsale, 'color', [0 0 0]);
ylim([0 1]);
hold on;
plot(xtime, ssale, '--', 'color', [0 0 0]);
title('(c) 销售概率');
xlabel('t');
ylabel('\phi_L, \phi_s');
% Graph 4
subplot(2,2,4);
plot(xtime, lprofit, 'color', [0 0 0]);
% ylim([-0.5 1.5]);
hold on;
plot(xtime, sprofit, '--', 'color', [0 0 0]);
title('(d) 利润');
```

```
xlabel('t');
ylabel('\pi_L, \pi_s');
axis([0 100 0 1]);
% plot([0 100],[0 0],':') % zero line
% Save figure
if strcmp(computer,'PCWIN')
    saveas(gcf,...
        [dname '\' 'dypath_' 'CP' templambda 'Tax' tempalpha 'Net' temptheta '.fig']);
    saveas(gcf,...
        [dname '\' 'dypath_' 'CP' templambda 'Tax' tempalpha 'Net' temptheta '.tiff'] ...
        ,'tiff');
elseif strcmp(computer,'GLNXA64')
    saveas(gcf,...
        [dname '/' 'dypath_' 'CP' templambda 'Tax' tempalpha 'Net' temptheta '.fig']);
    saveas(gcf,...
        [dname '/' 'dypath_' 'CP' templambda 'Tax' tempalpha 'Net' temptheta '.tiff'] ...
        ,'tiff');
end
close all;

end
```

附录四 第四章的源代码

本附录计算包含转移成本时网络产业的动态均衡。与附录三相同，本附录的计算过程也包含 5 个文件。mainfile. m 是程序的主函数，eqcal. m 计算均衡，statcal. m 计算长期 *HHI*、平均弹性等统计量，drawplot. m 绘制瞬时分布、运动趋势，dypath. m 计算动态产业路径。

除了计算均衡的 eqcal. m，其他几个文件与附录三相近，只需在附录三的基础上小幅修改即可。因此，下文仅列出 Pakes – McGuire 算法与 Backward Recursion 方法的计算程序 eqcal. m。

文件 1　Pakes – McGuire 算法的 eqcal. m

```
function [ ]  = eqcal ( )
% Compute Eq
% output = pstar, vstar

global M vold pold vnew pnew profit errornum theta lambda sc q0 delta
% 普通的子函数禁止改变 Global，只有在无返回的函数才可以
```

改变，需事先声明

```
% O == old, N == new, V == V(), P == Price()

tol = 1e-2; % tol level
maxi = 1000; % max iteration number

% Set initial value
vold = zeros(M+1, M+1);
% i+j > M is Nan
for bi = 0: M
    for bj = 0: M
        if bi + bj > M
            vold(bi+1, bj+1) = nan;
        end
    end
end
pold = vold;
vnew = vold;
pnew = pold;
% only for set memory
profit = vold;

ix = 1; % iteration number
fprintf('Begin iteration: NE = %8.1f  SC = %8.1f CP = %8.1f \n', …
        theta, sc, lambda);
while ix < maxi
```

```
        contract();
        norm = max(max(abs(vnew - vold)));
        avgnorm = nanmean(nanmean(abs(vnew - vold)));
        if mod(ix, 100) == 0
            fprintf('   %2d   Sup norm:%8.4f   Mean norm:%8.4f \n', ...
                ix, norm, avgnorm);
        end
        if norm < tol || avgnorm < tol * 0.001
            break;
        end
        vold = vnew;
        pold = pnew;
        ix = ix + 1;
    end


    % check price norm
    pricenorm = max(max(abs(pnew - pold)));
    if pricenorm > 1e-2
        errornum = errornum + 1;
        disp('Price norm too big');
    end
    if ix >= maxi - 1
        errornum = errornum + 1;
%       pnew = nan;
%       vnew = nan;
        disp('Do not converge, increase iteration number');
```

```
            end

        pstar = pnew;
        vstar = vnew;

        % save
        % 1. 不经常变化的参数在前
        % 2. 防止参数碰到2.0时自动略去0。
        temptheta = num2str(theta, '%1.3f');
        tempsc = num2str(sc, '%1.3f');
        templambda = num2str(lambda, '%1.3f');
        dname = ['qo' num2str(q0) 'delta' num2str(delta, '%1.3f')];

        if strcmp(computer, 'PCWIN')
            save([dname '\' 'CP' templambda 'Net' temptheta 'SC' tempsc '.mat'], …
                    'pstar', 'vstar');
        elseif strcmp(computer, 'GLNXA64')
            save([dname '/' 'CP' templambda 'Net' temptheta 'SC' tempsc '.mat'], …
                    'pstar', 'vstar');
        end

    end
    %---------finish main Calculation----------
```

```
function contract ( )
% iteration
% Implicit output = pnew, vnew
global beta M pold vnew pnew theta q0 lambda sc gm


for bi = 0: M
    for bj = 0: M - bi
        pjo = pold (bj + 1, bi + 1);
        % when i/j/o make a sale, the V (.) of i
        viib = vii (bi, bj);
        vijb = vij (bi, bj);
        viob = vio (bi, bj);
        % FOC
        pin = FindZeroi (bi, bj, pjo, viib, vijb, viob);
        pnew (bi + 1, bj + 1) = pin;
        % royal to 0
        vtempo = shareri (bi, bj, pin, pjo, 0, theta, q0, lambda, sc, gm) * pin···
                    + beta * shareri (bi, bj, pin, pjo, 0, theta, q0, lambda, sc, gm) * viib···
                    + beta * sharerj (bi, bj, pin, pjo, 0, theta, q0, lambda, sc, gm) * vijb···
                    + beta * (1 - shareri (bi, bj, pin, pjo, 0, theta, q0, lambda, sc, gm) - sharerj (bi, bj, pin, pjo, 0, theta, q0, lambda, sc, gm)) * viob;
        % royal to 1
        vtempi = shareri (bi, bj, pin, pjo, 1, theta, q0,
```

lambda, sc, gm) * pin…

　　　　　　+ beta * shareri (bi, bj, pin, pjo, 1, theta, q0, lambda, sc, gm) * viib…

　　　　　　+ beta * sharerj (bi, bj, pin, pjo, 1, theta, q0, lambda, sc, gm) * vijb…

　　　　　　+ beta * (1 − shareri (bi, bj, pin, pjo, 1, theta, q0, lambda, sc, gm) − sharerj (bi, bj, pin, pjo, 1, theta, q0, lambda, sc, gm)) * viob;

　　　% royal to 2

　　　　vtempj = shareri (bi, bj, pin, pjo, 2, theta, q0, lambda, sc, gm) * pin…

　　　　　　+ beta * shareri (bi, bj, pin, pjo, 2, theta, q0, lambda, sc, gm) * viib…

　　　　　　+ beta * sharerj (bi, bj, pin, pjo, 2, theta, q0, lambda, sc, gm) * vijb…

　　　　　　+ beta * (1 − shareri (bi, bj, pin, pjo, 2, theta, q0, lambda, sc, gm) − sharerj (bi, bj, pin, pjo, 2, theta, q0, lambda, sc, gm)) * viob;

　　　　　vnew (bi + 1, bj + 1) = vtempi * bi/M + vtempj * bj/M + vtempo * (M − bi − bj) /M;

　　　end

　end

　end

% nested function

function pin = FindZeroi (bi, bj, pjo, viib, vijb, viob)

```
% FOC
global beta  M theta sc lambda gm q0

% return best price
pin = fzero (@FOC, 1);


    function output = FOC (pi)
        expino = exp (theta * min ( (bi + lambda * bj) /gm, 1) - pi);
        expjno = exp (theta * min ( (bj + lambda * bi) /gm, 1) - pjo);
        expisc = exp (theta * min ( (bi + lambda * bj) /gm, 1) - pi - sc);
        expjsc = exp (theta * min ( (bj + lambda * bi) /gm, 1) - pjo - sc);
        % 1, royal to good 0
        doi = expino/ (exp (q0) + expino + expjno);
        doj = expjno/ (exp (q0) + expino + expjno);
        doo = 1 - doi - doj;
        tempo = ( - doi * (1 - doi) * (pi + beta * viib) + doi + beta * doi * doj * vijb + beta * doi * doo * viob ) * (M - bi - bj) /M;
        % 2, royal to good i
        dii = expino/ (exp (q0) + expino + expjsc);
        dij = expjsc/ (exp (q0) + expino + expjsc);
        dio = 1 - dii - dij;
        tempi = ( - dii * (1 - dii) * (pi + beta * viib) +
```

```
            dii + beta * dii * dij * vijb + beta * dii * dio * viob ) * bi/M;
                    % 3, royal to good j
                    dji = expisc/ ( exp ( q0 ) + expisc + expjno );
                    djj = expjno/ ( exp ( q0 ) + expisc + expjno );
                    djo = 1 - dji - djj;
                    tempj = ( - dji * ( 1 - dji) * ( pi + beta * viib ) +
            dji + beta * dji * djj * vijb + beta * dji * djo * viob ) * bj/M;
                    output = tempo + tempi + tempj;
                end
            end


        % cal vii
        function output = vii ( bi, bj)
        % Value function of i if Firm i win
        global delta M vold


        % 4 case bi' = bi | bi - 1, bj' = bj | bj - 1
        ri = ( 1 - delta) ^bi;% Prob bi' = bi - 0
        rj = ( 1 - delta) ^bj;
        % 处理边界效应
        % l h = = low, high
        bih = bi + 1    + 1;
        bil = bi    + 1;
        bjh = bj    + 1;
        bjl = max ( bj - 1, 0)    + 1;
        temp = 0.5;
        if bi + bj > 0
```

```
            temp = bi/(bi + bj);
    end
    output = temp * ri * rj * vold(bih - (bih + bjh = = M + 3),
bjh)…
            +(1 - temp) * ri * rj * vold(bih - ((bih + bjh = = M +
3) && (bjh = = 1)), bjh - ((bih + bjh = = M + 3) && (bjh ~ =
1)))…
            +(1 - ri) * rj * vold(bil, bjh)…
            + ri *(1 - rj) * vold(bih - (bih + bjl = = M + 3),
bjl)…
            +(1 - ri) *(1 - rj) * vold(bil, bjl);
    end


    function output = vij(bi, bj)
    % j win
    global    delta   M vold

    ri =(1 - delta)^bi;% Prob bi' = bi - 0
    rj =(1 - delta)^bj;
    % 处理边界效应
    % l h = = low, high
    bih = bi   + 1;
    bil = max(bi - 1, 0)    + 1;
    bjh = bj + 1    + 1;
    bjl = bj   + 1;
    temp = 0.5;
    if bi + bj > 0
```

temp = bi/（bi + bj）;

end

output =（1 - temp）* ri * rj * vold（bih, bjh -（bih + bjh = = M + 3））…

　　　+ temp * ri * rj * vold（bih -（（bih + bjh = = M + 3）&&（bih ~ = 1））, bjh -（（bih + bjh = = M + 3）&&（bih = = 1）））…

　　　+（1 - ri）* rj * vold（bil, bjh -（bil + bjh = = M + 3））…

　　　+ ri *（1 - rj）* vold（bih, bjl）…

　　　+（1 - ri）*（1 - rj）* vold（bil, bjl）;

end

function output = vio（bi, bj）

% outside win

global　delta　vold

ri =（1 - delta）^bi;% Prob bi' = bi - 0

rj =（1 - delta）^bj;

% 处理边界效应

% l h = = low, high

bih = bi　+ 1;

bil = max（bi - 1, 0）　+ 1;

bjh = bj　+ 1;

bjl = max（bj - 1, 0）　+ 1;

output = ri * rj * vold（bih, bjh）…

　　　+（1 - ri）* rj * vold（bil, bjh）…

　　　+ ri *（1 - rj）* vold（bih, bjl）…

```
        + (1 - ri) * (1 - rj) * vold (bil, bjl);
end


function output = shareri (bi, bj, pi, pj, r, theta, q0, lambda, sc, gm)
    % i's market share, royal to r
    % global theta q0 lambda sc gm

    if r = =1 % royal to good i
        output = exp (theta * min ( (bi + lambda * bj) /gm, 1) - pi) /...
            ( exp (q0) + exp (theta * min ( (bi + lambda * bj) /gm, 1) - pi) ...
            + exp (theta * min ( (bj + lambda * bi) /gm, 1) - pj - sc) );
    elseif r = =2 % royal to j
        output = exp (theta * min ( (bi + lambda * bj) /gm, 1) - pi - sc) /...
            ( exp (q0) + exp (theta * min ( (bi + lambda * bj) /gm, 1) - pi - sc) ...
            + exp (theta * min ( (bj + lambda * bi) /gm, 1) - pj) );
    elseif r = =0 % royal to 0
        output = exp (theta * min ( (bi + lambda * bj) /gm, 1) - pi) /...
            ( exp (q0) + exp (theta * min ( (bi + lambda * bj) /gm, 1) - pi) ...
```

```
            + exp ( theta * min ( ( bj + lambda * bi) /gm, 1 ) -
pj ) ) ;
        else
            disp ( 'error' ) ;
    end

    end


    function output = sharerj ( bi, bj, pi, pj, r, theta, q0,
lambda, sc, gm)
        % i's market share, royal to r
        % global theta q0 lambda sc gm

        if r = =1 % royal to good i
            output = exp (theta * min ( ( bj + lambda * bi) /gm, 1 )
- pj - sc) /…
                ( exp ( q0) + exp ( theta * min ( ( bi + lambda * bj) /
gm, 1 ) - pi) …
                + exp ( theta * min ( ( bj + lambda * bi) /gm, 1 ) - pj -
sc) ) ;
        elseif r = =2 % royal to j
            output = exp ( theta * min ( ( bj + lambda * bi) /gm, 1 )
- pj) /…
                ( exp ( q0) + exp ( theta * min ( ( bi + lambda * bj) /
gm, 1 ) - pi - sc) …
                + exp ( theta * min ( ( bj + lambda * bi) /gm, 1 ) -
pj) ) ;
```

```
elseif r = = 0 % royal to 0
    output = exp (theta * min ( (bj + lambda * bi) /gm, 1) -pj) /…
        ( exp (q0) + exp (theta * min ( (bi + lambda * bj) /gm, 1) -pi) …
        + exp (theta * min ( (bj + lambda * bi) /gm, 1) -pj));
else
    disp ('error');
end


end
```

文件 2 Backward Recursion 方法的 eqcal. m

```
function [ ] = eqcal ()
% Compute Eq
% output = pstar, vstar


global M vold pold vnew pnew profit errornum theta lambda sc q0 delta
% 普通的子函数禁止改变 Global，只有在无返回的函数才可以改变，需事先声明
% O = = old, N = = new, V = = V (), P = = Price ()


tol = 1e -2; % tol level
maxi = 1000; % max iteration number
```

```
% Set initial value
vold = zeros ( M + 1, M + 1 ) ;
%  i + j > M is Nan
for bi = 0 : M
    for bj = 0 : M
        if bi + bj > M
            vold ( bi + 1, bj + 1 ) = nan;
        end
    end
end
% only for set memory
pold = vold;
vnew = vold;
pnew = pold;
profit = vold;

ix = 1; % iteration number
fprintf ( 'Begin iteration: NE = %8.1f   SC = %8.1f CP = %8.1f \ n', theta, sc, lambda ) ;
while ix < maxi
    contract ( ) ;
    norm = max ( max ( abs ( vnew - vold ) ) ) ;
    avgnorm = nanmean ( nanmean ( abs ( vnew - vold ) ) ) ;
    if mod ( ix, 100 ) = = 0
        fprintf ( '   %2d    Sup norm:%8.4f       Mean norm:%8.4f \ n', …
```

```
                ix, norm, avgnorm);
        end
        if norm < tol || avgnorm < tol * 0.001
            break;
        end
        vold = vnew;
        pold = pnew;
        ix = ix + 1;
end


% check price norm
pricenorm = max(max(abs(pnew - pold)));
if pricenorm > 1e-2
    errornum = errornum + 1;
    disp('Price norm too big');
end
if ix >= maxi - 1
    errornum = errornum + 1;
%       pnew = nan;
%       vnew = nan;
    disp('Do not converge, increase iteration number');
end


pstar = pnew;
vstar = vnew;


% save
```

% 1. 不经常变化的参数在前

% 2. 防止参数碰到 2.0 时自动略去 0。

temptheta = num2str（theta,'%1.3f'）；

tempsc = num2str（sc,'%1.3f'）；

templambda = num2str（lambda,'%1.3f'）；

dname = ['qo' num2str（q0）'delta' num2str（delta,'%1.3f'）]；

 if strcmp（computer,'PCWIN'）

  save（[dname '\' 'CP' templambda 'Net' temptheta 'SC' tempsc '.mat'], …

   'pstar', 'vstar'）；

 elseif strcmp（computer,'GLNXA64'）

  save（[dname '/' 'CP' templambda 'Net' temptheta 'SC' tempsc '.mat'], …

   'pstar', 'vstar'）；

 end

end

% ------finish main Calculation --------

function contract（）

% iteration

% Implicit output = pnew, vnew

global beta M vnew pnew theta q0 lambda sc gm

for bi = 0: M

```
        for bj = 0: min (bi, M - bi);
            % when i/j/o make a sale, the V (.) of i
            vib = vii (bi, bj);
            vjb = vij (bi, bj);
            vob = vio (bi, bj);
            % when i/j/o make a sale, the V (.) of j
            uib = vij (bj, bi);
            ujb = vii (bj, bi);
            uob = vio (bj, bi);
            % FOC
                [pin, pjn] = FindZero (bi, bj, vib, vjb, vob,
uib, ujb, uob);
                    share0i = shareri (bi, bj, pin, pjn, 0, theta, q0,
lambda, sc, gm);
                    share1i = shareri (bi, bj, pin, pjn, 1, theta, q0,
lambda, sc, gm);
                    share2i = shareri (bi, bj, pin, pjn, 2, theta, q0,
lambda, sc, gm);
                    share0j = sharerj (bi, bj, pin, pjn, 0, theta, q0,
lambda, sc, gm);
                    share1j = sharerj (bi, bj, pin, pjn, 1, theta, q0,
lambda, sc, gm);
                    share2j = sharerj (bi, bj, pin, pjn, 2, theta, q0,
lambda, sc, gm);
                % royal to 0
                vtempo = share0i * pin…
                    + beta * share0i * vib…
```

$$+ \text{beta} * \text{share0j} * \text{vjb}\cdots$$
$$+ \text{beta} * (1 - \text{share0i} - \text{share0j}) * \text{vob};$$
% royal to 1
$$\text{vtempi} = \text{share1i} * \text{pin}\cdots$$
$$+ \text{beta} * \text{share1i} * \text{vib}\cdots$$
$$+ \text{beta} * \text{share1j} * \text{vjb}\cdots$$
$$+ \text{beta} * (1 - \text{share1i} - \text{share1j}) * \text{vob};$$
% royal to 2
$$\text{vtempj} = \text{share2i} * \text{pin}\cdots$$
$$+ \text{beta} * \text{share2i} * \text{vib}\cdots$$
$$+ \text{beta} * \text{share2j} * \text{vjb}\cdots$$
$$+ \text{beta} * (1 - \text{share2i} - \text{share2j}) * \text{vob};$$
% royal to 0
$$\text{utempo} = \text{share0j} * \text{pjn}\cdots$$
$$+ \text{beta} * \text{share0i} * \text{uib}\cdots$$
$$+ \text{beta} * \text{share0j} * \text{ujb}\cdots$$
$$+ \text{beta} * (1 - \text{share0i} - \text{share0j}) * \text{uob};$$
% royal to 1
$$\text{utempi} = \text{share1j} * \text{pjn}\cdots$$
$$+ \text{beta} * \text{share1i} * \text{uib}\cdots$$
$$+ \text{beta} * \text{share1j} * \text{ujb}\cdots$$
$$+ \text{beta} * (1 - \text{share1i} - \text{share1j}) * \text{uob};$$
% royal to 2
$$\text{utempj} = \text{share2j} * \text{pjn}\cdots$$
$$+ \text{beta} * \text{share2i} * \text{uib}\cdots$$
$$+ \text{beta} * \text{share2j} * \text{ujb}\cdots$$
$$+ \text{beta} * (1 - \text{share2i} - \text{share2j}) * \text{uob};$$

```
            pnew (bi+1, bj+1) = pin;
            pnew (bj+1, bi+1) = pjn;
            vnew (bi+1, bj+1) = vtempi * bi/M + vtempj * bj/
M + vtempo * (M-bi-bj) /M;
            vnew (bj+1, bi+1) = utempi * bi/M + utempj * bj/
M + utempo * (M-bi-bj) /M;
        end
    end
end


% nested function
function [pin, pjn] = FindZero (bi, bj, vib, vjb, vob, uib,
ujb, uob)
    % FOC
    global beta M theta sc lambda gm q0

    price0 = [0, 0];
    options = optimset ('Display', 'off', 'FunValCheck',
'on');
    temp = fsolve (@FOC, price0, options);
    pin = temp (1);
    pjn = temp (2);

        function output = FOC (pricexx)
            pi = pricexx (1);
            pj = pricexx (2);
            expino = exp (theta * min ( (bi + lambda * bj) /gm,
```

1) - pi);

expjno = exp (theta * min ((bj + lambda * bi) /gm, 1) - pj);

expisc = exp (theta * min ((bi + lambda * bj) /gm, 1) - pi - sc);

expjsc = exp (theta * min ((bj + lambda * bi) /gm, 1) - pj - sc);

% 1, royal to good 0

d0i = expino/ (exp (q0) + expino + expjno);

d0j = expjno/ (exp (q0) + expino + expjno);

d0o = 1 - d0i - d0j;

itempo = (- d0i * (1 - d0i) * (pi + beta * vib) + d0i + beta * d0i * d0j * vjb + beta * d0i * d0o * vob) * (M - bi - bj) /M;

jtempo = (- d0j * (1 - d0j) * (pj + beta * ujb) + d0j + beta * d0j * d0i * uib + beta * d0j * d0o * uob) * (M - bi - bj) /M;

% 2, royal to good 1

d1i = expino/ (exp (q0) + expino + expjsc);

d1j = expjsc/ (exp (q0) + expino + expjsc);

d1o = 1 - d1i - d1j;

itempi = (- d1i * (1 - d1i) * (pi + beta * vib) + d1i + beta * d1i * d1j * vjb + beta * d1i * d1o * vob) * bi/M;

jtempi = (- d1j * (1 - d1j) * (pj + beta * ujb) + d1j + beta * d1j * d1i * uib + beta * d1j * d1o * uob) * bi/M;

% 3, royal to good 2

d2i = expisc/ (exp (q0) + expisc + expjno);

```
d2j = expjno/（exp（q0） + expisc + expjno）;
d2o = 1 - d2i - d2j;
itempj = （ - d2i * （1 - d2i） * （pi + beta * vib） +
    d2i + beta * d2i * d2j * vjb + beta * d2i * d2o * vob ） * bj/M;
jtempj = （ - d2j * （1 - d2j） * （pj + beta * ujb） +
    d2j + beta * d2j * d2i * uib + beta * d2j * d2o * uob ） * bj/M;
output = [0, 0];
output（1） = itempo + itempi + itempj;
output（2） = jtempo + jtempi + jtempj;
    end
end


% cal vii
function output = vii（bi, bj）
% Value function of i if Firm i win
global delta M vold

% 4 case bi' = bi | bi - 1, bj' = bj | bj - 1
ri = （1 - delta）^bi;% Prob bi' = bi - 0
rj = （1 - delta）^bj;
% 处理边界效应
% l h = = low, high
bih = bi + 1    + 1;
bil = bi    + 1;
bjh = bj    + 1;
bjl = max（bj - 1, 0）    + 1;
temp = 0.5;
```

```
          if bi + bj > 0
              temp = bi/ ( bi + bj) ;
     end
     output = temp * ri * rj * vold ( bih - ( bih + bjh = = M + 3) ,
bjh) …
              + (1 - temp) * ri * rj * vold ( bih - ( ( bih + bjh = = M +
3) && ( bjh = = 1) ) , bjh - ( ( bih + bjh = = M + 3) && ( bjh ~ =
1) ) ) …
              + (1 - ri) * rj * vold ( bil, bjh) …
              + ri * (1 - rj) * vold ( bih - ( bih + bjl = = M + 3) ,
bjl) …
              + (1 - ri) * (1 - rj) * vold ( bil, bjl) ;
     end

     function output = vij ( bi, bj)
     % j win
     global    delta  M vold

     ri = (1 - delta) ^bi;% Prob bi' = bi - 0
     rj = (1 - delta) ^bj;
     % 处理边界效应
     % l h = = low, high
     bih = bi   +1;
     bil = max ( bi - 1, 0)     +1;
     bjh = bj + 1    +1;
     bjl = bj    +1;
     temp = 0.5;
```

```
    if bi + bj > 0
        temp = bi/ ( bi + bj) ;
end
output = ( 1 - temp) * ri * rj * vold ( bih, bjh - ( bih + bjh = = M + 3)) ...
        + temp * ri * rj * vold ( bih - ( ( bih + bjh = = M + 3) && ( bih ~ = 1)), bjh - ( ( bih + bjh = = M + 3) && ( bih = = 1))) ...
        + ( 1 - ri) * rj * vold ( bil, bjh - ( bil + bjh = = M + 3)) ...
        + ri * ( 1 - rj) * vold ( bih, bjl) ...
        + ( 1 - ri) * ( 1 - rj) * vold ( bil, bjl) ;
end

function output = vio ( bi, bj)
% outside win
global   delta   vold

ri = ( 1 - delta) ^bi;% Prob bi' = bi - 0
rj = ( 1 - delta) ^bj;
% 处理边界效应
% l h = = low, high
bih = bi   + 1;
bil = max ( bi - 1, 0)   + 1;
bjh = bj   + 1;
bjl = max ( bj - 1, 0)   + 1;
output = ri * rj * vold ( bih, bjh) ...
        + ( 1 - ri) * rj * vold ( bil, bjh) ...
```

```
            + ri * (1 - rj) * vold (bih, bjl) …
            + (1 - ri) * (1 - rj) * vold (bil, bjl);
    end


    function output = shareri (bi, bj, pi, pj, r, theta, q0,
lambda, sc, gm)
    % i's market share, royal to r
    % global theta q0 lambda sc gm


    if r = =1 % royal to good i
        output = exp (theta * min ((bi + lambda * bj) /gm, 1)
- pi) /…
            (exp (q0) + exp (theta * min ((bi + lambda * bj) /
gm, 1) - pi) …
            + exp (theta * min ((bj + lambda * bi) /gm, 1) - pj -
sc));
    elseif r = =2 % royal to j
        output = exp (theta * min ((bi + lambda * bj) /gm, 1)
- pi - sc) /…
            (exp (q0) + exp (theta * min ((bi + lambda * bj) /
gm, 1) - pi - sc) …
            + exp (theta * min ((bj + lambda * bi) /gm, 1) -
pj));
    elseif r = =0 % royal to 0
        output = exp (theta * min ((bi + lambda * bj) /gm, 1)
- pi) /…
            (exp (q0) + exp (theta * min ((bi + lambda * bj) /
```

```
gm, 1) - pi)...
        + exp(theta * min((bj + lambda * bi)/gm, 1) -
pj));
    else
        disp('error');
    end


end


function output = sharerj(bi, bj, pi, pj, r, theta, q0, lambda, sc, gm)
    % i's market share, royal to r
    % global theta q0 lambda sc gm

    if r == 1 % royal to good i
        output = exp(theta * min((bj + lambda * bi)/gm, 1) - pj - sc)/...
            (exp(q0) + exp(theta * min((bi + lambda * bj)/gm, 1) - pi)...
            + exp(theta * min((bj + lambda * bi)/gm, 1) - pj - sc));
    elseif r == 2 % royal to j
        output = exp(theta * min((bj + lambda * bi)/gm, 1) - pj)/...
            (exp(q0) + exp(theta * min((bi + lambda * bj)/gm, 1) - pi - sc)...
            + exp(theta * min((bj + lambda * bi)/gm, 1) - pj));
```

```
    elseif r = =0 %  royal to 0
        output = exp(theta * min((bj + lambda * bi)/gm, 1)
- pj)/...
            (exp(q0) + exp(theta * min((bi + lambda * bj)/
gm, 1) - pi)...
            +exp(theta * min((bj + lambda * bi)/gm, 1) - pj));
    else
        disp('error');
    end


end
```

附录五 第五章的源代码

本附录为第五章的数值模拟程序。模拟过程共包含 3 个文件，主文件 mainfile.m 是实现估计算法的主程序，rawdata.m 是数据生成过程 DGP，w1.m 文件的作用是计算模拟最小距离估计中的矩阵 w。本程序基于均匀分布 DGP 进行模拟，模拟正态分布的 DGP 只需略加修改。

文件 1　DGP 生成程序 rawdata.m

function [ ]　= rawdata ( )
% 在一个独立文件中生成数据，存入一个 mat 文件中，之后的主程序只要调用这个文件生成的
% 原始数据就可以了。方便在 mainfile 中进行 bootstrap 操作。
clear;
close all;
clc;
global T N B P0 BETA LCOST HCOST % 切勿删除
B = 400; % run MC 400 times
N = 2; % number of players

```
T = 50; % number of data in each game
P0 = 25; % 初始的价格，待估参数1
%
BETA = -1;
LCOST = 5;
HCOST = 10;
ACTION0 = zeros (T, 2, B);
COST0 = zeros (T, 2, B);
PROFIT = zeros (T, 2, B);
for i = 1: B
[action, cost, profit] = gendata (); % 随机的生成数据 global variables
ACTION0 (:,:, i) = action;
COST0 (:,:, i) = cost;
PROFIT (:,:, i) = profit;
end
save rawdata. mat
end


function [action, cost, profit] = gendata ()
global N T P0 LCOST HCOST
cost = unifrnd (LCOST, HCOST, T, N); % generate cost data
tcost = repmat (sum (cost, 2), 1, N); % total cost
shock = rand (T, N) - 0.5; % random shock N (0, 1)
action = P0/ (N + 1) - cost + tcost/ (N + 1) + shock/2; % 均衡策略
profit = (P0 - repmat (sum (action, 2), 1, N) - cost +
```

shock）.＊action;％均衡收益

　　end

文件 2　主程序 mainfile. m

function [ ] = mainfile ( )

％主文件，完成以下几项任务

％1，生成数据

％2，第一步估计

％3，第二步估计

％4，计算 se

clear; close all; clc;

global ACTION COST N LCOST HCOST ww

tic;

％－－－－－－－－－－－－－－－part 1 Below－－－－－－－－－－－－－－－－－－－－－－－－

load rawdata. mat;％载入原始数据

thetapara = zeros（2, B）;

for jb = 1: B

　　COST = COST0（:,:, jb）;

　　ACTION = ACTION0（:,:, jb）;

％％检查语句，保证生成的数据正常，player = 2 时可以使用

％ scatter3（COST（:, 1), COST（:, 2), ACTION（:, 1),'o'）;

％ hold on;

％ scatter3（COST（:, 1), COST（:, 2), ACTION（:, 2),

‘+’);

% close all;

% scatter3（COST（:, 1），COST（:, 2），PROFIT（:, 1），‘o’）;

% hold on;

% scatter3（COST（:, 1），COST（:, 2），PROFIT（:, 2），‘+’）;

%－－－－－－－－－－－－part 2－>best action（i, s, v）－－－－－－－－－－－－－－－

% Form：best action i = bestaction（playeri, cost, shock）

%% 检查 bestaction 函数是否正确

% cost0 =［6, 8］;

% shock1 = 2;

% shock2 = 1;

%% best action 是非参数估计出的策略函数

% a1 = bestaction（1, cost0, shock1）

% a2 = bestaction（2, cost0, shock2）

%% true action 是解析方法计算的真正的策略函数

% trueaction1 = trueaction（1, cost0, shock1）

% trueaction2 = trueaction（2, cost0, shock2）

%% 测试通过

%%－－－－－－－－－－－－part 3－>min V（.）－－－－－－－－－－－－－－－－－－－－－

%% 抽很多样本 基于解析策略函数的估计

% ni = 200;

% drawplayer = unidrnd（N, ni, 1）;

% drawcost = unifrnd（LCOST, HCOST, ni, N）;

% % dis 是对策略的扰动

% drawdis = randn（ni, 1）;

% % 计算与样本相对于的 W

% global ww

% ww = zeros（ni, 3）;

% for i = 1: ni

%   ww（i,:）= www（drawplayer（i, 1）, drawcost（i,:）, drawdis（i, 1））;

% end

% theta0 = [20; -0.5];

% theta1 = [25; -1];

% qn（theta0）

% qn（theta1）

% x = fminsearch（@qn, theta0）

% - - - - - - - - - - - - - - part 4 - > min V（.）- -

% 基于 step1 的非参数策略函数的估计

ni = 100;

drawplayer = unidrnd（N, ni, 1）;

drawcost = unifrnd（LCOST, HCOST, ni, N）;

% dis 是对策略的扰动

drawdis = randn（ni, 1）;

% 计算与样本相对于的 W

```
ww = zeros(ni, 3);
    disp('jb =');
    disp(jb);
for i = 1: ni
    ww(i,:) = w1(drawplayer(i, 1), drawcost(i,:), drawdis(i, 1));
end
theta0 = [50; -2];
% qn0 = qn(theta0)
thetapara(:, jb) = fminsearch(@qn, theta0);
save mainresult.mat
end % end jb
minute1 = toc/60
hour1 = minute1/60
save mainresult.mat
end
% %--------finish mainfile-----------------
```

```
% Qn 函数，优化的对象
function fun = qn(theta)
global ww
temp = [theta; -1];
g = ww * temp;
fun = mean((g<0) .* g.^2);
end
```

```
function fun = bestaction (playeri, cost, shock)
% a0 = 5; % initial value
global ACTION COST
alpha = normcdf (shock, 0, 1);
fun = fminsearch (@objfun, 5);
function y = objfun (a)
% fun0 = zeros (400, 1);
% temp2 = normpdf (1.509 * [COST (:, 1) - cost (1, 1),
COST (:, 2) - cost (1, 2)]);
% fun0 = (ACTION (:, playeri) - a) .* (alpha -
((ACTION (:, playeri) - a) < 0)) .* temp2 (:, 1) .* temp2
(:, 2);
% temp2 = normpdf (1.509 * [COST (:, 1) - cost (1, 1),
COST (:, 2) - cost (1, 2)]);
fun0 = (ACTION (:, playeri) - a) .* (alpha -
((ACTION (:, playeri) - a) < 0)) .* normpdf (1.509 *
(COST (:, 1) - cost (1, 1))) .* normpdf (1.509 * (COST
(:, 2) - cost (1, 2)));
% * temp2 (:, 2);
y = 2.277081 * sum (fun0);
end
end


function fun = trueaction (playeri, cost, shock)
N = 2;
P0 = 25;
fun = P0/ (N + 1) - cost (playeri) + sum (cost) / (N + 1)
```

+ shock/2;
       end

文件3 模拟最小距离估计的 W 矩阵 w1. m

% 计算模拟最小距离估计中的矩阵 w，用于和参数作内积

function fun = w1（playeri，cost，dis）

% 它是两个值函数之差，一个有扰动，一个没扰动，调用 v0 函数

fun = v1（playeri，cost，0）- v1（playeri，cost，dis）;
end

% 计算 i 在 cost 下的平均收益，dis 是策略函数的扰动，策略已经给定了

% 采用第一步的非参数策略

% 非 iid 抽样，改用对偶方法，对偶4次

function fun = v1（playeri，cost，dis）

maxiter = 40;% 计算平均收益的迭代次数

shock1 = rand（maxiter/4，1）- 0.5;

shock2 = rand（maxiter/4，2）- 0.5;

shock = [shock1，shock2;
         - shock1，- shock2;
         shock1，- shock2;
         - shock1，shock2];

fun = zeros（1，3）;

for i = 1：maxiter

actioni = bestaction (playeri, cost, shock (i, playeri)) + dis;

sumaction = actioni + bestaction (3 - playeri, cost, shock (i, 3 - playeri));

fun (1) = fun (1) + actioni;

fun (2) = fun (2) + actioni * sumaction;

fun (3) = fun (3) + actioni * (cost (playeri) - shock (i, playeri));

end

fun = fun/maxiter;

end

function fun = bestaction (playeri, cost, shock)

% a0 = 5; % initial value

global ACTION COST

alpha = shock + 0.5;

fun = fminsearch (@ objfun, 5);

% % 计算分位数需要 min 的目标函数，见 Li Qi p193

function y = objfun (a)

% fun0 = zeros (400, 1);

% temp = 1.509 * (COST - repmat (cost, 50, 1));

temp = 1.509 * [COST (:, 1) - cost (1, 1), COST (:, 2) - cost (1, 2)];

temp2 = normpdf (temp);

% temp2 = normpdf (1.509 * [COST (:, 1) - cost (1, 1), COST (:, 2) - cost (1, 2)]);

temp3 = ACTION (:, playeri) - a;

```
        fun0 = temp3. * ( alpha - ( temp3 < 0 ) ) . * temp2 ( :, 1 ) .
* temp2 ( :, 2 );
        % fun0 = ( ACTION ( :, playeri ) - a ) . * ( alpha -
( ( ACTION ( :, playeri ) - a ) < 0 ) ) . * normpdf ( 1. 509 *
( COST ( :, 1 ) - cost ( 1, 1 ) ) ) . * normpdf ( 1. 509 * ( COST
( :, 2 ) - cost ( 1, 2 ) ) );
        % * temp2 ( :, 2 );
        y = 2. 277081 * sum ( fun0 );
        end
    end


    % %计算分位数需要 min 的目标函数,见 Li Qi p193
    % function fun = objfun ( playeri, cost, alpha, a )
    % global ACTION COST
    % % fun0 = zeros ( 400, 1 );
    % temp2 = normpdf ( 1. 509 * [ COST ( :, 1 ) - cost ( 1, 1 ),
COST ( :, 2 ) - cost ( 1, 2 ) ] );
    % fun0 = ( ACTION ( :, playeri ) - a ) . * ( alpha -
( ( ACTION ( :, playeri ) - a ) < 0 ) ) . * temp2 ( :, 1 ) . * temp2
( :, 2 );
    % fun = 2. 277081 * sum ( fun0 );
    % end

    % fun = fun + ( ACTION ( t, playeri ) - a ) * ( alpha -
( ( ACTION ( t, playeri ) - a ) < 0 ) ) * 1. 9011 ^ 2 * normpdf
( ( COST ( t, 1 ) - cost ( 1, 1 ) ) * 1. 9011 ) * normpdf ( ( COST
( t, 2 ) - cost ( 1, 2 ) ) * 1. 9011 );
```

% f0 = (ACTION (t, playeri) - a) * (alpha - ((ACTION (t, playeri) - a) <0));

% fun = 1.9011^2 * normpdf ((COST (t, 1) - cost (1, 1)) * 1.9011) * normpdf ((COST (t, 2) - cost (1, 2)) * 1.9011);

%

% function f0 = ea (alpha, shock)

% f0 = shock * (alpha - (shock < =0));

% end

%

% %计算 wh 函数，第一步的非参数估计需要使用

% function fun = wh (t, cost)

% global COST;

% ih = 1.9011;% 1/bandwidth

% fun = ih * ih * normpdf ((COST (t, 1) - cost (1, 1)) * ih) * normpdf ((COST (t, 2) - cost (1, 2)) * ih);

% end

参考文献

Ackerberg, D., L. Benkard, S. Berry and A. Pakes. 2007. Econometric Tools for Analyzing Market Outcomes. *Handbook of Econometrics* 6 (15).

Aguirregabiria, V. and C. Ho. 2009. A Dynamic Oligopoly Game of the Us Airline Industry: Estimation and Policy Experiments. *Working Paper.*

Aguirregabiria, V. and P. Mira. 2007. Sequential Estimation of Dynamic Discrete Games. *Econometrica* 75 (1).

Aguirregabiria, V. and P. Mira. 2008. Structural Estimation of Games When the Data Come from Multiple Equilibria. *Working Paper.*

Arcidiacono, P. and R. Miller. 2008. CCP Estimation of Dynamic Discrete Choice Models with Unobserved Heterogeneity. *Manuscript, Duke University.*

Auerswald, P. 2001. The Complexity of Production, Technological Volatility and Interindustry Differences in the Persistence of Profits above the Norm. *Working Paper.*

Baake, P. and K. Mitusch. 2009. Mobile Phone Termination Charges with Asymmetric Regulation. *Journal of Economics* 96 (3).

Bajari, P. , V. Chernozhukov, H. Hong and D. Nekipelov. 2009. Nonparametric and Semiparametric Analysis of a Dynamic Discrete Game. *Manuscript, University of Minnesota.*

Bajari, P. , H. Hong, J. Krainer and D. Nekipelov. 2009. Estimating Static Models of Strategic Interaction. *NBER Working Paper.*

Bajari, P. , H. Hong and S. Ryan. 2008. Identification and Estimation of Discrete Games of Complete Information. *NBER Working Paper.*

Benkard, C. 2004. A Dynamic Analysis of the Market for Wide-Bodied Commercial Aircraft. *Review of Economic Studies* 71 (3).

Benkard, C. , P. Bajari and J. Levin. 2007. Estimating Dynamic Models of Imperfect Competition. *Econometrica* 75 (5).

Beresteanu, A. and P. Ellickson. 2005. The Dynamics of Retail Oligopoly. *Manuscript.*

Berry, S. and A. Pakes. 1993. Some Applications and Limitations of Recent Advances in Empirical Industrial Organization: Merger Analysis. *The American Economic Review* 83 (2).

Berry, S. and A. Pakes. 2002. Estimation from the Optimality Conditions for Dynamic Controls. *Manuscript, Yale University.*

Besanko, D. and U. Doraszelski. 2004. Capacity Dynamics and Endogenous Asymmetries in Firm Size. *RAND Journal of Economics* 35 (1).

Besanko, D. , U. Doraszelski, Y. Kryukov, M. Satterthwaite and L. Center. 2008. Learning-by-Doing, Organizational Forgetting, and Industry Dynamics, *Working Paper.*

Besanko, D. , U. Doraszelski, L. X. Lu and M. Satterthwaite. 2010. Lumpy Capacity Investment and Disinvestment Dynamics.

Operations Research 58（4）.

Borkovsky, R., U. Doraszelski and Y. Kryukov. 2009. A Dynamic Quality Ladder Model with Entry and Exit: Exploring the Equilibrium Correspondence Using the Homotopy Method. *CEPR Discussion Papers*.

Borkovsky, R. N., U. Doraszelski and Y. Kryukov. 2010. A User's Guide to Solving Dynamic Stochastic Games Using the Homotopy Method. *Operations Research* 58（4）.

Buehler, S., R. Dewenter and J. Haucap. 2006. Mobile Number Portability in Europe. *Telecommunications Policy* 30（7）.

Buehler, S. and J. Haucap. 2004. Mobile Number Portability. *Journal of Industry, Competition and Trade* 4（3）.

Cabral, L. 2008. Switching Costs and Equilibrium Prices. *Working Paper*.

Cabral, L. 2009. Dynamic Price Competition with Network Effects. *Working Paper*.

Chen, J. 2004. Bias in Merger Evaluation Due to Cost Misspecification. *Working Paper*.

Chen, J. 2010. Switching Costs and Dynamic Price Competition in Network Industries, *Working Paper*.

Chen, J., U. Doraszelski and J. Harrington. 2009. Avoiding Market Dominance: Product Compatibility in Markets with Network Effects. *RAND Journal of Economics* 40（3）.

Ching, A. and M. Coate. 2003. A Dynamic Oligopoly Structural Model for the Prescription Drug Market after Patent Expiration. *Working Paper*.

Clements, M. and H. Ohashi. 2005. Indirect Network Effects and the Product Cycle: Video Games in the Us, 1994 – 2002. *The Journal of Industrial Economics* 53 (4).

De Roos, N. 2004. A Model of Collusion Timing. *International Journal of Industrial Organization* 22 (3).

Doganoglu, T. 2010. Switching Costs, Experience Goods and Dynamic Price Competition. *Quantitative Marketing and Economics* 8 (2).

Doganoglu, T. and L. Grzybowski. 2009. Dynamic Duopoly Competition with Switching Costs and Network Externalities, *Working Paper. University of Munich.*

Doraszelski, U. and K. Judd. 2008. Avoiding the Curse of Dimensionality in Dynamic Stochastic Games, *NBER Working Paper.*

Doraszelski, U. and S. Markovich. 2007. Advertising Dynamics and Competitive Advantage. *The RAND Journal of Economics* 38 (3).

Doraszelski, U. and A. Pakes. 2007. A Framework for Applied Dynamic Analysis in IO. *Handbook of Industrial Organization* 3 (1).

Doraszelski, U. and M. Satterthwaite. 2010. Computable Markov-Perfect Industry Dynamics. *Manuscript, Harvard University.*

Dranove, D. and N. Gandal. 2003. The DVD-Vs.-DIVX Standard War: Empirical Evidence of Network Effects and Preannouncement Effects. *Journal of Economics & Management Strategy* 12 (3).

Dube, J., G. Hitsch and P. Manchanda. 2005. An Empirical Model of Advertising Dynamics. *Quantitative Marketing and Economics* 3 (2).

Dunne, T., S. Klimek, M. Roberts and Y. Xu. 2006. Entry and Exit in Geographic Markets. *The Pennsylvania State University,*

Working Paper.

ECAFSS. 2006. Competition Issues in Retail Banking and Payments Systems Markets in the EU. *European Competition Authorities Financial Services Subgroup.*

Ellickson, P. and S. Misra. 2008. Supermarket Pricing Strategies. *Marketing Science* 27 (5).

Erdem, E. and J. Tybout. 2003. Trade Policy and Industrial Sector Responses: Using Evolutionary Models to Interpret the Evidence. *NBER Working Paper.*

Ericson, R. and A. Pakes. 1995. Markov-Perfect Industry Dynamics: A Framework for Empirical Work. *The Review of Economic Studies* 62 (1).

Farrell, J. and P. Klemperer. 2007. Coordination and Lock-In: Competition with Switching Costs and Network Effects. *Handbook of Industrial Organization* 3 (1).

Fershtman, C. and S. Markovich. 2010. Patents, Imitation and Licensing in an Asymmetric Dynamic R&D Race. *International Journal of Industrial Organization* 28 (2).

Fershtman, C. and A. Pakes. 2000. A Dynamic Oligopoly with Collusion and Price Wars. *The RAND Journal of Economics* 31 (2).

Fershtman, C. and A. Pakes. 2009. Finite State Dynamic Games with Asymmetric Information: A Framework for Applied Work. *Working Paper.*

Fudenberg, D. and D. Levine. 1993. Self-Confirming Equilibrium. *Econometrica* 61 (3).

Fudenberg, D. and J. Tirole. 1984. The Fat-Cat Effect, the Puppy-Dog Ploy, and the Lean and Hungry Look. *The American*

Economic Review 74 (2).

Fudenberg, D. and J. Tirole. 2000. Pricing a Network Good to Deter Entry. *The Journal of Industrial Economics* 48 (4).

Gallant, A., H. Hong and A. Khwaja. 2008. Estimating a Dynamic Oligopolistic Game with Serially Correlated Unobserved Production Costs. *Working Paper.*

Gandal, N., M. Kende and R. Rob. 2000. The Dynamics of Technological Adoption in Hardware/Software Systems: The Case of Compact Disc Players. *The RAND Journal of Economics* 31 (1).

Gans, J., S. King and G. Woodbridge. 2001. Numbers to the People: Regulation, Ownership and Local Number Portability. *Information Economics and Policy* 13 (2).

Goettler, R., C. Parlour and U. Rajan. 2005. Equilibrium in a Dynamic Limit Order Market. *Journal of Finance* 60 (5).

Gowrisankaran, G. 1999. A Dynamic Model of Endogenous Horizontal Mergers. *The RAND Journal of Economics* 30 (1).

Gowrisankaran, G. and R. Town. 1997. Dynamic Equilibrium in the Hospital Industry. *Journal of Economics & Management Strategy* 6 (1).

Grenadier, S. 2002. Option Exercise Games: An Application to the Equilibrium Investment Strategies of Firms. *Review of Financial Studies* 15 (3).

Grzybowski, L. 2005. Regulation of Mobile Telephony across the European Union: An Empirical Analysis. *Journal of Regulatory Economics* 28 (1).

Grzybowski, L. 2008. Estimating Switching Costs in Mobile Telephony in the Uk. *Journal of Industry, Competition and Trade* 8 (2).

Hotz, V. and R. Miller. 1993. Conditional Choice Probabilities and the Estimation of Dynamic Models. *The Review of Economic Studies* 60 (3).

Jenkins, M., P. Liu, R. Matzkin and D. McFadden. 2004. The Browser War: Econometric Analysis of Markov Perfect Equilibrium in Markets with Network Effects. *Working Paper*.

Jofre-Bonet, M. and M. Pesendorfer. 2003. Estimation of a Dynamic Auction Game. *Econometrica* 71 (5).

Judd, K., K. Schmedders and S. Yeltekin. 2002. Optimal Rules for Patent Races. *Discussion Papers*.

Kadyrzhanova, D. 2006. The Leader-Bias Hypothesis: Corporate Control Dynamics in Industry Equilibrium. *Working Paper*.

Klemperer, P. 1995. Competition When Consumers Have Switching Costs: An Overview with Applications to Industrial Organization, Macroeconomics, and International Trade. *The Review of Economic Studies* 62 (4).

Laincz, C. 2005. Market Structure and Endogenous Productivity Growth: How Do R&D Subsidies Affect Market Structure? *Journal of Economic Dynamics and Control* 29 (1).

Laincz, C. 2009. R&D Subsidies in a Model of Growth with Dynamic Market Structure. *Journal of Evolutionary Economics* 19 (5).

Laincz, C. and A. Rodrigues. 2005. A Theoretical Foundation for Understanding Firm Size Distribiutions and Gibrat's Law. *Discussion Papers*.

Langohr, P. 2003. Competitive Convergence and Divergence: Capability and Position Dynamics. *Working Paper*.

Lee, J., Y. Kim, J. Lee and Y. Park. 2006. Estimating the Extent of Potential Competition in the Korean Mobile

Telecommunications Market: Switching Costs and Number Portability. *International Journal of Industrial Organization* 24 (1).

Lee, J., D. Lee and C. Jung. 2010. Asymmetric Regulation of Mobile Access Charges and Consumer Welfare with Price Regulation. *ETRI Journal* 32 (3).

Levinson, R., R. Romaine and S. Salop. 2001. Flawed Fragmentation Critique of Structural Remedies in the Microsoft Case, *The Antitrust Bull* 46.

Li, Q. and J. Racine. 2007. *Nonparametric Econometrics: Theory and Practice.* Princeton, Princeton University Press.

Ljungqvist, L. and T. Sargent. 2004. *Recursive Macroeconomic Theory (Second Edition).* Cambridge, MA, MIT Press.

Llobet, G. and M. Manove. 2006. Network Size and Network Capture. *Working Paper.*

Markovich, S. 2008. Snowball: A Dynamic Oligopoly Model with Indirect Network Effects. *Journal of Economic Dynamics and Control* 32 (3).

Markovich, S. and J. Moenius. 2009. Winning While Losing: Competition Dynamics in the Presence of Indirect Network Effects. *International Journal of Industrial Organization* 27 (3).

Maskin, E. and J. Tirole. 1987. A Theory of Dynamic Oligopoly, III Cournot Competition. *European Economic Review* 31 (4).

Maskin, E. and J. Tirole. 1988a. A Theory of Dynamic Oligopoly, I: Overview and Quantity Competition with Large Fixed Costs. *Econometrica* 56 (3).

Maskin, E. and J. Tirole. 1988b. A Theory of Dynamic Oligopoly, II: Price Competition, Kinked Demand Curves, and

Edgeworth Cycles. *Econometrica* 56 (3).

Maskin, E. and J. Tirole. 2001. Markov Perfect Equilibrium: I. Observable Actions. *Journal of Economic Theory* 100 (2).

Mitchell, M. and A. Skrzypacz. 2006. Network Externalities and Long-Run Market Shares. *Economic Theory* 29 (3).

Murto, P. 2004. Exit in Duopoly under Uncertainty. *RAND Journal of Economics* 35 (1).

Newey, W. K. and D. McFadden. 1994. Large Sample Estimation and Hypothesis Testing. *Handbook of Econometrics* 4.

Novy-Marx, R. 2007. An Equilibrium Model of Investment under Uncertainty. *Review of Financial Studies* 20 (5).

Pakes, A., G. Gowrisankaran and P. McGuire. 1993. Implementing the Pakes-Mcguire Algorithm for Computing Markov Perfect Equilibria in Gauss. *Unpublished Manuscript, Harvard University.*

Pakes, A. and P. McGuire. 1994. Computing Markov-Perfect Nash Equilibria: Numerical Implications of a Dynamic Differentiated Product Model. *The RAND Journal of Economics* 25 (4).

Pakes, A. and P. McGuire. 1995. Computing Markov-Perfect Nash Equilibria II: Approximations. *Mimeo, Yale University.*

Pakes, A. and P. McGuire. 2001. Stochastic Algorithms, Symmetric Markov Perfect Equilibrium, and The 'curse' of Dimensionality. *Econometrica* 69 (5).

Pakes, A., M. Ostrovsky and S. Berry. 2007. Simple Estimators for the Parameters of Discrete Dynamic Games (with Entry/Exit Examples). *The RAND Journal of Economics* 38 (2).

Pakes, A., J. Porter, K. Ho and J. Ishii. 2006. Moment Inequalities and Their Application. *Unpublished Manuscript.*

Peitz, M. 2005. Asymmetric Access Price Regulation in Telecommunications Markets. *European Economic Review* 49（2）．

Peitz, M. 2005. Asymmetric Regulation of Access and Price Discrimination in Telecommunications. *Journal of Regulatory Economics* 28（3）．

Pesendorfer, M. and P. Schmidt-Dengler. 2008. Asymptotic Least Squares Estimators for Dynamic Games. *Review of Economic Studies* 75（3）．

Pindyck, R. 2007. Mandatory Unbundling and Irreversible Investment in Telecom Networks. *Review of Network Economics* 6（3）．

Rust, J. 1987. Optimal Replacement of Gmc Bus Engines: An Empirical Model of Harold Zurcher. *Econometrica* 55（5）．

Rust, J. 1994. Structural Estimation of Markov Decision Processes. *Handbook of Econometrics* 4.

Ryan, S. 2006. The Costs of Environmental Regulation in a Concentrated Industry. *Working Paper.*

Schivardi, F. and M. Schneider. 2008. Strategic Experimentation and Disruptive Technological Change. *Review of Economic Dynamics* 11（2）．

Selten, R. 1965. Game-Theoretic Analysis of an Oligopolic Model with Buyers' Inertia Part I: Determination of the Dynamic Price Equilibrium. *Zeitschrift Fur Die Gesamte Staatswissenschaft. Frankfurt/M, Germany* 121（2）．

Shin, D. 2006. A Study of Mobile Number Portability Effects in the United States. *Telematics and Informatics* 24（1）．

Shy, O. 2001. *The Economics of Network Industries.* Cambridge University Press, Cambridge, UK.

Song, M. 2002. Competition VS. Cooperation: A Dynamic Model of Investment in the Semiconductor Industry. *Working Paper*.

Suleymanova, I. and C. Wey. 2008. Bertrand Competition in Markets with Network Effects and Switching Costs. *Discussion Papers of DIW Berlin*.

Train, K. 2009. *Discrete Choice Methods with Simulation*. Cambridge University Press.

Viard, V. 2007. Do Switching Costs Make Markets More or Less Competitive? The Case of 800-Number Portability. *RAND Journal of Economics* 38 (1).

Weeds, H. 2002. Strategic Delay in a Real Options Model of R&D Competition. *Review of Economic Studies* 69 (3).

Weintraub, G., C. Benkard and B. Van Roy. 2008. Markov Perfect Industry Dynamics with Many Firms. *Econometrica* 76 (6).

W. G. 谢泼德、J. M. 谢泼德，2007，《产业组织经济学（第五版）》，张志奇等译，中国人民大学出版社。

白永忠，2001，《英国移动通信领域非对称管制制度简介》，《信息网络与高新技术法律前沿——中华全国律师协会信息网络与高新技术专业委员会成立大会论文集》。

陈剑、夏大慰，2009，《价格歧视、不对称竞争与不对称规制——以电信市场"单向携号转网"规制政策为视角》，《中国工业经济》第 6 期。

郭勇、李一军、梁雪峰、张睿，2006，《美国 UNE 政策失败的原因与启示》，《中国软科学》第 12 期。

郝朝艳、平新乔，2003，《电信定价的马尔可夫完美均衡》，《产业经济评论》第 1 期。

蒋承、赵晓军，2008，《马尔可夫完美均衡的计算方法研究》，

《世界经济文汇》第 4 期。

蒋传海，2010，《网络效应、转移成本和竞争性价格歧视》，《经济研究》第 9 期。

刘晓明、吕廷杰，2010，《我国电信市场的非对称管制措施探讨》，《北京邮电大学学报（社会科学版）》第 12 期。

刘新梅、张若勇、徐润芳，2008，《非对称管制下垄断企业 R&D 投入决策研究：价格竞争模型》，《管理工程学报》第 2 期。

马键、王美今，2010，《一种估计连续策略博弈的两阶段方法》，《统计研究》第 6 期。

彭恒文、石磊，2009，《非对称规制下民营企业的进入决策分析》，《南开经济研究》第 6 期。

邱中华，2006，《电信行业结构的演化分析》，《数学的实践与认识》第 7 期。

谢红慧，2005，《欧盟竞争法中的"必要设施原则"》，《北京政法职业学院学报》第 2 期。

图书在版编目(CIP)数据

基于马尔科夫精炼均衡的企业动态策略竞争研究/马键著. --北京:社会科学文献出版社,2016.8
(广州大学·青年博士学术文库)
ISBN 978 - 7 - 5097 - 9189 - 9

Ⅰ.①基… Ⅱ.①马… Ⅲ.①企业竞争 - 市场竞争 - 研究 Ⅳ.①F270

中国版本图书馆 CIP 数据核字(2016)第 108863 号

广州大学·青年博士学术文库
基于马尔科夫精炼均衡的企业动态策略竞争研究

著　者 / 马　键

出 版 人 / 谢寿光
项目统筹 / 宋月华　杨春花
责任编辑 / 周志宽　童雅涵　崔红霞

出　　版 / 社会科学文献出版社·人文分社(010)59367215
　　　　　　地址:北京市北三环中路甲29号院华龙大厦　邮编:100029
　　　　　　网址:www.ssap.com.cn

发　　行 / 市场营销中心(010)59367081　59367018

印　　装 / 三河市东方印刷有限公司

规　　格 / 开　本:787mm×1092mm　1/16
　　　　　　印　张:18　字　数:234千字

版　　次 / 2016年8月第1版　2016年8月第1次印刷

书　　号 / ISBN 978 - 7 - 5097 - 9189 - 9
定　　价 / 89.00元

本书如有印装质量问题,请与读者服务中心(010 - 59367028)联系

▲ 版权所有 翻印必究